AMMIEN
MARCELLIN
ou
LES DIXHUIT LIVRES
DE SON HISTOIRE
QUI NOUS SONT RESTÉS.

Traduits en François.

TOME I.

BERLIN, 1775.
CHEZ GEORGE JACQUES DECKER
IMPRIMEUR DU ROI.

AVANT-PROPOS.

Ammien Marcellin eſt ſans contredit un hiſtorien d'un mérite peu commun, & l'on regrette avec raiſon la perte des treize premiers livres de ſon hiſtoire; à en juger par ceux qui nous reſtent, ils devoient contenir bien des détails propres à répandre beaucoup de jour ſur pluſieurs faits, & ſur quantité d'objets intéreſſans.

)(Une

Une impartialité foutenue, un jugement exquis, & l'avantage d'avoir été témoin de la plus grande partie des événemens qu'il raconte, caractérifent cet auteur. Les divers épifodes qu'il a femés dans fon ouvrage indiquent un efprit curieux & cultivé par l'étude des fciences & des beaux arts.

Je ne raffemblerai pas ici tout ce que les commentateurs & d'autres écrivains on dit de la patrie, de la religion & du ftyle d'Ammien (a).

Qu'il

(a) V. la préface d'Adrien Valois. La vie d'Ammien par Claude Chifflet. La Mothe la Vayer jugemens fur les hiftoriens.

Qu'il fut·grec de nation, c'eſt ce qu'il déclare lui - même dans plus d'un endroit de ſon hiſtoire (a) & ſurtout à la fin de ſon dernier livre (b).

Il eſt ſurprenant qu'on ait pu mettre en queſtion la religion de cet Auteur & ſoutenir qu'il étoit Chrétien; on s'eſt appuyé pour le prouver de deux ou de trois paſſages où il parle avec éloge du Chriſtianiſme, & l'on a principalement in-

(a) V. Liv. XXII. Chap. 8 & 15. Liv. XXIII. Chap. 6.

(b) *Tels ſont les événemens que j'ai décrits ſelon mes talens, & en qualité de ſoldat & comme Grec.*

)(2

infifté fur ce qu'il dit. à l'occafion de l'Évêque George: *C'eft qu'oubliant les devoirs de fon état qui n'infpire que la douceur & l'équité, il fe mit au nombre des délateurs (a).*

Ammien ne pouvoit - il pas, fans croire à l'Évangile, en approuver la morale? Ne pouvoit-il pas être affez au fait de la doctrine des Chrétiens, pour être en droit de dire, que la conduite de quelquesune d'entre eux, étoit dans une oppofition formelle avec leurs principes?

Con-

(a) V. Liv. XXII. Chap. 11.

Conclure de là au Chriſtianiſme d'Ammien, c'eſt, ſi je ne me trompe, raiſonner auſſi peu conſéquemment qu'on le feroit, en ſoutenant qu'un Turc, ou un Chinois ſeroient Chrétiens, par cela ſeul qu'ils feroient la remarque que pluſieurs de ceux qui profeſſent la religion chrétienne, s'abandonnent quelquefois à des actions qu'elle condamne. Mais ce qui me paroit décider la queſtion, & ce que perſonne, que je ſache, n'a obſervé juſqu'ici, c'eſt la réflexion par laquelle Ammien termine le dixième chapitre de ſon dixneuvième livre. „La „diſette des vivres, dit-il, étoit

)(3   „ſi

„fi grande à Rome que le peuple
„alloit fe porter à des excès contre
„le Préfet Tertulle, *lorfqu'au mo-*
ment où celui-ci facrifioit près
d'Oftie dans le temple de Caftor, la
mer fe calma, le vent devint favo-
rable & les vaiffeaux entrant à plei-
nes voiles dans le port, rammene-
rent l'abondance dans la ville.
Pourroit-on raifonnablement fup-
pofer qu'un homme qui parle ainfi,
& qui attribue une révolution fou-
daine & favorable à un facrifice of-
fert dans le temple de Caftor, fût
Chrétien?

Quant au ftyle d'Ammien on
ne fauroit difconvenir qu'il ne foit

en

en général, rude, inégal, quelquefois obscur, souvent hyperbolique & gigantesque; on sera porté néanmoins à faire grace à l'Auteur sur cet article, si l'on considère que ces défauts étoient ceux de presque tous les historiens de son siècle; qu'il n'écrivoit pas dans sa langue, & que les occupations de l'état auxquel il se voua de fort bonne heure, ne lui laisserent pas assez de loisir pour cultiver & pour épurer son goût.

Ces légéres imperfections ne font rien perdre d'ailleurs au mérite intrinseque de cet ouvrage intéressant par tant d'autres endroits:

)(4   Am-

Ammien, fans s'écarter jamais de cette noble liberté qui convient à l'histoire, s'y peint fous des traits infiniment propres à le diftinguer de la foule de ceux qui ont couru la même carrière. On y voit, pour ainfi dire, à chaque page, une ame honnête & amie du vrai, un efprit avide de connoître, & nourri de la lecture des meilleurs Écrivains.

J'ai fuivi pour ma traduction l'édition de Gronovius comme la plus correcte. Perfuadé qu'on aime affez à favoir quels font les lieux qui correfpondent aujourd'hui à ceux qui furent autrefois le théatre de grands

grands événemens, j'ai indiqué le plus souvent, les dénominations actuelles, en ne les tirant que d'habiles Géographes, tels que Messieurs d'Anville, Büsching, Macbeam &c.

Je n'ai pu parvenir que fort tard & vers la fin de mon travail, à me procurer la traduction françoise de l'Abbé Maroles, mais elle m'a paru manquer si souvent le sens d'Ammien, qu'il a fallu renoncer à l'espérance d'y trouver quelque secours. C'est au lecteur à juger si j'ai mieux réussi.

Des amis respectables & auxquels je dois beaucoup, m'encouragent à publier cet ouvrage, je n'ai n'ai pas la préfomption de penfer qu'il foit fans défauts, je crois au contraire qu'il en a beaucoup; & l'on jugera de la fincérité de cet aveu, par mon empreffement & ma docilité à convenir des fautes que je puis avoir commifes & à les corriger; ce que j'ofe pourtant ef-pérer, c'eft que ceux qui auront lû l'original, ne feront pas mes cen-feurs les plus rigides.

TA-

TABLE
DES
CHAPITRES.

LIVRE XIV.

LIVRE XV.

*:

CHAP.

CHAP.

* 2   CHAP.

Livre XVII.

CHAP.

* 3   Lɪ-

LIVRE XVIII.

CHAP.

CHAP.

AMMIEN MARCELLIN.

LIVRE XIV.

CHAPITRE I.

Cruauté du César Gallus.

Après les hazards d'une expédition qu'accompagnerent d'insurmontables difficultés, tandis que les deux partis languissoient abattus & découragés par toute sorte de périls & de travaux, tandis que le bruit des armes résonnoit encore, & que les troupes n'occupoient pas les quartiers d'hyver; les crimes aussi

Tome I.   A   atro-

atroces que nombreux du César Gallus,
fe joignant aux troubles préfens, expoferent les affaires publiques à de nouveaux orages.

Tiré du foin de l'oppreffion & élevé
dès le printems de fon âge par un bonheur inefpéré au faite des grandeurs, il
ne tarda pas à franchir les bornes du
pouvoir qui lui fut confié, & gata tout
par l'exceffive dureté de fon caractere:
on voyoit qu'ébloui de l'honneur d'ap-
partenir au fang royal & de porter le
nom de Conftance, il n'auroit pas même
refpecté l'auteur de fa fortune & l'auroit, s'il l'avoit pu, traité en ennemi.

Sa femme que Conftantin dont elle
étoit fille, avoit autrefois donnée en mariage au Roi Hannibalien (a) fon neveu,
fière

(a) *Hannibalien fon neveu.* C'étoit *FLAVE
CLAUDE HANNIBALIEN* fils de *DALMA-
CE HANNIBALIEN* frere de *CONSTANTIN
LE GRAND;* ce dernier en donnant en mariage à
ce Prince, fa fille *VALERIE CONSTANTINE,*
le nomma *ROI DU PONT,* de *LA CAPPA-
DOCE* & de *L'ARMÉNIE. V. du Cange Hift.
Byzant. Tillemont. Hift. des Emp. T. XXXIX. p. 313.*

fière au delà de ce qu'on peut imaginer,
de fa qualité d'alliée de l'Empereur,
l'excitoit puiffamment encore; cette
Princeffe vraie Furie, & non moins avide
que Gallus de fang humain, échauffoit fon
ame féroce & l'affiégeoit fans ceffe. L'un
& l'autre après s'être formés à l'art affreux de nuire, & aidés d'obfcurs & de
rufés rapporteurs, qui avoient l'indigne
habitude de fe plaire à forger des men-
fonges pour les ajouter aux chofes qu'ils
n'avoient que légérement apprifes, char-
geoient des innocens des plus noires calomnies, comme par exemple, d'afpirer au
trône, ou d'exercer des pratiques déteftables de la magie.

La mort fubite de Clémace perfonnage diftingué d'Alexandrie, tient le premier rang parmi les actions baffement
cruelles que fe permit une audace qui
avoit pris l'effor au deffus des crimes vul-
gaires : la belle mere de cet homme, ou-
trée de l'avoir follicité en vain de répondre à la paffion qu'elle fentoit pour lui,
parvint par une porte dérobée du palais

juf-

jufqu'à la Reine, & ·lui offrit un collier
de grand prix; auffitôt on envoya à Honorat alors Comte (a) de l'Orient, l'or-
·dre cruel de faire mourir même fans l'entendre, l'innocent Clémace.

Après cette horrible action qui donna
de juftes fujets d'aHarmes au refte des ci-
-toyens, comme fi l'on eut laché la bride
à la cruauté, l'ombre du foupçon devint
fuffifante pour être traité en coupable;
les uns furent mis à mort, ceux-ci privés de leurs biens, d'autres bannis· &
chaffés de leurs foyers, fans qu'il leur
reftât autre chofe que leurs gémiffemens,
leurs

(a) *Comte de l'Orient.* **Les Comtes** étoient des
perfonnages diftingués. Leur vocation fe borna
d'abord à fuivre & à accompagner partout les
Empereurs, *Comes de Comitari* accompagner. Dans
la fuite on les revêtit de grandes charges, comme du
Gouvernement des Provinces, du foin du Thréfor,
de la garde des côtes &c. *Voy. le Gloffaire de du
Cange.* Il y avoit des Comtes du premier, du fecond & du troifieme ordre. Le Comte de l'Orient
étoit chargé du Gouvernement des quinze Provinces
de l'Orient. *Voy. la Notice de l'Empire.* Tillemont fixe l'origine de cette dignité à la fin du regne
d'Augufte. *Voy. encore Hederich Antiquit. Lexi.*

leurs larmes, & la trifte reffource de vivre d'aumones; l'autorité civile & le
pouvoir des loix fe pliant même à la volonté cruelle de Gallus, fermoit encore
à ces malheureux l'accès des maifons des
Grands.

On ne daignoit pas non plus au milieu
de ce déluge de maux, fe fervir de l'ex-
pédient que de méchans Princes ont employé quelquefois; celui de recourir à des
accufateurs fubornés pour faire du moins
femblant de foumettre à la décifion des
loix, les crimes qu'on imputoit: tout ce
que la barbarie du Céfar decrétoit, s'exécutoit fans délaï, comme un arrêt pro-
noncé par l'équité même.

On imagina encore de répandre par
tout dans Antioche (a) des hommes vils,
que leur baffeffe rendoit moins fufpeċts,
pour recueillir toutes les nouvelles;
ces miférables, tantôt comme en paffant

_____

(a) *Antioche* aujourd'hui Antakia vil'e de la Turquie
Afiatiqüe, elle eft fituée fur le fleuve Orontes dans le
Gouvernement d'Alep en Syrie.

fant & fous des noms empruntés,
approchoient des cercles des gens diftingués, tantôt fe gliffoient fous les hail-
lons de la pauvreté dans les maifons des
riches; de là ils rentroient par des chemins détournés dans le palais, & rendoient compte de ce qu'ils avoient appris
ou entendu; toujours d'accord entre eux,
foit pour forger de nouvelles, ou pour
envénimer ce qu'ils avoient découvert,
foit furtout, pour ne pas parler des
louanges que la crainte des maux qu'on
redoutoit, faifoit quelquefois donner malgré foi au Céfar.

Plus d'une fois il arriva, que ce qu'un
pere de famille avoit dit en quelque
forte à l'oreille à fon époufe & fans
avoir d'autre témoin, le Prince le
favoit le lendemain, comme s'il l'eut
appris d'Amphiaraüs (*a*), ou de Mar-
cius

(*a*) Prophete Grec fils d'Oeclée, il prédifoit l'avenir par l'Ignifpice, la Pyromantie ou divination par
le feu. *Voy. Plin. Liv. VII. Cicéron de la Divin.
Liv. I.*

cius (*a*), ces devins anciennement fi fameux; auffi craignoit-on jufqu'aux murs
feuls confidens des fecrets.

Cet acharnement à tout favoir croif-
foit encore par les infligations de la Reine qui précipitoit ainfi la perte de fon
mari, tandis qu'à l'exemple de l'époufe
du cruel Maximin dont il eft parlé dans
l'hiftoire de Gordien (*b*), elle auroit dû
par la douceur & par d'utiles confeils, lui
infpirer l'amour du vrai & de l'humanité.

Gallus donna encore l'exemple auffi
rare que dangereux, d'une démarche
bien condamnable & qu'on dit avoir autrefois déshonoré Gallien; c'eft qu'accompagné d'un petit nombre de fatellites
qui cachoient des armes fous leurs robes,
il parcouroit fur le foir, les tavernes
& les carrefours, demandant en langue
Grec-

(*a*) Célébre Devin de Rome; on raconte qu'il
avoit prédit la bataille de Cannes. *Tite-Live Liv. XXV.
Ch.* 21.

(*b*) Ammien allégue ici un endroit des livres de
fon hiftoire qui ont péri.

A 4

Grecque qu'il entendoit fort bien, ce qu'on penſoit du Céſar; & il alloit ainſi par la ville, quoique les flambeaux qui en éclairoient les rues pendant la nuit égalaſſent preſque la lumiere du jour, mais ayant été reconnu ſouvent, & voyant qu'il ne pouvoit plus ſortir ſans être découvert il ne ſe montra plus qu'en plein midi, pour vaquer aux affaires qu'il croyoit mériter ſon attention.

Tout ceci ſe paſſoit au grand regret d'un bon nombre de perſonnes qui en gémiſſoient au fond du cœur: Thalaſſe qui étoit alors Préfet préſent (a) du Prétoire, homme d'un eſprit altier, conſidérant que la violence de ce Prince faiſoit le malheur de bien des gens, loin de tacher de le modérer par la raiſon, & par ſes conſeils, méthode que les grands emploient quelquefois avec ſuccès pour adoucir la colere des Princes, le contrarioit;

(a) La qualité de *Préſent* n'ajoutoit à celle de Préfet que l'obligation d'être toujours de la ſuite du Prince. *Voy. Notice de l'Empire.*

rioit, le cenfuroit, & cela fi mal à propos, qu'il enflammoit encore plus fa rage.
Il ne faifoit pas même myftere, on ne
fait dans quelle vue, des avis fréquens
qu'il donnoit à Augufte (a), & du por-
trait exagéré qu'il lui faifoit de la conduite du Céfar; bientôt Gallus devenu
plus farouche, ne garda plus de ménage-
ment & levant en quelque forte l'étendart de la revolte, tel qu'un torrent impétueux, au mépris de fon falut & de
celui des autres, il s'efforça de renverfer
les barrieres qu'on lui oppofoit.

CHAPITRE II.
Incurfions des Ifaures.

C e mal ne fut pas le feul qui affligea
l'Orient; car l'audace des Ifaures, peuple
qui

(a) C'étoit *FLAVE JULES CONSTANCE*,
fils de *CONSTANTIN LE GRAND* & par conféquent coufin germain de *GALLUS*. Il étoit alors
Empereur. *Voy. du Cange Fam. Byzant.*

A 5

qui tantôt vit en paix, tantôt trouble
tout par de brufques incurfions, croiffant
par l'impunité, les fit paffer des brigandages qu'ils commettoient fourdement &
de loin à loin, à des guerres ouvertes &
férieufes: quelques - uns de leurs camarades pris & contre l'ufage livrés aux bêtes
à Iconium (*a*) ville de la Pifidie (*b*), furent le prétexte dont ils colorerent les
emportemens de leur caractere toujours
inquiet, indocile & rebelle.

Semblables, ainfi que le dit Cicéron (*c*), *à ces animaux féroces que la
faim ramene aux lieux où ils ont autrefois trouvé leur pature,* ils partirent
comme un torrent de leurs montagnes
roides & efcarpées pour fe jetter fur les
côtes; là cachés dans des retraites fombres

(*a*) Aujourd'hui *Konia* ou *Cogni* ville de la Turquie Afiatique dans la Caramanie.

(*b*) Cette contrée fait partie aujourd'hui de l'Anatolie dans l'Afie mineure.

(*c*) *Voy. Cicer. p. Cluent. Cap.* 25.

bres & dans des vallons, ils profitoient à
l'approche de la nuit des premiers rayons
de la lune pour observer les navigateurs;
aussi-tôt qu'ils les supposoient endormis, ils
grimpoient à quatre les cables des ancres,
puis se glissoient dans les chaloupes, attaquoient à l'improviste ceux qui s'y
trouvoient, & la soif du butin enflam-
mant leur cruauté, ils les égorgoient jusqu'au dernier, & s'en retournoient chargés d'un riche butin que personne ne leur
avoit disputé.

Ces excès ne durerent à la vérité pas
longtems, car les cadavres de ceux qu'ils
avoient pillés & mis à mort ayant été découverts, on ne relacha plus dans ces
contrées, qu'on évita comme on évite
les écueils funestes de Sciron (a), en ran-
geant

(a) Rochers situés entre Corinthe & Mégare.
Ovide dit qu'ils reçurent ce nom d'un fameux brigand
qui jettoit les passans dans la mer.

Scopulis nomen Scironis inhæret.

Metam. L. 7. v. 447.

A 6

geant les côtes de Cypre oppofées aux
rochers de l'Ifaurie (a).

Les brigands qui virent peu après qu'il
n'abordoit plus d'étrangers, quitterent
les bords de la mer, & fe porterent dans
la Lycaonie qui touche à l'Ifaurie: ils en
embarafferent les chemins par d'épais
abattis & y vécurent aux dépens des habitans & des voyageurs. La fureur de ces
bandits anima nos foldats établis dans plufieurs villes & forts du voifinage: cependant malgré leurs efforts pour repouffer
ces ennemis qui gagnant toujours du terrein, tantôt attaquoient par pélotons, tantôt
féparément, ils fe voyoient fouvent accablés par le nombre. Nés & élevés fur la
cime & dans les finuofités des montagnes,
ces barbares les franchiffoient avec autant
de facilité qu'on parcourt des lieux pleins
& unis, & lançoient de loin des flèches
contre ceux qu'ils découvroient, ou les
effrayoient par d'horribles cris.

Quel-

(a) L'Ifaurie & la Lycaonie font partie aujourd'hui
de la Caramanie dans l'Afie mineure.

Quelquefois nos fantaffins, forcés pour les pourfuivre à gravir contre ces hauteurs, y arrivoient quoiqu'avec peine & en fe tenant aux buiffons & aux broffailles; mais ils y trouvoient alors des lieux ferrés, impraticables, & qui leur permettoient auffi peu d'y marcher d'un pas ferme, que de s'y déployer. Vouloient-ils en redefcendre? ce n'étoit pas fans danger, car l'ennemi qui voltigeoit de tous côtés faifoit rouler fur eux des morceaux de rocher dont le poids les écrafoit, lorfque la néceffité les forçoit à faire face & à combattre vaillament.

Ces difficultés firent qu'on ufa dans la fuite de plus de précaution & que nos foldats ne s'expoferent plus à les déloger du haut de leurs montagnes; mais auffi dès qu'ils paroiffoient dans la plaine, & cela arrivoit fouvent, on les maffacroit comme des troupeaux de bêtes timides, fans leur donner même le tems de fe mettre en défenfe, ou de faire ufage de deux ou de trois javelots, qu'ils ont d'ordinaire avec eux.

A 7   Re-

Redoutant donc la Lycaonie dont la plus grande partie confifte en plaines, & convaincus d'après plufieurs expériences qu'ils ne pouvoient réfifter à nos troupes dans un combat réglé, ils fe glifferent par des routes détournées dans la Pamphylie (a) qu'on n'avoit pas attaquée depüis longtems, mais où la crainte des meurtres & du pillage, avoit fait mettre de bonnes troupes & établir des forts confidérables. Pleins de confiance dans leur vigueur & dans leur agilité, ils coururent donc rapidement pour dérober par la célérité la connoiffance de leur marche, & par des fentiers tortueux ils arriverent quoique plus tard qu'ils n'avoient crû aux fommets des montagnes.

Lorfqu'ils furent parvenus, non fans de grandes difficultés, aux bords élevés du fleuve Melas (b) dont les eaux profondes

(a) C'eft à préfent la partie occidentale de la Caramanie.

(b) Aujourd'hui *Kara-fou* ou le fleuve noir. Cette riviere paffe par la petite Caramanie & prend fa

fondes & rapides environnent & défen-
dent comme un mur les habitans de ces
contrées, l'épaiffeur de la nuit les rem-
pliffant d'effroi, ils prirent quelque repos jufqu'aujour: ils comptoient bien
après avoir franchi fans peine ce fleuve,
de furprendre & de dévaſter tout ce qui
fe trouveroit au delà; mais ce fut à pure
perte qu'ils effuyerent tant de travaux;
car le foleil s'étant levé, la vue de ce gouf-
fre étroit & profond ne leur permit pas
d'en tenter le paffage, & tandis qu'ils
cherchent de petites barques de pe-
cheurs, ou qu'ils effayent de le traverfer
fur des radeaux liés à la hâte, nos légions
répanduës dans ces quartiers, & qui hyvernoient près de Side (a), marchent
brufquement à eux, fe rangent en bataille fur le bord oppofé de la riviere, &
joi-

____

fource dans le mont Taurus. *Pomponius Mela*
en parle comme d'un fleuve navigeable. Liv. I.
Chap. 14. Liv. II. Chap. 2.

(a) C'eſt à préfent *Scandalor* ou *Candalor*, &
felon Pokoke *Candelava* dans l'Anatolie à 15 lieues
de *Satalia*.

joignant habilement leurs boucliers pour
fe couvrir, taillent fans peine en pieces
ceux des ennemis qui ofent hazarder de
paffer à la nage, ou dans des troncs
d'arbres creufés.

Après avoir affronté les plus grands
dangers & faits les derniers efforts, chaffés par la crainte & par la force, & incertains fur la route qu'ils prendroient, ils
fe rendirent aux environs de Laranda (a).
Lorfqu'ils s'y furent un peu refaits & que
leur fraïeur fut diffipée, ils tomberent
fur de riches bourgades; mais à l'approche d'un corps de cavalerie qu'ils n'oferent attaquer dans la plaine, ils prirent
le parti de décamper. Ce fut pendant
cette retraite qu'ils manderent l'élite de
leur jeuneffe qu'ils avoient laiffée dans
leurs habitations.

La faim les pouffa enfuite à un endroit
nommé Paléas, il eft fitué du côté de la
mer, revetu de bonnes murailles & maintenant le magafin des vivres qu'on diftribue

(a) Larende dans la Caramanie.

bue aux troupes employées à défendre
toute la côte de l'Isaurie.

Ils afliégerent cette place pendant trois
jours & pendant trois nuits : mais comme la pente naturelle du lieu ne permettoit pas d'en approcher fans un péril certain, que la voye des mines & toute autre efpece d'attaque étoit impoffible,
pleins de douleur, ils fe retirerent, ré-
folus à tout tenter puifque la néceffité
l'exigeoit.

C'eft pourquoi enflammés d'une rage
que la difette & le défefpoir augmentoit,
ils réunirent toutes leurs forces ; & fe
porterent avec une ardeur irréfiftible contre Séleucie (a) la capitale que défendoit
le Comte Caftricius avec trois légions endurcies aux fatigues de la guerre.

Les chefs avertis par des rapports fidéles de l'approche de l'ennemi, donnerent
l'ordre à tout ce qu'il y avoit de gens armés

(a) On la nommoit apre, ou trachéene parce
qu'elle étoit dans la Cilicie trachéene c'eft àujourd'hui
Se'efkié dans la Caramanie.

més de fortir incontinent de la ville, &
paffant auffi-tôt le pont du fleuve Calycadne (a) dont les hautes eaux baignent
les tours & les murs de la place, ils rangerent leur monde, comme s'ils avoient
deffein de combattre. Perfonne cependant ne fortit de fes rangs, ni n'ofa en
venir aux mains avec les ennemis; on
craignoit cette troupe féroce, fupérieure
en nombre, animée par le défefpoir, &
qui au mépris de fa vie fe jetteroit en fu-
rieufe au milieu des armes. Ces brigands s'arrêterent quelques momens à la
vuë de notre armée, & au bruit de nos
clairons, puis ils tirerent d'un air menaçant leurs épées, & s'avancerent avec
lenteur.

Nos braves foldats difpofés à les attaquer fe déployerent & frappant de leurs
piques leurs boucliers (ce qui d'ordinaire
excite le courage, & anime à la vengeance) ils effrayerent par leur contenance

(a) A préfent Kelikdeni, ce fleuve baigne les murs
de Selefkié.

nance ceux des ennemis qui étoient le
plus à leur portée.   Mais nos Officiers
réprimerent l'ardeur avec laquelle nos
gens se portoient au combat: ils ne trouverent pas qu'il fut de la prudence d'hazarder le sort d'une bataille à si peu de
distance d'une ville dont les murs les mettoient tous en sureté.   Partant de ce
principe, ils se déterminerent donc à
rentrer avec les troupes, & après avoir
fermé toutes les avenues, ils se placerent
sur les tours, & derriere les crénaux des
murailles avec une quantité de gros cail-
loux & de fléches, pour renverser à coups
de dards ou de pierres quiconque essaye-
roit d'approcher.

Ce qui inquiéta cependant beaucoup
les assiégés, c'est que les Isaures qui s'é-
roient emparés de bateaux chargés de
grains, avoient des provisions en abondance, tandis que la consommation qui
se faisoit journellement dans la ville des
alimens les plus nécessaires, la menaçoit de toutes les horreurs d'une famine
prochaine.

Le

Le bruit de ces excès que confirmerent de fréquentes relations toucha Gallus, il ordonna (car le Général de la Cavalerie étoit pour lors trop éloigné) à
Nébridius Comte de l'Orient (a), de lever de tous côtés des troupes & de se hâter d'arracher au péril une ville auffi confidérable qu'avantageufement fituée. Sur
ces nouvelles les Ifaures fe retirerent, &
fe difperfant à leur maniere, ils regagne-
rent le haut des montagnes, fans rien
faire d'ailleurs qui foit digne d'être rapporté.

CHAPITRE III.

Entreprife manquée des Perfes.

LES chofes en étoient là dans l'Ifaurie,
tandis que le Roi des Perfes occupé
fur

(a) On voit par une lettre de Libanius à Mantithée,
que Nébridius avoit fuccédé à Honorat dont il eft fait
mention dans le chapitre précédent.

fur fes frontieres, tâchoit d'en éloigner
des nations féroces, qui, tantôt l'at-
quoient en ennemis, tantôt lui prêtoient
du fecours contre nous; un de fes
principaux Officiers nommé Nohodares
que ce Prince avoit chargé d'inquiéter la
Méfopotamie (*a*) dès que l'occafion s'en
préfenteroit, obfervoit avec foin l'état
de nos affaires pour nous furprendre à
l'improvifte, fi les circonftances le permettoient. Comme toutes les parties
de ce pays expofées à de fréquentes inful-
tes, étoient gardées par des forts & des
poftes avancés, il conçut un deffein nouveau, qui n'avoit été que rarement tenté,
& qui l'auroit mis en état, s'il avoit réuffi,
d'écrafer tout comme la foudre; ce fut
de fe porter fur la gauche & de fe tenir
en

(*a*) Ce qui fignifie entre deux fleuves; l'Euphrate
& le Tigre embraffent ce pays dans fa longueur. C'eft
cette contrée de la Turquie Afiatique que les Arabes
appellent el Dchezira. On la divife en quatre parties, le Bekir, le Modhar, le Rabiah & le Moful
ou Dchezira.

en embufcade aux extrêmités de l'Ofdroëne (*a*).   Voici fon plan.

Bathné (*b*) ville municipale de l'Anthémufie (*c*), batie anciennement par
les Macédoniens, n'eft que peu éloignée
de l'Euphrate, elle eft remplie de riches
négocians, les foires qu'on y tient, y
raffemblent chaque année vers le commencement de Septembre, un grand nombre d'étrangers de tout ordre, qui s'y
rendent pour commercer les marchandifes arrivées des Indes, ou de la Séri-
que (*d*), ainfi que quantité d'autres effets

(*a*) Elle comprenoit ce qu'on nomme aujourd'hui
le Gouvernement d'Urfa, ou de Raca.

(*b*) Maintenant Serudch dans le Gouvernement
d'Urfa ou de Raca.

(*c*) Pline & Tacite en font une ville de la Méfopotamie, Ptolomée & Strabon difent que c'en étoit
une contrée.   Quelques perfonnes penfent que le
nom d'Anthemufie a du précéder celui d'Ofdroëne,
mais il femble parce que dit ici Ammien que de fon
tems l'Anthémufie auffi bien que l'Ofdroëne exiftoient
comme contrées.

(*d*) Voici ce que dit Pline, en parlant de la con-
fommation qui fe faifoit à Rome, d'objets étrangers:

fets qu'on y améne par terre & par mer;
ce fut précifément le tems que choifit Nohodares pour envahir cette contrée, en
fe cachant dans les déferts & parmi les
broffailles qui bordent la riviere d'Abo-
ra (a); mais quelques uns de fes gens que
la crainte d'un chatiment qu'ils avoient
mérité, fit paffer dans le camp des Romains, ayant éventé fon projet, il fortit
de fa retraite fans avoir rien exécuté, &
languit enfuite dans l'inaction.

„On peut dire en mettant les chofes au plus bas que
„les Indes, le pays des Seres & la prefqu'ile d'Arabie,
„tirent bien de l'empire Romain chaque année cent
„milions de fefterces, tant les plaifirs & les femmes
„nous coutent cher. *Plin. Liv. XII. p. 559. de la*
traduction de Mr. Poinfinet de Sivry.

(a) A préfent Chaboras, ou Al-Khabour dans le
Dchezira.

CHAPITRE IV.

Irruptions & mœurs des Sarrasins.

Les Sarrasins qui furent toujours pour nous d'aussi dangereux alliés que de redoutables ennemis; tels que des milans qui du plus haut qu'ils découvrent leur proye, l'enlevent d'un vol rapide, ou s'enfuyent dès qu'ils ne peuvent s'en emparer, erroient çà & là & détruisoient en un instant tout ce qu'ils rencontroient. Quoique j'en aye déjà parlé dans l'histoire de Marc Aurele & en divers endroits de cet ouvrage, j'en dirai cependant un mot.

Chez cette nation, qui d'un côté commence à l'Assyrie (*a*) & s'étend aux Cataractes du Nil & aux frontieres des Blémies

(*a*) Le Kurdistan & le Gouvernement de Scherezur dans la Turquie Asiatique comprennent à présent une partie de l'ancienne Assyrie.

mies (*a*), tous les hommes font également guerriers, à demi nuds, couverts
jufqu'à la ceinture de petites cafaques
colorées, à l'aide de chevaux légers &
de dromadaires agiles, ils fe tranfpor-
tent de tous côtés pendant la paix comme
pendant la guerre.   Aucun d'eux ne met
la main à la charrue, ne cultive un ar-
bre, ou ne penfe à gagner fon pain en
travaillant la terre, mais errans dans des
efpaces immenfes, fans maifons, fans
demeures fixes, fans loix, ils changent
à chaque inftant de climat; leur vie ref-
femble à une longue fuite.   Leurs femmes font des mercenaires auxquelles ils
fe lient pour un tems par convention, &
pour que cette union ait l'air d'un mariage, la femme offre à fon mari comme
une forte de dôt, une lance & une tente,
prête, s'il l'accepte, à s'éloigner de lui
au tems marqué.

Il

(*a*) Peuples de l'Éthiopie qui étoient fur les frontiéres de l'Égypte.   Florus Général de l'Empereur
Marcien les fubjugua en 450.

Tome I.   B

Il eſt incroyable à quel point l'un &
l'autre ſexe eſt enclin à l'amour.   Ils paſ-
ſent tellement leur vie à courir, qu'une
femme ſe marie dans un endroit, accou-
che dans un autre, & élève ſes enfans
loin de là encore, ſans qu'il lui ſoit jamais permis de s'arrêter.   Ils ſe nour-
riſſent tous de vénaiſon, d'oiſeaux qu'ils
tachent de prendre, de quantité de lait,
& de beaucoup d'herbes.   Preſque tous
ceux que nous avons vû ignoroient en-
tierement l'uſage du pain & du vin. Mais
c'en eſt aſſez ſur cette nation dangereuſe;
revenons à notre ſujet.

CHAPITRE V.

Supplices des partiſans de Magnence.

Pendant que ceci ſe paſſoit en Orient,
l'Empereur qui étoit cet Hyver à Arles y
termina le 10. d'Octobre la trentieme année de ſon régne & la célébra pompeuſe-
ment

ment par des jeux de Théatre & de Cirque. Ce Prince qui de jour en jour de-
venoit plus intraitable, & regardoit
comme clair & démontré tout ce qu'on
lui dénonçoit de faux & de douteux,
condamna entre autres au banniſſement,
après l'avoir appliqué à la torture, le
Comte Géronte qui avoit été dans le parti
de Magnence.

Telle qu'un corps malade qu'affectent
les plus légéres impreſſions, l'ame foible
& ſenſible de Conſtance, prenant le moindre bruit, pour la preuve d'une entrepriſe,
ou d'un projet formé contre ſa perſonne,
ſouilla ſa victoire par le meurtre de pluſieurs
innocens. Il ſuffiſoit qu'un militaire, qu'un
magiſtrat, ou qu'un homme diſtingué
parmi les gens de ſon ordre, fut légérement ſoupçonné d'avoir favoriſé le
parti ennemi, pour qu'auſſitôt on le
chargeât de chaines comme une bête
féroce; & quoiqu'il ne ſe préſentât
pas d'accuſateur, ſeulement, parce qu'il
avoit été nommé, déféré, cité, il
étoit privé de la vie, dépouillé de ſes

biens

biens, ou relégué dans quelque île
déſerte.

A ſa férocité qu'excitoit la ſeule idée
que la Majeſté de l'empire ſouffroit quelqu'atteinte, & à la colere que lui inſpi-
roient des ſoupçons ſans nombre, ſe
joignoient encore les cruelles flatteries de
ſes courtiſans, qui exagéroient les délits
& feignoient de s'affliger à l'excès, des
dangers que couroit un Prince de la vie
duquel dépendoit, à en croire leurs cris
hypocrites, le ſalut de l'Empire: auſſi
dit-on que jamais dans ces occaſions ou
dans d'autres ſemblables, il ne révoqua
les peines portées dans les ſentences qu'il
étoit d'uſage de lui préſenter, ce qu'ont
fait même des Princes inéxorables. Ce
vice deſtructeur que le tems affoiblit quelquefois, fortifié par la cohorte de ſes adu-
lateurs, s'accrut avec l'âge chez lui.

Paul le Sécretaire, eunuque né en
Eſpagne & trés-expert à inventer des
moyens de perdre quelqu'un, ſe diſtingua
parmi ces ames viles. Il fut envoyé dans
la Grande Bretagne pour ſe ſaiſir de
quel-

quelques officiers qui avoient trempé
dans la confpiration de Magnence; ceux-
ci n'ofant réfifter, il outrepaffa fes ordres, pour renverfer comme un torrent, la fortune de plufieurs particuliers.
Il fe fignala par des défaftres & des maux
fans nombre, jetta des hommes libres
dans les prifons, en chargea d'autres de
fers, & cela pour des crimes forgés à
plaifir & deftitués de toute vérité. C'eft
à ces excès qu'il faut encore rapporter
l'horrible action qui imprima une flétrif-
fure éternelle au regne de Conftance.

Martin qui gouvernoit ces provinces
en qualité de *Vicaire des Préfets* (a) gémiffoit des maux que fouffroient tant
d'innocens; fouvent il conjuroit Paul
d'épargner ceux qui n'étoient coupables
d'aucun crime; voyant enfin que fes
prières ne le touchoient pas, il efpéra
qu'en

(a) On appelloit *Vicaire du Préfet*, celui que
le Préfet de la ville ou du Prétoire chargeoit d'une
commiffion particuliere. Le Vicaire *des Préfets* au
contraire, exerçoit la Préfecture, par des patentes
immédiates du Prince. *V. les F. Valois.*

B 3

qu'en menaçant de se retirer, il engage-
roit peut-être cet impitoyable inquisi-
teur à mettre des bornes à sa barbarie.
Mais celui ci qui sentit que son crédit en
souffriroit, habile comme il l'étoit à ourdir une trame, d'où lui venoit le surnom de *Catena* qui signifie *chaîne*, fit
partager au Vicaire lui-même le danger
commun.   Il insista pour que chargé de
chaînes on le conduisît avec les Tribuns
& plusieurs autres à la cour de l'Empereur. Martin justement indigné à la vuë
du danger qu'il couroit, fondit sur Paul
l'épée à la main, mais ayant manqué
son coup, il la tourna contre lui-même
& s'en perça le sein. Ainsi périt un
honnête homme, qui osa par ses oppositions tenter de prévenir la perte d'une
foule de malheureux.

Après tant d'atrocités, Paul tout couvert de sang, revint au camp de l'Empereur; il étoit suivi d'un nombre considérable de prisonniers qui plioient presque sous
le poids de leurs fers, & que la tristesse & la
douleur accabloient. On dressa à leur arrivée

rivée les chevalets, & les bourreaux préparerent tout l'attirail des tortures. Plufieurs furent profcrits, ceux là exilés,
d'autres enfin périrent par le glaive. Il
n'eſt perſonne qui ſe ſouvienne que ſous
Conſtance, où toutes ces cruautés ſe
commettoient au moindre indice, quelqu'un ait obtenu grace.

CHAPITRE VI.

Vices du Sénat & du peuple Romain.

Orfite qui dans ce tems gouvernoit Rome en qualité de Préfet outrepaſſoit audacieuſement ſon pouvoir: prudent &
habile dans les affaires du barreau, il
étoit moins inſtruit dans les belles Lettres
qu'il ne convient à un homme de naiſſance. Le vin qui porte le peuple, par
l'abus qu'il en fait toujours à de fréquentes émeutes, ayant manqué, occaſionna
de grands troubles ſous ſon adminiſtration.

B 4

tion. Comme ceux qui liront ceci s'é-
tonneront fans doute, le fil de la narra-
tion me conduifant à parler de ce qui fe
paffoit à Rome, de n'y voir que féditions, excés, & autres indignités femblables, je crois devoir raffembler ici les
principales caufes de ces vices, bien réfolu de ne pas m'écarter volontairement
du vrai.

Lorfque Rome dont la durée égalera
celle du genre humain, s'éleva au point
de fplendeur où on l'a vue; la Fortune
& la Vertu qui d'ordinaire font divifées,
s'unirent par les nœuds d'une paix éternelle, pour lui donner les plus fublimes
accroiffemens; auffi fans cette union
n'eut elle jamais atteint ce comble de
grandeur: fon peuple fut occupé depuis
fon berceau jufqu'au dernier terme de fon
enfance, ce qui renferme environ l'efpace
de trois cens ans, à combattre autour
de fes murailles. Dans fon adolefcence,
après plufieurs guerres pénibles, il traverfa les Alpes & la Mer. La fleur de
fa jeuneffe & la vigueur de fon age furent

rent employées à cueillir des lauriers dans toutes les contrées de l'immenfe Univers (*a*).

Parvenu à la vieilleffe & triomphant quelque fois encore par la feule terreur de fon nom, il paffa à un état plus tranquille. C'eft pourquoi cette ville refpectable, après avoir fubjugué des nations féroces, après avoir donné des loix qui devinrent les fondemens & les boulevards éternels de la liberté; telle qu'un père économe, prudent & riche, remit aux Céfars comme à fes enfans, le foin d'adminiftrer ce patrimoine; & bien qu'a préfent les Tribus foient tranquilles, les Centuries en paix (*b*), & qu'il n'y ait plus

(*a*) Ammien Marcellin a inconteftablement emprunté de Florus Liv. I. ce qu'il dit ici des différens ages & des accroiffemens de Rome.

(*b*) On auroit tort de conclure de ceci que les Tribus & les Centuries exiftaffent encore du tems de l'Auteur. Il ne veut fimplement qu'indiquer le calme & le repos dont Rome jouiffoit alors. *V. les F. Valois.*

B 5

plus de difputes pour les fuffrages, mais
qu'au contraire on voye revivre la fécurité du fiecle de Pompilius, elle paffe cependant encore dans toutes les parties du
monde, pour la Reine & la Maîtreffe de
l'Univers, & par tout on refpecte la Majefté des Sénateurs, & l'on vénére le nom
du peuple Romain. Mais l'éclat de cette illuftre affemblée eft terni par l'indé-
cente légéreté de quelques-uns de fes
membres, qui oubliant leur origine, fe
laiffent entraîner par l'impunité dont jouit
le vice, au défordre & à la licence; car
comme le dit le Poëte Simonide, *il faut
pour être raifonnablement heureux, que
la patrie foit couverte de gloire.*

Parmi ces hommes, il en eft qui
croyant s'éternifer par des ftatues, en
briguent l'honneur avec paffion, comme
s'ils pouvoient retirer plus de gloire de
figures d'airain privées de connoiffance,
que du fentiment d'actions honnêtes &
droites. Ils les font couvrir d'une
feuille d'or, diftinction qu'Acilius Gla-
brion obtint le premier, lorfqu'il eut
vain-

vaincu Antiochus par fes armes & par fa
prudence (a).

Qu'il foit infiniment beau de méprifer
ces vains & futiles avantages pour *s'éle-*
ver par des routes longues & pénibles (b),
felon l'expreffion d'Héfiode, à la véritable gloire, c'eft ce qu'à démontré Caton
le Cenfeur, qui interrogé pourquoi fa
ftatue ne paroiffoit pas, parmi celles de
plufieurs illuftres perfonnages, répondit:
j'aime mieux que les gens de bien deman-
dent pourquoi je n'en ai point obtenu, que
de les entendre murmurer tout bas, & fe
dire, par où l'a t'il méritée?

Ceux-ci font confifter le fuprême éclat
dans des voitures plus hautes que de coutume,

(a) Tite-Live Liv. XL. Chap. 34. & Valere Maxime Liv. II. Chap. 5. difent que ce fut à Rome dans
le Temple de la piété qu'Acilius plaça une ftatue à
l'honneur de fon père.

(b) Héfiode Oeuv. Liv. I. Il y a proprement dans
le Grec "Les Dieux immortels ont voulu que la vertu
"coutât des fueurs. Le chemin qui mene à elle, eft
"long, pénible & d'abord efcarpé, mais dès qu'on eft
"parvenu au fommet, il devient aifé, quelque raboteux
"qu'il ait paru être au commencement."

B 6

me, & dans le luxe des vêtemens: ils fuent
fous le poids de leurs manteaux qu'ils lient
avec des agraffes au tour du cou & que
leur tiffu extrêmement délié fait voltiger
au gré du vent; ils les fecouent fréquemment, furtout du côté gauche, afin de
faire briller leurs longues franges, auffi
bien que leurs tuniques travaillées avec tant
d'art, qu'elles offrent une riche variété d'a-
nimaux; d'autres, fans qu'on le leur demande & d'un air grave, élèvent jufqu'aux nues leur patrimoine, & ne parlent
du matin au foir, que de l'augmentation
des revenus de leurs fécondes terres; ils
ignorent que leurs ancêtres qui ont fi
puiffamment contribué à la grandeur de
Rome, fe font diftingués, non par leurs
richeffes, mais par des guerres très pénibles, eux qui triompherent de tout par
leur valeur, & que la médiocrité de leur
fortune, ainfi que la fimplicité de leurs
vêtemens & de leur nourriture, con-
fondoit avec les moindres foldats. De-là
la collecte qu'on fit pour inhumer Valé-
rius Publicola; delà ce que fournirent
des

des amis qui fe cotiferent pour l'entre-
tien de la femme de Regulus & de fes
enfans; delà la dot tirée du tréfor public
pour la fille de Scipion; la nobleffe rou-
giffant, & de laiffer flétrir fa jeuneffe &
de la trop longue abfence de fon pére in-
digent. A préfent, fi honnête étranger
vous entrez chez quelqu'un de nos riches
orgueilleux pour le faluer, vous ferez d'a-
bord accueilli au mieux & accablé de
queftions au point d'être réduit à mentir
pour fatisfaire fa curiofité; les égards que
vous témoigne malgré votre médiocrité,
cet homme puiffant qui ne vous a jamais
connu, vous feront regretter de n'avoir
pas vû Rome il y a dix ans.

Encouragé par cet accueil, retournez
y le lendemain & vous ferez traité comme
un nouveau venu; votre homme fi affa-
ble la veille, occupé à compter fes efpèces, héfitera longtems pour fe rappeller
qui vous êtes, & d'où vous venez; enfin
il vous reconnoit, & vous admet dans
fa familiarité, mais continuez lui régulie-
rement vos attentions pendant trois ans,

& abfentez vous enfuite feulement trois
jours vous effuyerez les mêmes procédés
à votre premier retour, & fans qu'il s'informe auffi peu où vous avez paffé le tems
que fi vous fuffiez mort, votre vie entiere s'écoulera à faire inutilement la cour
à ce fot.

Lorfqu'on prépare de tems en tems,
des feftins longs & nuifibles, ou qu'en délibérant avec anxiété fur la maniere de
diftribuer les fportules (*a*) d'ufage, on
demande fi un étranger peut, préférable-
ment à ceux à qui l'on doit quelque retour, y avoir part; après que la plura-
lité a décidé que cela fe peut, vous y
verrez admettre un homme qui veille à la
porte du cirque (*b*), qui excelle à jouer
aux

(a) Préfens qu'on diftribuoit, en argent, en pain,
ou en vin à l'occafion de certaines fêtes ou autres fo-
lemnités. *V. Voff. au mot SPORTÆ. Juv. Sat.
3. v. 249. Cafaub. fur Athen. Liv. VI. Ch. 8. Sym-
maq. Liv. X. Ep. 117. 118.*

(b) Ceux qui couroient dans le cirque étoient divifés en diverfes quadrilles qui avoient leurs couleurs
auxquelles on les reconnoiffoit, *la verte, la rouge,*

aux dez, ou qui feint de savoir les choses les plus secretes.   On évite comme
des personnes inutiles & de mauvais au-
gure, les gens sages & habiles.   Joignez
à cela que les nomenclateurs (a) accoutumés à vendre tout, admettent pour de
l'argent dans les distributions & dans
les repas, des hommes vils & obscurs.

Pas-

la bleue & la blanche. Il se formoit des factions entre les spectateurs qui s'interessoient à telle ou telle
de ces quadrilles. Il y avoit parmi la populace des
gens qui pour faire leur cour au parti qu'ils favori-
soient, passoient la nuit devant les maisons des cochers de leurs Patrons. *Suétone Chap. 55.* Rapporte de C. Caligula, qu'il soupoit & passoit les nuits
dans l'ecurie de la Faction *verte*, tant il lui étoit attaché.   Le même Auteur remarque dans la vie de Domitien Chap. 7. que ce Prince augmenta ces quatre
quadrilles de deux autres, savoir de la quadrille *d'or*
& de la quadrille de *pourpre.*

(a) C'étoient des gens qui accompagnoient ceux
qui briguoient des places, & leur faisoient connoitre
les citoyens dont il leur importoit de gagner l'affection. On appelloit aussi de ce nom les esclaves qui
invitoient aux repas, & qui assignoient des places
aux convives. *V. Cic. p. Murena Chap. 36. Sine-
que des Bienf. Liv. I. Chap. 3. & Pitiscus.*

Paffant fous filence pour éviter la longueur, ces tables qui font de vrais gouffres, & tous ces rafinemens de la vo-
lupté, je parlerai de ces gens qui au mépris du danger, parcourent avec un grand
train de chevaux qu'ils font trotter comme s'ils couroient la pofte, les efpaces immenfes de la ville fur fon pavé inégal,
& trainent après eux des familles entie-
res qui reffemblent à des bandes de brigands, fans laiffer même comme le dit
Terence, leurs bouffons (a) au logis;
c'eft ce qu'imitent encore plufieurs Da-
mes Romaines qu'on voit la tête couverte & dans des litiéres fermées (b),
courir ainfi toutes les ruës.

Tels

(a) Terence dit précifément le contraire, puifqu'il
fait dire à Sanga qu'il n'eft refté que le bouffon au
logis.

Solus Sannio fervat domi.
Eun. Act. IV. Sc. 8.

(b) Bafternæ. Donat qui dérive ce mot du Grec
βαςάζω je porte, penfe que ces litiéres étoient
portées par des efclaves; peut être auffi tiroient elles
leur nom de ces Baftarnes peuples Sarmates dont Stra-

Tels que d'habiles généraux, qui d'abord font marcher les bataillons forts & serrés, suivis des troupes armées à la légere, puis les soldats de trait, & enfin les auxiliaires, pour affaillir l'ennemi fi le befoin l'exige; de même après que ceux qui font prépofés à cet exercice & qu'on diftingue aux baguettes qu'ils tiennent à la main, ont arrangé avec autant de foin, que s'il s'agiffoit d'une difpofition militaire, la marche de ces familles défeuvrées, on voit s'avancer en front de la voiture, tous ceux qu'on employe aux divers ouvrages, puis les Officiers enfumés de la cuifine, enfuite tous les efclaves, pêle mêle avec les plébeiens oififs qu'on a raffemblés dans le voifinage, la marche enfin eft fermée par une multitude d'eunuques depuis les plus vieux jufqu'aux plus jeunes, pales, livides, & tous

bon & d'autres Hiftoriens font mention. Vopifcus dit dans la vie de Probus que çe Prince en établit cent mille dans le territoire Romain. *Voyez Grut. Fax artium T. VI. p. 803.*

tous de figure fi affreufe, que de quelque côté que fe portent les regards fur ces bandes d'hommes mutilés, on ne peut que détefter le mémoire de Semiramis qui la premiere chatra les jeunes garçons, comme pour faire violence à la nature, & la détourner de fon premier deffein, elle qui dès l'age le plus tendre, indique par une forte de loi tacite dans les premieres fources de la femence, le moyen de propager la poftérité.

Les chofes en étant là, un petit nombre de maifons autrefois célébres par l'application férieufe qu'elles donnoient aux lettres, ne connoiffent à préfent que les plaifirs d'une honteufe pareffe, & retentiffent de chanfons ou du fon des inftrumens. Au lieu d'un philofophe c'eft un chanteur, au lieu d'un orateur c'eft un maître en fait d'arts d'amufemens qu'on appelle; aux bibliothéques fermées pour toujours comme des tombeaux, on fubftitue des inftrumens de Mufique, des lyres grandes comme des voitures, des flûtes & un attirail couteux

teux de machines néceffaires au jeu des
hiftrions.

Enfin on en eft venu à ce point d'in-
dignité, que les étrangers, ayant été
brufquement chaffés de la ville il n'y a
pas longtems, à caufe de la famine qu'on
craignoit, les amateurs des arts libéraux
& qui ne font qu'en bien petit nombre,
furent bannis fans délai, tandis qu'on
garda, fans même leur dire un mot, tous
les cliens des farceurs & ceux qui feignirent de l'être, ainfi que trois mille dan-
feurs, avec les chœurs & leurs directeurs;
auffi de quelque côté qu'on porte fes pas,
on voit des femmes en longs cheveux bou-
clés, qui en fe mariant auroient pu donner chacune des fujets à l'état, danfer
fans fin, & exécuter les mouvemens les
plus fouples, pour exprimer les attitu-
des fans nombre qu'exigent leurs roles.

Il n'eft pas douteux que lorfque Rome
étoit le domicile des vertus, la plûpart
des nobles n'y recuffent les étrangers,
en leur rendant toute forte d'offices
d'humanité, à l'exemple des Lotopha-
ges

ges (a) d'Homére qui les retenoient par la
douceur de leurs fruits, mais a préfent le
vain orgueil de quelques uns, regarde comme vil tout ce qui nait hors de l'enceinte
des murs, excepté ceux qui vivent dans le
célibat & qui font fans héritiers ; car on ne
fauroit imaginer à quel point on careffe
les perfonnes qui n'ont point d'enfans.

Des maladies dont la guérifon eft au deffus de tous les fecours de la médecine,
étant plus communes à Rome, entant que le
capitale du monde, parmi les gens d'un certain ordre ; on a imaginé un moyen falutaire
pour ne pas voir un ami expofé à ces fouffrances & entre autres précautions on fait
ufage de celle-ci comme d'un remède affez
puiffant, c'eft de ne pas permettre aux domeftiques qu'on envoye s'informer de la
fanté du malade de rentrer à la maifon,
avant de s'être lavé tout le corps, tant
on craint que les feuls regards ne com-
muniquent le mal ; mais quoi qu'on obferve fcrupuleufement ces chofes, il fe
trou-

(a) V. Homere Odyffée Liv. XI.

trouve pourtant des gens qui invités à des noces où l'on diftribue de l'or à pleines mains ne font pas difficulté de s'y rendre, duffent-ils même malgré l'affoibliffement de leurs membres, aller jufqu'à Spolette.

Tels font les ufages des nobles: quelques-uns de la lie du peuple & des plus pauvres, paffent la nuit dans des tavernes à vin; d'autres fe cachent à l'aide de ces toiles dont on fait ufage fur le théatre & que durant fon édilité (a) Catulus employa le premier, pour imiter la moleffe de la Campanie; ou bien ils jouent avec fureur aux dez, fe divertiffent à retenir leur haleine, & à faire avec les narines un bruit auffi fort qu'indécent; ou enfin, ce qui de tous les goûts eft réputé le meilleur, du matin au foir ils fupportent jufqu'à la fatigue la chaleur & les pluyes, pour s'entretenir à perte d'haleine des bon-

(a) Gronovius obferve que *VALERE MAXIME* ne dit point que Catulus a introduit cet ufage pendant fon Édilité.

bonnes qualités, ou des défauts des chevaux & des cochers; il est étrange de
voir une populace immense, transportée
d'une espèce de fureur & attachée toute
entiere aux succès des combats curules.
On conçoit bien que de semblables amu-
semens ne permettent pas qu'on s'occupe
dans Rome de quelque chose de grave & de
mémorable: mais revenons à notre sujet.

CHAPITRE VII.

Barbarie & inhumanité de Gallus.

Le César déjà à charge aux gens de
bien par une licence qu'il n'avoit portée
que trop loin, n'y mit plus de frein; il
dévasta toutes les frontieres de l'Orient,
ne faisant grace ni aux gens de condition,
ni aux principaux des villes, ni au peuple.
Enfin il ordonna par une seule sentence
d'abattre les premieres têtes d'Antioche:
sa fureur venoit de ce qu'ayant voulu
for-

forcer les habitans à exalter mal à propos
le bon marché des vivres tandis que la
famine approchoit, ils lui avoient répondu avec plus de vigueur qu'il ne convenoit; aussi n'en seroit-il pas échappé un
seul, si Honorat Comte de l'Orient ne
s'y fut opposé avec une fermeté coura-
geuse. Une preuve bien claire & bien
sensible de la cruauté de ce Prince; c'est
qu'on le vit plus d'une fois, quoique les
combats meurtriers des Gladiateurs fussent défendus, (a) se réjouir dans le Cirque à la vue de malheureux tout couverts
de sang, comme s'il eût fait un gain considérable. Ce qui augmenta encore le
penchant qu'il avoit à nuire ce fut une
femme du dernier rang, qui sur la demande qu'elle fit d'être introduite au palais, lui confia que d'obscurs militaires
tramoient contre lui; là Reine la distin-
guant aussi-tôt comme si ce qu'elle venoit

(a) *CONSTANTIN LE GRAND* avoit défendu ces jeux. *V. Zozime, Eusebe, J. Lip. Saturn. L. I. Ch. 12.*

noit de révéler affuroit le falut de fon époux, la combla de préfens & la renvoya publiquement dans fon char; cette Princeffe efpéroit que cet appât donneroit lieu à de femblables dénonciations, ou à de plus graves encore.

Gallus fur le point de fe rendre à Hiérapolis (a) pour avoir du moins l'air d'affifter à l'expédition, fut conjuré par les habitans d'Antioche de diffiper la crainte que de fortes raifons lui donnoient d'une famine prochaine; mais il ne fit aucune difpofition, ni n'ordonna de transporter des vivres des frontieres, ce qu'ont pourtant coutume de faire les Princes qui favent employer l'étendue de leur pouvoir, à rémédier aux accidens particuliers à certains lieux; au contraire livrant en quelque forte Théophile homme Confulaire de la Syrie (b), & qui dans ce moment fe trouvoit

(a) Son nom moderne eft Bambyche, ou Bambuch dans le Gouvernement d'Alep en Syrie.

(b) La Syrie comprend aujourd'hui le Gouvernement d'Alep, de Tarabolous & de Damas.

voit près de lui, à cette multitude qui
appréhendoit les dernieres extrémités, il
répéta plufieurs fois, qu'il n'étoit pas
poffible que la famine fe fit fentir fi le
Gouverneur ne le vouloit pas. Ces paroles fortifierent l'audace du peuple, &
lorfque la difette des vivres s'accrut,
pouffé par la faim & par la fureur, il mit
le feu à la fuperbe maifon d'un certain Eu-
bules, qui étoit diftingué parmi les gens
de fa nation, & maffacra Théophile lui-
même, après l'avoir roué de coups & fou-
lé aux pieds. L'exemple de cette mort
déplorable, offrant l'image du danger
qu'on couroit, donna à chacun les plus
juftes fujets de craindre un pareil traite-
ment.

Dans le même tems Sérénianus ci - devant Duc (*a*) & qui par fa négligence
avoit, comme il a été dit, expofé au
pillage le château de Celfe en Phénicie,

(*a*) Voyez fur la qualité de Duc; *Ducange, Pitifcus & la Notice de l'Empire.*

Tome I.   C

cie (*a*), fut accufé, non fans fondement,
du crime de léze-Majefté; mais quoique
convaincu d'avoir envoyé dans un Temple un de fes domeftiques avec le bonnet
dont il fe couvroit, & qu'il avoit fait
paffer par des enchantemens, pour s'informer de l'oracle qui y réfidoit, s'il
obtiendroit l'Empire qu'il' defiroit, il
échappa pourtant & l'on ne fait comment. Voilà donc deux événemens bien
déplorables; d'un côté Théophile qui
étoit innocent, périt; de l'autre Sérénianus digne, de l'exécration publique,
fut abfous, fans que l'autorité publique
formât même la moindre oppofition.

Conftance inftruit de ces chofes & de
plufieurs autres, par Thalaffe qui venoit
de payer en mourant le tribut à la nature, flatta le Céfar par fes lettres, & lui
ôta peu à peu fes appuis; dans la crainte
à ce qu'il difoit, que ce repos dont jouif-
foient les foldats, & qui eft prefque toujours

(*a*) Le Gouvernement de Tarabolous dans la Turquie Afiatique faifoit partie autrefois de la Phénicie.

jours orageux, ne tournât à la perte de
Gallus, il lui ordonna de ne garder auprès de fa perfonne que quelques-uns des
corps qui formoient fa garde ordiaire
re (a); il chargea encore le Préfet Domitien qui avoit été grand tréforier, d'aller
en Syrie & d'engager par la douceur le
Prince, à fe rendre enfin en Italie où il
l'avoit mandé plufieurs fois. Domitien
arrivé à Antióche paffa rapidement devant le palais, & fans daigner faluer le
Céfar, qu'il étoit pourtant de la décence
de voir, il fe rendit en grande pompe au
Prétoire où fous prétexte d'indifpofition,
il fe tint renfermé pendant plufieurs
jours,

(a) Il y a dans le texte *les Écoles du Palais*, *les*
Protecteurs, *les Scutaires* & *les Gentils*. On appelloit *Écoles* des édifices voifins du Palais & habités
par les différens corps qui formoient la Garde du
Prince. L'École des Domeftiques & celle des Protecteurs, paroiffent avoir été le plus en honneur, elles étoient principalement deftinées au fervice du Prince. Celle des Gentils étoit compofée d'étrangers ou
de barbares comme les appelloient les Romains, par
exemple d'Arméniens, d'Ifaures &c. *V. Notice de*
l'Empire.

C 2

jours, ne paroiſſant, ni en public, ni au
palais. Du fond de ſa retraite il machi-
noit une infinité de choſes pour perdre
Gallus & chargeoit d'inutilités les relations qu'il envoyoit fréquemment à Conſtance.

Après bien des ſommations, il parut
enfin dans le Conſeil & là avec autant
d'imprudence que de vanité, il s'adreſſa
à Gallus & lui dit, *Prince partez comme*
Conſtance l'ordonne, & ſachez que ſi vous
differez, je ferai rayer de l'état des
comptes les ſommes deſtinées à vôtre en-
tretien & à celui du palais; après ces
mots prononcés avec inſolence, il ſe retira d'un air piqué, & ne reparut plus
devant le Prince qui l'invita pluſieurs fois
inutilement. Gallus fut outré de cette
conduite comme d'un procédé auſſi in-
juſte qu'inſultant, & chargea des gens
affidés de la garde du Préfet.

Montius qui étoit alors Queſteur,
homme ruſé, mais dont l'ame penchoit
cependant plus à la douceur, ne faiſant
attention qu'au bien public, après avoir

con-

convoqué les chefs des écoles du palais,
leur parla avec bonté, repréfenta que
cette conduite du Céfar étoit auffi mal-
féante que dangereufe, & ajouta enfin
d'un ton de cenfure qu'on ne manqueroit
pas, fi on la toléroit, après avoir abattu
les ftatues de Conftance, de s'occuper
férieufement des moyens d'ôter la vie au
Préfet lui-même.   Auffi-tôt Gallus, tel
qu'un ferpent qu'on a bleffé & peu circonfpect fur ce qui pouvoit affurer foh
falut, fe porta aux dernieres extrémités.
Il ordonna d'affembler les foldats & profitant de leur premiere furprife, il leur
tint en grinçant les dents ce difcours.

   „Venés à mon fecours braves guer-
„riers, dans ce danger commun; Mon-
„tius enflé de l'orgueil le plus étrange,
„& faché fans doute, de ce que j'ai fait
„obferver jufqu'à donner quelque fujet de
„craindre, un Préfet infolent qui a feint
„d'ignorer ce que demande le bon ordre,
„Montius par les bruits qu'il répand, nous
„peint comme des rebelles qui ofent ré-
„fifter à la Majefté de l'Empereur.‟

Les

Les foldats qui ne font que trop avides de troubles, attaquent à ces mots Montius : ce vieillard foible & infirme étoit·alors dans le voifinage; après l'avoir lié de groffes cordes ils le traînent écartelé pour ainfi dire & prefque fans vie, jufqu'au Prétoire du Préfet; dans la même fureur ils garottent Domitien, le jettent du haut des degrés & en courant à toutes jambes ils les promenent ainfi tous deux par la ville; puis déchirant les membres de ces cadavres, après les avoir foulés aux pieds, & mutilés jufqu'à en faire des objets horribles, comme raffafiés de fang & de barbarie ils les jetterent dans le fleuve. Un certain Lufcus Curateur de la ville (a), qui parut tout à coup, porta ces furieux à cet excès de crime; tel qu'un joueur de flûte qui conduit les enterremens (b), il les animoit
par

(a) Les Curateurs étoient des efpèces d'Infpecteurs prépofés à divers objets. Il y en avoit pour les vivres, les canaux, les jeux, les édifices publics &c. V. Hederich.

(b) Les convois funèbres étoient précédés chez les Romains d'un joueur de flûte. V. Cantel. de Roman. Republ.

par ſes cris redoublés à achever ce qu'ils
avoient commencé; mais cela même le
fit peu de tems après condamner aux
flammes.

Montius pendant qu'il expiroit ſous
les coups de ſes bourreaux; avoit nommé
à diverſes repriſes Épigone & Euſebe,
ſans faire connoitre cependant leur état
ni leur caractére; on tâcha donc avec
grand ſoin de découvrir qui ils étoient,
& pour ne point perdre de tems, on
manda de Lycie (a), le Philoſophe Épigone & d'Émiſſe (b), l'éloquent Orateur
Euſebe ſurnommé Pittacas. Ce n'étoit
pourtant pas eux que Montius avoit eu
en vue, mais les Tribuns prépoſés aux
fabriques d'armes qui avoient promis de
lui en envoyer au premier bruit.

Dans le même tems le gendre de Domitien, Apollinaire qui peu auparavant
avoit l'intendance du Palais de l'Empereur,

(a) Aujourd'hui partie de l'Anatoſie.

(b) Hims ou Hems dans le Gouvernement de Ta-
zabolous.

reur, ayant été envoyé par fon beau
père en Méfopotamie, travailloit trop ouvertement à découvrir parmi les troupes,
fi perfonne n'avoit reçu de Gallus des lettres qui indiquaffent que ce Prince formoit
quelque entreprife; à la premiere nouvelle qu'il eut de ce qui venoit d'arriver
à Antioche, il fe gliffa par la petite Arménie (a), & prit la route de Conftantinople, mais les gardes du Céfar l'en ar-
racherent & le garderent à vue.

On apprit fur ces entrefaites qu'on faifoit clandeftinement à Tyr (b) un manteau royal, fans favoir pourtant par qui
il avoit été commandé, & à qui on le
deftinoit; de là vint qu'on ammena comme coupable, le Gouverneur de la Province pere d'Apollinaire qui portoit le
même nom & qu'on raffembla de plufieurs

(a) Le Gouvernement de Siwas dans la Turquie
Afiatique répond aujourd'hui à une partie de ce
pays.

(b) A préfent Sur ou Zor dans le Gouvernement
de Damas en Syrie.

sieurs villes, un grand nombre de citoyens, accusés de crimes atroces.

Pendant que tout annonçoit les malheurs civils, l'esprit impétueux de Gallus
qui fuyoit l'examen du vrai, n'exerça
plus ses fureurs en cachette. Comme si
toute équité étoit bannie, on ne s'inquiéta
plus du degré d'attention que méritoient
les délateurs, on ne discerna plus les innocens des coupables, toute défense légitime fut interdite, les bourreaux s'en-
richirent de rapines, les têtes furent abattues & les biens confisqués dans les
provinces de l'Orient; je crois devoir
parler à présent de ce pays, sans toucher
à la Mésopotamie dont il a été fait mention dans les guerres des Parthes, ni à
l'Égypte dont je parlerai nécessairement
ailleurs.

CHA-

CHAPITRE VIII.
Description des Provinces de l'Orient.

Au delà du sommet du Taurus qui s'é-
lève à l'Orient, se présente la Cilicie (*a*)
pays d'une vaste étendue & fécond en
toutes sortes de choses: l'Isaurie est à sa
droite, & n'est pas moins abondante &
fertile; le fleuve Calycadne qui porte bâ-
teau, la partage au milieu.   Outre plusieurs places qu'elle renferme, elle se di-
stingue par deux villes, Séleucie fondée
par le Roi Séleucus & Claudiopolis (*b*)
où le César Claude mit une colonie.
Isaure autrefois trop puissante, & que ses
dangereuses revoltes forcerent à détruire,
présente à peine de foibles restes de son
ancienne grandeur.

La

(*a*) Elle fait partie de la Caramanie.

(*b*) Pocock la nomme *Borla* & pense que c'est
l'ancienne *Bithynie*; mais il y a lieu de croire qu'il
se trompe.

La Cilicie qui s'enorgueillit des eaux
du Cydne (a), est célébre par la ville
de (b) Tarse (on dit que Persée fils de
Jupiter & de Danaë, ou surement un certain Sandan, homme riche & distingué,
originaire d'Éthiopie, l'a bâtie) par Ana-
zarbe (c) qui porte le nom de son fondateur,
& par Mopsuestie (d), séjour de ce Mopse
qui séparé fortuitement des Argonau-
tes ses compagnons de voyage, au retour de leur conquête, & jetté sur les
côtes d'Afrique, y mourut subitement;
depuis ce tems ses manes héroiques que
couvre un gazon Punique, offrent un remède salutaire contre bien des maux.

Le Proconsul Servilius dompta & rendit tributaires ces deux Provinces qui
étoient

(a) Aujourd'hui Kara-Sou, ou le fleuve noir en
Caramanie dans le district d'Itschil.

(b) On en retrouve le nom dans un lieu nommé
Tarsous en Caramanie dans le district d'Itschil.

(c) Présentement Ainzerbeh, dans le Gouvernement d'Adana dans l'Anatolie.

(d) Misis ou Masisa dans le Gouvernement d'A-
dana en Anatolie.

étoient autrefois remplies, de pyrates &
de brigands. Situées sur une espèce de
promontoires elles sont séparées du levant par le mont Amanus. Cette lisiére
orientale, s'étend encore en ligne droite
depuis l'Euphrate jusqu'aux montagnes
d'où sortent les sources du Nil avoisinant
à gauche les Sarrasins, & ouvertes du
côté droit à la mer.

Nicator Seleucus qui occupa ce pays,
l'augmenta beaucoup lorsqu'à la mort
d'Alexandre, il obtint par droit de suc-
cession le royaume de Perse: c'étoit un
Prince d'une heureuse activité & qui réus-
sissoit en tout comme l'indique son surnom. Il employa une multitude d'hommes qu'il gouverna longtems en paix, à
convertir de simples cabanes, en villes
riches & puissantes. Quoique la plupart portent à présent des noms grecs
qui leur furent donnés au gré du fondateur, elles n'ont pourtant pas perdu
les anciennes dénominations Assyriennes
qu'elles reçurent de leurs premiers
maîtres.

La

La premiere de ces provinces, après l'Ofdroëne que nous féparons comme nous l'avons dit, de cette defcription, eft la Comagene (*a*) connue aujourd'hui fous le nom d'Euphratéfienne, elle s'éléve doucement, & eft remarquable par Hierapolis (*b*) autrefois Ninus, & Samofate (*c*), villes confidérables.

La Syrie s'ouvre & s'étend en une belle plaine, elle fe diftingue par la fameufe ville d'Antioche à laquelle il n'en eft point qui puiffe le difputer, foit par les richeffes qu'elle renferme, foit par celles qui y abordent de tous côtés, par Laodicée (*d*), Apamée (*e*) & Séleucie

(*a*) Elle fait partie aujourd'hui du Gouvernement d'Alep en Syrie.

(*b*) *Bambyche* ou *Bambuch*, dans le Gouvernement d'Alep en Syrie.

(*c*) *Schemifat* ou *Sumeifat* dans le Gouvernement d'Alep en Syrie.

(*d*) On la nommoit *ad mare* pour la diftinguer de *Laodicea ad Libanum*, c'eft à préfent *Iadikia* ou *Iattickia* dans le Gouvernement de Tarabolous en Syrie.

(*e*) *Efamiat* ou *Famiak* dans le Gouvernement de Tarabolous en Syrie.

leucie (*a*) qui fleuriffent depuis leur
origine.

Vient enfuite la Phénicie appuyée au
mont Liban, pays charmant & gratieux
que décorent de grandes & belles cités
parmi lefquelles on remarque pour fon
agrément & fa falubrité, Tyr (*b*), Si-
don (*c*), Beryte (*d*), qu'égalent Emeffes (*e*)
& Damas (*f*) anciennement baties.

Ces provinces font environnées du fleuve Orontes (*g*) qui après avoir baigné les
pieds du mont Caffius, fe perd dans la
mer

(*a*) C'eft préfentement *Sueida* dans le Gouvernement d'Alép.

(*b*) Aujourd'hui *Sur* dans le Gouvernement de
Damas.

(*c*) *Seida* dans le Gouvernement de Tarabolous.

(*d*) *Bairut* ou *Barut* dans le Gouvernement de
Damas.

(*e*) *Hims* ou *Homs* dans le Gouvernement de
Damas.

(*f*) *Damas* capitale du Gouvernement de Damas.

(*g*) Préfentement *el-Afi* dans le Gouvernement
de Tarabolons, on le retrouve auffi dans quelques
cartes fous le nom d'Oronte.

mer Parthéniene (a), elles furent détachées du royaume d'Arménie & paſſerent
ſous la domination des Romains lorſque
Cn. Pompée, eut vaincu Tigrane.

La Paleſtine (b) eſt la derniere des Sy-
ries elle eſt d'une vaſte étendue, abonde
en terres cultivées & agréables, & ren-
terme quelques villes également belles &
qui ſemblent diſputer de rivalité; telles
ſont Céſarée (c) qu'Hérode batit à l'honneur d'Octavien, Eleutheropolis (d),
Néapolis (e), Aſcalon (f), Gaza (g),
toutes conſtruites dans les ſiecles paſſés.
Cette

(a) Ammien donne ici le nom de *Parthénient* à
une partie de la Méditeranée.

(b) Elle eſt compriſe aujourd'hui dans le Gouvernement de *Damas*.

(c) Aujourd'hui *Kaiſaria;* ou la nommoit anté-
rieurement *Turris Stratonis*.

(d) Cette ville eſt actuellement inconnue.

(e) Préſentement *Nabolos*, ou *Nabolus* dans la
Paleſtine, c'eſt l'ancienne *Sichem*.

(f) Aujourd'hui *Aſcalan*.

(g) Subſiſte encore dans le nom de *Gazza*, ou
Gazzat, dans la Paleſtine.

Cette région n'a point de fleuves navigeables, il y a dans beaucoup d'endroits des fources naturellement chaudes, & qui font propres à la guérifon de plufieurs maux. Pompée après avoir vaincu les Juifs & après s'être emparé de Jérufalem, réduifit ces contrées en provinces, & chargea un Gouverneur de leur jurisdiction.

L'Arabie qui d'un côté touche ce pays & de l'autre celui des Nabatéens, eft puiffante par la variété de fon commerce; elle eft remplie de forts & de chateaux que la prudence attentive des anciens y a conftruits dans des défilés furs & commodes, pour arrêter les courfes qu'y faifoient leurs voifins. Elle a encore des villes confidérables, & revétues de bonnes murailles, telles que Boftra (*a*), Gerafa (*b*), Philadelphie (*c*): l'Empereur Trajan qui pouffa avec tant de fuccès

(*a*) Son nom actuel eft *Bofru* dans la Paleftine.

(*b*) C'eft *Dfchiurs* en *Arabie*.

(*c*) C'eft *Amman*, ou *Ammon*, en *Arabie*.

cès la guerre contre les Parthes & les Me-
des, après avoir humilié l'orgueil de ses
habitans, en fit une Province & la sou-
mit à nos loix.

On trouve plusieurs villes d l'île
de Cypre qui est fort éloignée du conti-
nent, & garnie de bons ports: les plus
renommées sont Salamis (a) & Paphos (b),
la premiere par ses autels consacrés à Jupiter, & l'autre par un temple dédié à Venus. Cette île est si fertile, & abonde
en tant de choses différentes, que pouvant se passer de l'étranger, & tirant
tout de son propre fonds, elle est en état
de construire des vaisseaux de charge &
de les mettre en mer complétement
équipés.

Je n'hésite point à avouër que le peuple Romain s'en est emparé avec plus d'a-
vidité que d'équité; car après que son
Roi Ptolomée notre ami & notre allié se
vit

(a) On trouve des traces de cette ville dans un lieu
nommé *Famagusta.*

(b) C'est à présent *Paso nuevo* ou *Baffo.*

vit proscrit, uniquement parce que notre tréfor étoit à fec, & qu'il eut terminé volontairement fes jours par le poifon, ⬛lle devint tributaire, & Caton
tranf⬛rta fes richeffes à Rome, comme
des dépouilles d'un ennemi. Mais reprenons l'ordre des faits.

CHAPITRE IX.

Du César Conftance Gallus.

Au milieu de ces défaftres publics, Urficin auquel j'étois attaché par l'ordre de
l'Empereur, fut mandé de Nifibe (a) dont
il étoit Gouverneur, & obligé malgré lui
& quoiqu'il s'oppofât aux cris des courtifans, d'entrer dans les détails d'une en-
quête dont l'iffue ne pouvoit qu'être funefte. C'étoit affurément, un bon &
vail-

(a) C'eft *Nifibis* dans le Diar-beckr.

vaillant Officier, mais peu verfé dans les
affaires du barreau.

Allarmé fur fon propre danger lorfqu'il vit que les accufateurs & les juges
fubornés qu'on lui affocioit étoient auffi
cruels les uns que les autres, il inftruifit
fous main Conftance de ce qui fe faifoit
tant publiquement qu'en fecret, & lui
demanda un fecours qui en infpirant de
la crainte à Gallus, dompteroit peut-
être fon exceffif orgueil; mais la prudence même d'Urficin tourna à fa perte
comme nous le verrons dans la fuite; car
fes rivaux lui tendirent des piéges funeftes auprès de Conftance, Prince d'ailleurs affez bon, mais dur, implacable,
& qui ne fe reffembloit plus, dés qu'on
lui faifoit naitre quelque foupçon.

Le jour des interrogatoires étant arrivé, ont vit donc s'affeoir comme juge
le Général de la cavalerie; fes autres collégues étoient inftruits d'avance de ce
qu'ils avoient à faire.

Des notaires qui affiftoient à cette procédure, alloient précipitamment rendre
compte

compte au Céfar des queftions & des ré-
ponfes qu'on faifoit. Sa cruauté excitée
encore par la Reine qui écoutoit tout
derrière une tapifferie, fit périr plufieurs
inno ns auxquels on ne laiffa, ni la liberté de réfuter leurs accufateurs, ni
celle de fe défendre.

Les premiers qu'on fit paroître, furent Epigone & Eufebe victimes d'une
malheureufe conformité de noms.

On fe rappellera que Montius expi-
rant avoit ainfi nommé les tribuns des fabriques qui lui avoient promis des armes
pour l'entreprife qu'il méditoit. Epigone fit bien voir qu'il n'avoit d'un Philofophe que l'habit, car d'abord il employa baffement les fupplications, puis
aux premiéres douleurs, effrayé de la
mort dont on le menaçoit, & ignorant
entièrement les ufages du barreau, il eut
la lacheté, quoiqu'il n'eut ni vu ni entendu
quoique ce fut, d'affurer qu'Eufebe étoit
complice d'un projet qui n'exiftoit pas.

Celui-ci le nia avec affurance & confervant toute fa fermeté dans les tourmens

mens, il foutint que c'étoit là un brigandage & non une procédure.

Gallus à qui l'on rapporta qu'Eufebe
inftruit des loix, infiftoit pour qu'on lui
préfentât fon accufateur, & qu'on fuivit
les formalités, fut outré de cette noble
liberté qu'il appelloit infolence, & ordonna qu'on le mit à mort comme un
rebelle obftiné. Cet infortuné au milieu
des tourmens qui déchirerent fon corps
au point qu'il fembloit ne pouvoir plus
donner de prife aux bourreaux, imploroit la juftice célefte, & regardant fes
juges avec un fourire d'indignation il
fut inébranlable & auffi éloigné de s'a-
vouer coupable que d'accufer un innocent; enfin n'ayant pu, ni être convaincu, ni forcé à un faux aveu, il termina fes jours avec fon méprifable compagnon.

On vit l'intrépide Eufebe, tout en dé-
plorant les malheurs des tems, marcher
au fupplice d'un pas affuré. Tel autrefois le Stoicien Zenon, après avoir
été tourmenté longtems, arracha fa langue

gue plutôt que de mentir, & pour toute réponse, la jetta écumante de sang au visage du Roi de Cypre (a).

On s'enquit après cela du manteau royal; les emploiés à teindre la pourpre (a) furent appliqués à la question, & sur l'aveu qu'ils firent qu'ils avoient teint une tunique pectorale sans manche, on emmena un certain Maras qui étoit ce que les Chrétiens appellent Diacre; on produisit une lettre écrite en Grec & adressée au chef de la fabrique de Tyr, qu'il pressoit d'achever l'ouvrage, sans dire pourtant ce que c'étoit; Maras fut maltraité jusqu'à la mort, mais sans qu'il fut possible de lui arracher la moindre chose.

Ces

(a) Valere Maxime Liv. III. Chap. 3. & Pline Liv. VII. Chap. 23. mettent ce trait d'héroïsme sur le compte d'Anaxarque tourmenté par le Tyran Nicocréon.

(b) Une loi expresse défendoit aux particuliers de porter des vétemens de pourpre, affectés uniquement à l'Empereur, aux Sénateurs & aux Magistrats. On se relacha dans la suite de la rigueur de cette loi.

Ces tourmens que fouffrirent tant de perfonnes, n'ayant pas eu le moindre fuccès, comme il reftoit encore des points douteux, & d'autres qu'on favoit n'avoir été que légérement difcutés. Apollinaire & fon fils après le fupplice de plufieurs autres, furent envoyés en exil; à leur arrivée à Crateres maifon de Campagne qu'ils avoient dans le voifinage d'Antioche, on leur rompit les jambes & ils furent mis à mort par l'ordre du Céfar. Cela encore ne le calma pas; tel qu'un lion toujours plus affamé, il continua fes recherches cruelles; je n'en préfenterai pas le détail, pour éviter comme je l'ai promis la longueur.

CHAPITRE X.

Paix accordée aux Allemands par Conftance Augufte.

T andis que ces maux ravageoient l'Orient, Conftance qui entroit pour la feptieme fois dans fon Confulat comme Gallus pour 'la troifiéme, quitta Arles à l'approche de la belle faifon pour fe rendre à Valence (*a*) & faire la guerre à Gundomade & à Vadomaire freres & Rois allemands qui ravageoient par de fréquentes incurfions les frontiéres des Gaules. Il s'arrêta là quelque tems pour attendre les convois qui venoient d'Aquitaine & dont les torrens groffis par des pluyes plus fréquentes cette année que de coutume, empêchoient le tranfport ; fur ces entrefaites arriva Herculanus Officier des gardes, c'étoit le fils de cet Hermogene Général de

(*a*) Dans le Dauphiné.

de la cavalerie qui périt comme nous l'a-
vons déjà dit, à Conſtantinople, dans une
émeute populaire.   Conſtance ſur le récit
fidéle que lui fit Herculanus de la conduite
de Gallus,   affligé des maux que ce Prince
avoit fait, & craignant pour l'avenir, dé-
vora autant qu'il le put ſa douleur, Cependant les troupes qui étoient aſſemblées à
Chalons (a) murmuroient du retardement
de leur marche & faiſoient d'autant plus
de bruit, qu'elles étoient dans la diſette
n'ayant pas encore reçu les vivres qu'on à
toujours coutume de faire venir. Rufin Préfet du Prétoire courut dans cette occaſion
le plus grand danger. Il étoit obligé pour
les tranquiliſer & leur rendre compte des
obſtacles qui retardoient l'arrivée du convoi, de viſiter les ſoldats que la faim & le
déſeſpoir agitoient, & qui d'ailleurs ſont
naturellement rudes & cruels envers tout
ce qui n'eſt pas militaire.   Cette commiſſion étoit même un piége adroitement tendu & qui devoit entrainer la
                                        perte

(a) C'eſt Chalons ſur Saone.

Tome I.   D

perte de Rufin dont le pouvoir faifoit
craindre qu'il n'enhardit fon neveu (*a*)
Gallus à pourfuivre fes entreprifes dangereufes; mais il fut promptement fecouru,
car Eufebe le Grand-Chambellan qui fe
rendit avec de groffes fommes à Chalons, & parvint en les répandant parmi les
troupes, à les calmer, & à fauver le
Préfet.

Dès que les vivres furent arrivés en
abondance on fixa le jour du départ, &
l'armée fe mit en marche.

Aprés avoir furmonté des difficultés
fans nombre & paffé par des fentiers couverts de neige, on vint à Rauraque (*b*)
qui eft au bord du Rhin; mais une grêle
de traits que décochoient les Allemands
rangés fur l'autre rive, ne permit pas
aux Romains de jetter un pont de bateaux.   L'Empereur que ce puiffant
obftacle étonna, ne favoit quel parti
                                        pren-

(*a*) Galla, Sœur du Préfet Rufin, étoit la Mere
de Gallus.

(*b*) Aujourd'hui *Augft* village près de Basle.

prendre, lorfqu'un guide qui connoiſſoit les chemins ſe préſenta inopinément, & offrit pour une récompenſe d'indiquer pendant la nuit un endroit guéable.

Les ennemis ſe trouvant occupés ailleurs, Conſtance auroit tout dévaſté ſans la moindre réſiſtance, ſi comme on l'a ſuppoſé, quelques uns de cette nation qui rempliſſoient dans notre armée les poſtes les plus honorables, n'avoient pas fait parvenir des avis ſecrets à leurs compatriotes. Ce ſoupçon déshonorant tomba ſur Latin, Commendant des Gardes, ſur Agilon grand Ecuyer, & ſur Scudillon, Commendant des Scutaires, tous trois étoient alors vénérés comme les ſoutiens de la Républiqne. Les barbares prenant donc conſeil du danger qui les preſſoit, ſoit que les auſpices ne leur fuſſent pas favorables, ſoit que quelqu'autre pratique de leur culte s'y oppoſât, quitterent cette férocité qui les rendoit autrefois ſi opiniâtres, & envoyerent de leurs principaux implorer la clémence du Prince & demander la paix.

D 2   Les

Les députés furent admis, & on pesa
murement l'affaire.   L'avis général étant
qu'il convenoit d'accorder la paix que les
ennemis ne demandoient d'ailleurs qu'à
des conditions raifonnables; l'Empereur
affembla fon armée pour la haranguer en
peu de mots felon les circonftances; environné de fes principaux Officiers, &
debout fur fon tribunal, il lui parla
donc ainfi.

„Ne vous étonnez pas, fi après avoir
„effuyé avec la confiance que m'infpiroit
„votre courage, les fatigues de marches
„longues & pénibles, & fi après avoir
„amaffé beaucoup de vivres, je parois
„changer de deffein & écouter des pro-
„pofitions de paix, au moment même où
„nous touchons aux habitations des barba-
„res.   Pour peu que vous y penfiez vous
„conviendrez que le foldat, quelque part &
„quelque bien qu'il foit, n'a à s'occuper
„que de fa propre défenfe; mais le devoir
„d'un Général appellé à veiller avec un
„foin égal au falut de tous, eft de ne ja-
„mais féparer fon intérêt de celui de fes
                                          „peu-

„peuples, & de faifir avec empreffement, „felon que le Ciel l'ordonne (a), tout ce „qu'exige le befoin de l'état; & pour „vous faire connoître mes chers amis, la „raifon qui vous raffemble ici, écoutez „favorablement, ce que je vais vous dire „en peu de mots; car la vérité s'exprime „toujours en termes fimples & concis.

„La gloire que vous vous êtes acquife „s'eft tellement accruë par la renommée „qui l'a portée dans les lieux les plus éloi „gnés, que les Rois & les peuples Alle „mands viennent vous demander en trem „blant, comme vous le voyez à l'air hum „ble & foumis de leurs Députés, l'oubli „du paffé & la paix. Je crois en Con „feiller fage & prudent, & après y avoir „murement réfléchi, qu'il convient fous „votre bon plaifir, de foufcrire à leur
„de-

(a) *Selon que le Ciel l'ordonne , fous le bon plaifir du Ciel, avec l'affiftance & la protection du Ciel.* Ces façons de parler reviennent fréquemment dans Ammien; je ne fais cette obfervation, que pour qu'on ne fuppofe pas que je les prête à mon Auteur.

„demande. D'abord nous éviterons des
„guerres dont le fuccès eft toujours dou-
„teux; de nos ennemis qu'ils étoient,
„nous en ferons, comme ils s'y engagent
„des alliés utiles, nous adoucirons, fans
„tremper nos mains dans leur fang, cette
„férocité dont les accés ont été fi fouvent
„funeftes à nos provinces. Enfin confi-
„dérez que c'eft moins celui qui tombe
„dans les combats fous nos coups, qu'on
„doit regarder comme vaincu, que celui
„qui fe foumet volontairement au joug,
„après avoir éprouvé que nous favons &
„dompter les rebelles par notre valeur, &
„ufer de douceur envers ceux qui implo-
„rent notre clémence. Enfin, en qualité de
„Prince pacifique & qui fait jouir avec mo-
„dération de fa fortune, j'attends de vous,
„comme d'autant d'arbitres, la décifion;
„ne croyez pas, je vous en répons, qu'on at-
„tribue à la lacheté, une démarche qui bien
„confidérée, paffera toujours, pour l'effet
„de la modération & de l'humanité. „

A peine l'Empereur eut il eeffé de parler, que l'armée entière témoigna qu'elle
ap-

approuvoit fon avis & confentoit à la paix
par la raifon furtout, qu'une longue expérience avoit appris, que la fortune qui
toujours favorifoit Conftance dans les
guerres civiles, lui tournoit fouvent le
dos dans celles qu'il avoit à foutenir au
dehors.   On conclut donc le traité felon
l'ufage de ces nations, & après cet acte
folemnel, l'Empereur retourna à Milan
pour y paffer le refte de l'hyver.

CHAPITRE XI.

*Le Céfar Conftance Gallus eft mandé par
Conftance, qui lui fait trancher la tête.*

Là débaraffé de tout autre foin, il ne
penfa comme à l'entreprife la plus difficile, qu'à porter le dernier coup à Gallus. Au milieu des entretiens fecrets &
nocturnes qu'il eut avec fes confidens,
pour favoir comment il s'y prendroit avant
que ce Prince excitât plus de troubles en-

core, il réfolut, fous prétexte d'un traité public qu'il importoit de conclure,
de l'inviter par des lettres pleines de
douceur, à fe rendre auprès de lui.
C'eft ainfi que l'éloignant de tous fes appuis il comptoit de le faire périr fans
obftacle.

La foule inconftante de fes flateurs
(entre autres Arbétion homme habile &
ardent à dreffer des embuches, Eufebe
alors Grand - Chambellan, & plus mé-
chant encore qu'Arbétion) n'approuvoit
pas cet avis ; elle imaginoit qu'il feroit dangereux, fi l'on faifoit venir Gallus, de
laiffer Urficin fans qu'il y eut quelqu'un
en état de s'oppofer aux entreprifes qu'il
pourroit former. A ceux - ci fe joignoient encore les Eunuques dont la fureur de s'enrichir paffoit alors toute imagination ; faififfant l'occafion que leur
fourniffoit le fervice intérieur du palais,
de donner par de fecrêtes infinuations des
couleurs à des crimes fuppofés, ils accabloient cet honnête homme de tout le
poids de l'envie ; difoient tout bas, que
fes

ſes fils avoient bien l'air de prétendre à l'empire, que leur âge & la beauté de leurs figures ſembloient les y inviter, & que ce n'étoit pas ſans raiſon qu'on les faiſoit connoître à l'armée en les occupant ſans ceſſe aux exercices militaires où ils ſe diſtinguoient par une adreſſe étonnante; que Gallus naturellement cruel avoit encore été pouſſé à des actions atroces, parce qu'on eſpéroit que détesté de tous les ordres on remettroit enfin le pouvoir ſuprême aux fils d'Urſicin.

Ces bruits & d'autres ſemblables qui frappoient ſans ceſſe les oreilles du Prince toujours ouvertes à des pareils récits, lui firent enfin prendre ce parti, comme le meilleur.

Il invita en termes honorables Urſicin à le venir joindre, alléguant que preſſé par les circonſtances, il avoit beſoin de ſon conſeil ſur les meſures qu'il convenoit de prendre pour s'oppoſer à l'accroiſſement des Parthes qui lui faiſoient craindre une guerre prochaine; & pour écarter les ſoupçons qu'auroit pû avoir ce Général,

on envoya à sa place jusqu'à son retour,
le Comte Prosper. Dès que ces lettres
furent arrivées avec les ordres nécessaires
pour les voitures, nous nous rendîmes
en diligence à Milan.

Il ne restoit plus qu'à hâter l'arrivée de
Gallus; Constance qui vouloit l'endormir, l'exhortoit dans les termes les plus
doux & les plus flatteurs à mener avec
lui sa femme; désirant avec ardeur à ce
qu'il disoit, de voir cette sœur chérie:
celle ci qui connoissoit toute la cruauté
de Constance, hésita quelque tems; cependant l'espoir de parvenir peut-être à
l'adoucir, la détermina à se mettre en
chemin; mais à peine fut elle arrivée en
Bithynie, dans un endroit nommé les
Cenes Galliques qu'elle y mourut subitement de la fievre.

Cette mort privoit Gallus de son plus
ferme soutien: plein d'inquiétude, il
délibéra sur le parti qu'il prendroit; ce qui
le frappoit surtout au milieu de cet embarras, c'est que Constance inébranlâble
dans ses sentimens, ne savoit ni pardonner

mer, ni mettre des bornes à sa vengeance, mais que toujours plus porté à perdre ses proches, il ne penseroit pas à moins, qu'à lui ôter la vie, s'il parvenoit à se saisir de lui.

Réduit à cette extrêmité & n'entrevoyant que le dernier des malheurs, s'il ne se tenoit pas sur ses gardes, il pensa aux moyens de s'assurer le rang suprême, mais il craignoit la perfidie de ses gens qui d'un côté détestoit son caractére violent & léger, & de l'autre redoutoient l'ascendant de la fortune qui avoit toujours suivi Constance dans les discordes civiles. Au milieu de ces cruelles perplexitez, il recevoit fréquemment des lettres de l'Empereur qui tantôt lui conseilloit, tantôt le prioit de venir, il lui représentoit captieusement que la République ne devoit, ni ne pouvoit être partagée, mais que chacun devoit la secourir de tout son pouvoir dans le danger présent (il faisoit allusion par là au ravage des Gaules) à quoi il ajoutoit un exemple récent, c'est que du tems de

D 6   Dio-

Dioclétien, & de fon Collègue (*a*), les.
Céfars ne réfidoient nulle part, mais que.
dociles aux ordres qu'ils recevoient, ils.
fe portoient de côté & d'autre comme.
des Appariteurs. (*b*); qu'en Syrie, Ga-
lere quoique révetu de la pourpre, fut à
plus de mille pas au devant du char d'Augufte qui étoit irrité contre lui.

A la fuite de plufieurs émiffaires, parut
enfin Scudillon Tribun des Scutaires qui
malgré des dehors groffiers poffédoit fupé-
rieurement, l'art de perfuader; mêlant
adroitement la flatterie à des raifons fpé-
cieufes, il fut le feul qui réuffit à faire partir
Gallus, il ne ceffoit de lui dire avec un vifage compofé, que fon oncle defiroit paf-
fionément de le voir; que doux & clément

(*a*) C'étoit le *CÉSAR MAXIMIEN*. *Voy.*
Ruf. Feftus. Eutrope. Liv. IX. Chap. 15.

(*b*) Le terme d'Appariteurs étoit proprement un
terme générique qui défignoit les miniftres des juges
qui étoient toujours auprès d'eux, prets à recevoir &
à exécuter leurs ordres; il y avoit des Appariteurs de
Cohortes, & des Appariteurs Prétoriens; les Ponti-
fes avoient auffi leurs Appariteurs.

ment comme il étoit, il lui pardonneroit
des fautes, que l'imprudence feule lui
avoit fait commettre; qu'il partageoit
déjà avec lui l'empire & qu'il l'affocieroit
aux foins que demandoient les provinces
feptentrionales qui avoient fi prodigieu-
fement fouffert depuis longtems.

Le deftin aveugle d'ordinaire ceux
qu'il a réfolu de perdre. Ces amorces
donnerent à Gallus l'efpoir d'un fort plus
heureux. Il fortit donc d'Antioche fous
de funeftes aufpices, & pour aller felon
l'ancien proverbe *de la fumée au feu* (a).
Lorfqu'il fut arrivé à Conftantinople,
comme s'il eut encore été au haut de la
roue, il s'amufa à des courfes de char &
couronna de fa main comme vainqueur
le cocher Corax. Cette conduite enflam-
ma Conftance d'une colere inconcevable,
& de peur que Gallus, vû l'incertitude du
fort qui l'attendoit, ne penfât chemin
faifant à fe fauver, on eut foin de retirer

(a) Façon de parler proverbiale qui revient à celle-
ci, *de mal en pis*, *de fievre en chaud mal.*

rer les garnifons de toutes les villes qui
étoient fur la route. Dans le même tems
Taurus qu'on envoyoit en qualité de
Quefteur en Arménie, paffa fans daigner
même le voir.

Un certain nombre de perfonnes deftinées à l'obferver & à l'empêcher de former quelqu'entreprife, fe rendirent auprès de lui comme autant d'officiers de fa
maifon. Parmi eux étoit en qualité de
Quefteur Léontius qui fut depuis Préfet
de Rome, Lucilien fous le nom de Commendant de la garde, & un Tribun des
Scutaires nommé Bainobaudes.

Après une longue marche il arriva à
Hadrianople (a) autrefois Ufcudame dans
le Thrace Hémimonte. Tandis qu'il s'y
repofoit, il apprit que les légions Thébai-
nes qui hyvernoient dans les forts voifins,
fe confiant fur les frontières qu'elles occupoient, lui députoient quelques-uns de
leurs camarades pour l'engager par toute
forte de promeffes à refter là; mais la
vigi-

(a) *Andrinople* dans la Romanie.

vigilance de ceux qui l'obſervoient, lui ôta
tous les moyens de s'entretenir avec eux.
Les lettres qu'il recevoit coup ſur coup,
l'obligerent enfin à partir & à faire uſage
de dix chariots qui avoient été ordonnés
pour lui ; il quitta donc le palais & laiſſa
en arrière tout ce qui compoſoit ſa cour,
excepté un petit nombre d'officiers de ſa
chambre & de ſa table qui l'avoient accompagné. Couvert de pouſſiere & forcé
par. pluſieurs de ceux qui l'eſcortoient à
hâter ſa marche ; il maudiſſoit ſouvent
ſon imprudence qui l'expoſoit aux outrages & aux mépris de gens de rien.

Ses momens de ſommeil étoient troublés par des ſpectres qui frémiſſoient autour de lui ; il croyoit voir ces troupes
de malheureux égorgés par ſes ordres, &
à leur tête Domitien & Montius qui le
ſaiſiſſoient pour le livrer aux tourmens
des furies ; car l'ame dégagée des liens du
corps toujours active & occupée des ſoins
qui. inquiétent ordinairement les hommes,
ſe forme pendant la nuit des repréſenta-
tions que nous nommons des viſions.

                                        Le

Le fort le plus trifte le conduifant au
terme auquel il devoit perdre la vie avec
l'Empire, après avoir changé de relais
fur la route, il arriva au bout de quelques journées à Pétobio (a) ville de la
Norique.

Ici tout déguifement ceffa, & le
Comte Barbétion qui avoit été fous Gallus
Commendant des gardes, parut avec Apodeme Intendant de l'Empereur; ils étoient
fuivis de foldats que Conftance s'étoit fi
fort attachés par des bienfaits, qu'il étoit
fûr qu'ils feroient inébranlables aux ré-
compenfes & à la pitié.

On n'ufa plus de détour, & la partie
du palais qui eft hors des murs fut inve-
ftie de gens armés. Sur le foir Gallus
fut dépouillé de fes vêtemens royaux &
couvert d'une tunique & d'une cafaque
commune; Barbétion ne ceffoit cependant, comme s'il en avoit l'ordre de
l'Empereur, de lui jurer qu'il ne lui feroit
rien fait de plus, & tout de fuite lui or-
don-

(a) C'eft *Pettau* fur la Drave.

donnant de se lever, il le mit sur un cha-
riot ordinaire & le conduisit en Istrie
près de la ville de Pola ou nous savons
qu'on fit autrefois périr Crispe fils de
Constantin.

Pendant qu'on le gardoit étroitement
à demi mort de la crainte que lui causoit
l'approche du dénouement; Eusebe Grand
Chambellan, Pentade le Secrétaire &
Mellobaude Tribun de la garde vinrent
pour l'interroger par ordre de l'Empereur, & savoir de lui les motifs de la
condamnation de tous ceux qu'il avoit
fait mettre à mort à Antioche.

Gallus aussi pale que le fut Adraste (a)
en voyant périr ses deux gendres, se
borna à répondre que la plûpart de ceux
qu'il avoit fait mourir, n'avoient été
condamnés que par les conseils de sa femme Constantine.   Il ignoroit sans doute
qu'Alexandre pressé par sa mere de faire
périr

(a) *Adraste* Roi de Sicyone. Ses deux gendres
Tydée & Polynice périrent devant Thebes. *V. Virgile Eneide Liv. VI. v. 480.*

périr un innocent & lui entendant répé-
ter pour l'y déterminér qu'elle l'avoit
porté neuf mois dans son sein, lui dit,
demandez - moi ma mére, toute autre
récompense, car il n'eſt aucun bienfait,
qui équivaille la perte d'un homme. Conſtance outré de douleur & de colère à ce
rapport, ne crut pas pouvoir mieux aſ-
ſurer ſon ſalut qu'en perdant ce Prince;
il envoya donc le Secrétaire Pentade,
Apodeme chargé d'affaires, & ce Sérénianus que nous avons vu plus haut trainé
en cauſe pour crime de léze - majeſté &
abſous par Gallus lui - même. Ainſi les
mains liées comme à un voleur de !grand
chemin, on lui trancha la tête, & on
laiſſa ſans ſépulture ce cadavre informe
qui peu auparavant étoit l'objet de la terreur des villes & des provinces. Mais
l'équité du maître du monde ne perdit
pas de vue ſes bourreaux.

Car ſi elle termina les jours de Gallus
par une mort cruelle, peu après, bien que
ce Prince fut coupable, elle fit périr
d'une maniére également terrible, ceux
qui

qui 'par leurs careffes & leurs faux fer-
mens le conduifirent dans des piéges
mortels. Scudillon mourut d'une maladie de poitrine, & Barbétion qui déjà
autrefois avoit calomnié Gallus, parvenu
au grade de Général d'infanterie & fourdement accufé de deffeins ambitieux, fut
condamné à mort & fatisfit ainfi aux manes
d'un Prince que fes rufes avoient perdu.

Telle fut dans cette occafion comme
dans un grand nombre de pareilles la
conduite que tint Adraftie, qui punit,
(& plût à Dieu que ce fut toujours) les
actions atroces, comme elle récompenfe
quelque fois les bonnes ; nous entendons
encore par ce nom Néméfis, cette forte
de pouvoir fublime qu'exerce avec effica-
ce un être Supérieur aux révolutions de
ce monde fublunaire, ou comme d'autres la définiffent, cette force univerfelle
qui en dirigeant l'univers préfide aux différentes deftinées. Les anciens Théologiens imaginent qu'elle eft la fille de la
Juftice, & que du fein de l'éternité elle
                                    pro-

promene ſes regards ſur la terre. Reine
des cauſes, arbitre & Juge des événemens, elle diſpoſe de l'urne des ſorts,
enfante les viciſſitudes humaines, & donnant quelquefois à nos entrepriſes une
iſſue différente de celle que nous en at-
tendons, elle produit par ces changemens de nombreuſes révolutions. C'eſt
elle encore qui enchaîne par les nœuds
indiſſolubles de la néceſſité, le vain faſte
des mortels, & qui fixant à ſon gré les
momens de leur décadence ou de leur
élévation, tantôt écraſe & rend puſilla-
nime l'orgueilleux, tantôt éléve les gens
de bien & les tire de l'oppreſſion. La
fabuleuſe antiquité lui a ſuppoſé des ailes,
pour faire entendre qu'elle ſe porte partout avec la rapidité d'un oiſeau; on lui
donne auſſi un gouvernail & on met une
roue ſous ſes pieds, afin qu'on ſache que
parcourant, pour ainſi dire les élémens,
elle en gouverne l'enſemble.

Gallus à charge à lui même termina
donc ſes jours par une mort prématurée

à

à l'âge de vingt neuf ans, après en avoir regné quatre. Il étoit né à Maffa Véternefe (a) dans la Tofcane, de Conftance frere de Conftantin, & de Galla fœur de Rufin & de Céréales, honorés tous deux des dignités de Conful & de Préfet de Province.

Il étoit bien fait de fa perfonne, avoit une figure avantageufe & les membres proportionnés. Ses cheveux étoient blonds fans être rudes & quoique fa barbe ne commençât qu'à paroître, il eut de bonne heure un certain air de dignité. Il différoit autant des mœurs douces de fon frére Julien, que les fils de Vefpafien, Domitien & Titus différoient l'un de l'autre. Placé au faite de la fortune il en éprouva l'inconftance qui fe joue des mortels & replonge fouvent dans l'abyme ceux qu'elle avoit élevés jufqu'au ciel. Les exemples en font fans nombre, je n'en toucherai pourtant que quelques uns.

C'eft

(a) C'eft *Maffa* dans le Siennois en Tofcane

C'eſt cette fortune inconſtante &
mobile qui fit du potier Agatho-
cle (*a*.) un Roi de Sicile, & de Dénis (*b*) autrefois la terreur des peuples, un maître d'école à Corinthe.
C'eſt elle qui fit paſſer pour Philippe (*c*), Andriſcus d'Adramyte qui étoit
né dans un moulin à foulon & réduifit le fils légitime de Perſée à apprendre le métier de forgeron pour gagner
ſon pain. C'eſt elle qui livra aux Nu-
mantins Mancinus (*d*) qui avoit commandé l'armée. Vetérius (*e*) à la
cruauté des Samnites, Claudius (*f*)

aux

(*a*) *V. Juſtin. Liv. XXII. Chap.* 1.

(*b*) *V. Juſtin. Liv. XXI. Chap.* 5.

(*c*) *V. Florus Liv. II. Chap.* 14.

(*d*) *V. Vellejus Paterc. Liv. II. Chap.* 1. 11. 90.
Flor. Liv. II. Chap. 18. *Iiv. III. Chap.* 14.

(*e*) *V. Tite-Lire Liv. IX. Valere Maxime
Liv. VI. Chap.* 1. §. 9.

(*f*) *V. Valere Maxime Liy. VI. Chap.* 3.

aux Corſes; & Régulus (a) à la fureur de Carthage. Son injuſtice a
fait périr en Égypte par le caprice
des eunuques, Pompée qui mérita par
ſes belles actions le ſurnom de Grand.
Certain eſclave Syrien nommé Eu-
nus (b) a commandé en Sicile une
armée de fugitifs. Combien, de perſonnes d'une naiſſance illuſtre, ont été
forcées par la volonté de cette ſouveraine abſolue d'embraſſer les genoux
de Viriathus (c), ou de Spartacus (d)!
Que de têtes devant leſquelles les peuples trembloient, abattues par d'affreux
bourreaux!

L'un

(a) V. Flor. Liv. II. Chap. 2.

(b) V. Flor. Liv. III. Chap. 19. Tite - Live
Ép. 52.

(c) V. Vellejus Paterc. Liv. II. Chap. 90. Flor.
Liv. II. Chap. 16.

(d) V. Vellej. Paterc. Liv. II. Chap. 30. Plutarque Vie de Craſſus. Eutrop. Liv. VI. Chap. 6.
Flor. Liv. III. Chap. 20.

L'un est chargé de fer, l'autre revêtu d'un pouvoir inattendu, un troisième précipité du haut des honneurs.
Il y auroit autant de folie à prétendre connoître tous ces changemens,
qu'il y en auroit à vouloir compter
les grains de sable qui couvrent le
rivage, ou déterminer le poids des
montagnes.

AM-

AMMIEN MARCELLIN.

LIVRE XV.

CHAPITRE I.

On annonce à l'Empereur la mort de Gallus.

J e viens de raconter selon l'ordre des
faits, & autant que j'ai pû en découvrir la vérité, les choses que j'ai vues
dans ma première jeunesse, ou dont j'ai
tâché de m'assurer en consultant adroitement ceux qui en avoient été les témoins; j'exposerai ce qui suivra avec plus
de soin encore & selon la mesure de mes
talens, sans redouter ces critiques qui méprisent un ouvrage, par cela seul qu'il leur
paroit long. La briéveté n'est estimable

Tome I.   E   que

que lorfqu'en retranchant des détails dé-
placés, elle ne fait rien perdre de la fuite
des événemens.

A peine Gallus fut-il expiré dans le
Norique (a), qu'Apodéme cet ardent
inftigateur de troubles, prit la chauffure
de ce Prince, & pouffant les chevaux
dont il changea fur la route au point
d'en crever quelques-uns, arriva en
courier à Milan, entra dans le palais, &
jetta ces dépouilles au pieds de Conftance,
comme fi c'euffent été celles d'un Roi
des Parthes. Au récit qu'il fit de cette
affaire, qu'on regarda comme une entreprife très-difficile, & qui pourtant avoit
réuffi au delà de ce qu'on pouvoit efpérer, les courtifans redoublerent leurs adu-
lations, & exalterent le courage & la
fortune de l'Empereur, qui avoit par un
feul acte de fa volonté, quoi qu'en divers
tems, défarmé deux Princes, Vétéra-
nion

_____

(a) Ce pays comprenoit une grande partie de l'Autriche, l'Archevêché de Salzbourg, la Carinthie &
la Styrie.

nion (*a*) & Gallus, comme on congédie de
simples soldats ; ces flatteries enorgueilli-
rent beaucoup Conftance, & depuis ce
moment il s'éloigna tellement de la fageffe,
qu'il fe crût à l'abri de tout accident humain, s'attribua quelquefois en dictant
l'Éternité, & qu'en écrivant même de fa
propre main, il fe nomma le Seigneur de
toute la terre ; éloge qui lui étant donné
par d'autres, auroit dû le remplir d'indignation, lui qui fe vantoit de travailler fans relâche à imiter par fes mœurs,
& par fa conduite les bons Princes ; car
eut-il même gouverné ces mondes infinies de Démocrite (*b*), qu'imaginoit
Alexandre le Grand d'après Anaxarque ;
il

(*a*) Les médailles anciennes portent *Fl. Vétranion.*
Il étoit Général dans la Pannonie. A la mort de
CONSTANT, il fe fit nommer Empereur par les
légions qu'il commandoit. Dix mois après fon élévation il fut dépofé. On a dit qu'il étoit brutal & d'u-
ne fimplicité qui alloit jufqu'à la bêtife. *JULIEN*
affure au contraire que ce n'étoit point un homme méprifable. *V. Tillemont Hift. des Emp. T. XI. pag.*
920. Sozime Liv. XI.

(*b*) *V. Valere Maxime Liv. VIII. Ch. 14. §. 2.*

il auroit compris, ſoit en liſant ſoit en écoutant, que l'enceinte de toute la terre qui nous paroit immenſe, n'eſt qu'un point, comme l'enſeignent les Mathématiciens, comparé à l'étendue réelle de l'univers.

CHAPITRE II.

Urſicin Général de la cavalerie en Orient, Julien frére de Gallus, & Gorgonius le Chambellan, ſont accuſés du crime de Léze-Majeſté.

D'abord après la fin malheureuſe de Gallus, la trompette des dangers judiciaires ſe fit entendre, & l'envie qui s'acharne contre les gens de bien, ſe déchaiſant pour perdre Urſicin, le chargea du crime de Léze-Majeſté. Une circonſtance fit craindre qu'il ne ſuccombât, c'eſt que les oreilles de Conſtance étoient auſſi inacceſſibles aux défenſes juſtes

juftes & fondées, qu'elles étoient ouvertes aux fecretes infinuations des délateurs, qui lui faifoient croire que fon
nom étant prefqu'ignoré dans tout l'O-
rient, on y défiroit Urficin, qu'on regardoit comme un Général redoutable
aux Perfes. Mais celui-ci en homme
magnanime, fe montra inébranlable à
ces atteintes; attentif à ne pas s'ou-
blier, il fe borna à gémir tout bas, de
voir fon innocence attaquée & fes amis
autrefois fi affidus auprès de lui, fe tourner du côté des favoris, comme les Licteurs qui par l'ufage établi, paffent toujours au fervice des fucceffeurs. Arbétion
fon collégue qui excelloit à tendre des
piéges mortels à l'innocence, & qui mal-
heureufement étoit alors trop puiffant,
l'attaquoit par de feintes careffes, & lui
donnoit en public le nom de vaillant homme. Tel qu'un ferpent caché fous terre
qui guette les voyageurs pour les affaillir à l'improvifte, de même l'ame du
miférable Arbétion qui de fimple foldat
s'étoit élevé aux premiers grades de l'ar-

E 3   mée,

mée, étoit dévorée de l'ardeur infatiable
de nuire fans en avoir de fujet légitime.
Il fut donc décidé dans un confeil que
tint l'Empereur avec un petit nombre de
confidens de fes fecrets, qu'Urficin feroit trainé la nuit fuivante loin des yeux
des foldats & mis à mort fans autre for-
malité; on rapporte que ce fut ainfi que
périt Domitius Corbulon (a) ce défenfeur
fidéle & prudent des provinces, dont on
trancha les jours, au milieu des troubles
qui fignalerent le règne de Néron.

Cette réfolution prife, tandis qu'on
attendoit le moment favorable pour l'exécuter, on fe détermina pour un parti
plus doux & l'affaire fut remife à une feconde délibération.

On confpira enfuite contre Julien, ce
Prince devenu fi célébre & qu'on avoit
récemment rappellé. Les machinations
de la calomnie lui imputerent deux
crimes, le premier d'avoir quitté Ma-
celle,

(a) V. Ann. de Tacite Liv. III. XI. XIII.
XIV. XV.

celle (a) en Cappadoce, pour aller en
Afie fous le prétexte d'y étudier; le fecond d'avoir vu fon frére Gallus qui paffoit par Conftantinople. Quoiqu'il fe dif-
culpât de ces accufations, en faifant voir,
qu'il n'avoit rien fait, fans y être auto-
rifé, il auroit cependant fuccombé fous
les efforts de la cabale, fi l'Impératrice
Eufébie, comme fi le ciel l'eut infpirée,
n'eut obtenu par fon interceffion, qu'on
le conduiroit à Come dans le voifinage
de Milan; après y avoir fait un petit féjour, il obtint fur la demande qu'il en
fit avec inftance, la liberté de paffer en
Grèce pour y cultiver fon efprit.

Ces révolutions donnerent lieu cependant à des incidens qu'on peut regarder
comme heureux, tant parce que la juftice
févit d'un côté contre quelques coupables,
que de l'autre, elle rendit vaines &
inuti-

_____

(a) C'étoit un chateau royal, affis au pied du
mont Argée affez près de Céfarée en Cappadoce. La
Caramanie comprend aujourd'hui une partie de la Cappadoce.

E 4

inutiles des entreprises dangereuses. Mais il arrivoit quelquefois aussi, que les riches s'appuyant sur la protection des gens en place, comme le lierre s'attache aux arbres forts & élevés, achetoient par d'énormes présens l'impunité de leurs crimes; les pauvres au contraire, qui manquoient de tout, ou qui n'avoient que peu, privés de toute ressource, étoient promptement condamnés. C'est ainsi que le mensonge enveloppoit la vérité, & que de fausses apparences tenoient quelquefois lieu du vrai.

On cita encore dans le même tems, Gorgonius, qui avoit été Chambellan de Gallus, mais bien qu'il constât par son propre aveu qu'il avoit trempé dans des entreprises criminelles, le pouvoir des eunuques qui couvroient d'un voile épais la justice, le sauva de la peine.

CHA-

CHAPITRE III.

On punit les amis, & les favoris de Gallus.

Pendant que ceci se passoit à Milan, on conduisit de l'Orient à Aquilée (*a*) des troupes de militaires & plusieurs Courtisans qui pouvant à peine se traîner sous le poids de leurs chaines, maudissoient une vie exposée à tant d'infortunes. On leur imputoit d'avoir été les ministres des fureurs de Gallus, les instrumens de la mort de Domitien (*b*), & de Montius, & la cause de l'exil de tant de malheureux. Arborius & Eusèbe grand Chambellan de l'Empereur, tous deux d'une arrogance extrême & également injustes & cruels, furent chargés d'entendre les accusés; sans examen, & sans mettre la moindre dif-

(*a*) *Aquilée* dans le Frioul.

(*a*). V. ci-dessus Liv. XIV. Chap. 7.

E 5

différence entre les coupables, & les innocens, ils condamnerent les uns au ban-
niffement, après les avoir battus de ver-
ges, ou tourmentés par les tortures; d'autres furent dégradés, & placés dans les
plus bas rangs de la milice; le refte enfin
fut mis à mort.

Après avoir furchargé, pour ainfi dire,
les buchers de victimes, ils retournerent
comme en triomphe, rendre compte de
leur commiffion à l'Empereur, qui ne
cachoit pas même dans de femblables occafions, l'inflexible dureté de fon caractere. Depuis ce moment & dans la fuite,
Conftance, comme s'il fe fut propofé de
bouleverfer l'ordre des deftinées, ouvrit
en quelque forte fon ame à tous les infi-
diateurs. Auffi - tôt, on vit nombre d'hommes à l'affût de tous les bruits, attaquer
d'abord les gens en place, puis indiftinctement
ment les riches & les pauvres; ils ne lé-
choient pas feulement comme ces fréres (a)
Ciby-

(a) V. Cic. dans fa IX. Harangue contre Verrés.
Chap. 27.

Cibyrates de Verrés, le tribunal d'un Lieutenant, mais ils profitoient des moindres incidens pour tourmenter tous les membres de la République.

A leur tête étoient Paul & Mercure, l'un Perse, l'autre Dace d'origine. Le premier Secrétaire, le second d'officier de la bouche de l'Empereur avoit été fait receveur des domaines. On donna comme nous l'avons déjà dit, à Paul le surnom de la Chaîne, à cause de sa funeste adresse à ourdir des trames indissolubles de calomnie, à semer des bruits empoisonés, à inventer mille moyens de perdre, à peu près comme ces habiles athlétes qui dans les luttes savent surprendre & saisir leurs ennemis (a).

Mer-

(a) Il y a proprement dans l'original *qui savent arrêter leurs ennemis par le talon*, mais il se peut que le mot *calce* soit corrompu, & qu'Ammien ait voulu faire allusion ici, à cette espèce de gladiateurs nommés *Rietiarii*, qui combattoient tenant d'une main un trident, & de l'autre un filet dont il tachoient d'envelópper leur ennemi.

Mercure furnommé le Comte des fonges, tel qu'un chien qui d'abord careffe
pour faire enfuite en trahifon de cruelles
morfures, fe gliffoit dans les feftins & dans
les affemblées, & fi quelqu'un racontoit
à un ami les fonges, que la marche bi-
farre de l'imagination enfante pendant le
fommeil, il alloit auffi-tôt en faire part
à l'avide curiofité de Conftance & chargeoit fes récits des plus odieufes couleurs; il arrivoit de là qu'on fe trouvoit
accablé de tout le poids du crime, &
traité comme coupable d'une faute irré-
miffible.

Le bruit de ces rigueurs s'étant répandu,
on fut fi éloigné de raconter les fonges
qu'on avoit eûs, qu'à peine avouoit-on
devant des étrangers qu'on eut dormi; les
gens éclairés, gémiffoient de n'être pas nés
chez les Atlantes. (a) où l'on dit qu'il
n'y

(a) Voici ce qu'en dit Pline H. N. Liv. V. Ch. 8.
,,S'il faut croire ce qu'on en débite, les Atlantes ont
,,entiérement dégénéré de la qualité d'hommes dans leur
,,conftitution habituelle; ils n'ont point de noms pro-
,,pres pour fe diftinguer entr'eux; ils maudiffent le So-

n'y a point de fonges; nous abandonnons aux favans l'explication de ce phénomène. Au milieu de cette affreufe variété de tortures & de fupplices, il arriva en Illyrie un autre défaftre, qu'une trop grande légéreté de propos produifit, & rendit funefte à bien des perfonnes.

Dans un feftin qu'Africanus Recteur de la feconde Pannonie, donna à Sirmium (a), quelques-uns des convives qui avoient bû largement & qui penfoient être à l'abri de temoins fufpects, parlerent avec liberté de l'exceffive rigueur du gouvernement actuel; quelquesuns, comme s'ils en avoient des préfages certains, affurerent que la révolution qu'ils

,,leil à fon lever & à fon coucher comme leur propre
,,fléou & celui de leurs campagnes; quand ils dor-
,,ment, ils ne fongent pas comme il arrive aux autres
,,hommes." *De la traduction de Mr. Poinfinet de Sivry.*

(a) On retrouve dans la Carte de T. C. Lotter fous le nom de *Alt-Sirmium* ou *Ancienne-Sirmium* l'emplacement de cette ville à l'endroit où la rivière de *Botzwrha* fe réunit dans l'Efclavonie à la *Save.*

qu'ils fouhaitoient n'étoit pas éloignée;
d'autres par une folie inconcevable, trouvoient que les augures de leurs ancêtres,
annonçoient un changement heureux;
parmi ceux-ci Gaudence agent (*a*) du
Prince, perfonnage borné, & qui fe conduifoit fans réflexion, déféra ces détails comme une affaire férieufe, à Rufin qui étoit
alors chef des officiers de la Préfecture
Prétorienne: cet homme atroce & exercé
depuis longtefns au crime, comme s'il eut
eû des ailes, vole auffi-tôt à la cour de
l'Empereur, & l'échauffe tellement par
des rapports auxquels il n'étoit que trop
acceffible, que fans aucune délibération,
il fut ordonné d'enlever Africanus &
tous les convives de ce repas funefte;
par là cet affreux délateur, toujours
porté

(*a*). L'office des Agens du Prince étoit de faire
connoître aux habitans des Provinces, les noms des
Confuls, les Victoires & les Édits du Prince Ils
étoient encore chargés du foin d'obferver & de découvrir fi l'on ne tramoit rien de contraire aux intérêts
de l'Empereur dans les diverfes parties de l'état. *V.
les F. Valois.*

porté à ce qui n'eſt que trop dans la nature humaine, (aux choſes illicites) obtint
ce qu'il ſouhaitoit avec ardeur, d'être
confirmé pour deux ans encore dans ſon
emploi.

Teutomer officier des gardes, fut
donc envoyé avec ſon collégue pour ſaiſir ſelon l'ordre du Prince ces malheureux
convives, & les amener chargés de chaines. Lorſqu'on fut arrivé à Aquilée,
Marinus qui de maître d'exercice étoit
devenu Tribun, mais qui alors ſe trouvoit hors d'activité, fut laiſſé ſeul dans
l'auberge pendant qu'on préparoit les
choſes néceſſaires pour le voyage; celui-ci naturellement violent & qui avoit
tenu des diſcours dangereux, ſaiſit un
couteau que le hazard fit trouver ſous ſa
main, & s'arrachant les entrailles, il expira
auſſi-tôt. Les autres accuſés furent conduits à Milan, où après avoir avoué au
milieu des tortures leurs indiſcrets propos, ils furent renfermés dans des priſons,
ſous l'eſpoir très-douteux d'en ſortir un
jour. Quant à Teutomer & à ſon ca-
mara-

marade on les condámna au banniffe-
ment, comme complices de la mort de
Marinus; les prières d'Arbétion obtinrent cependant leur grace.

CHAPITRE IV.

*Les Lentiens Allemands font en partie
détruits & en partie mis on fuite par
Conftance.*

Cette affaire ainfi terminée, on déclara
peu après la guerre aux bourgades Len-
tiennes Allemandes (*a*), qui par leurs
fréquentes irruptions fe répandoient fur
les frontières de l'Empire. L'Empereur
s'étant mis en marche pour cette expédition, arriva dans les Rhéties (*b*) aux
champs

(*a*) Ces peuples tiroient leur nom de la ville de
Lentia aujourd'hui *Lintz* capitale de la haute Autriche.

(*b*) Les Rhéties comprenoient la Rhétie proprement dite & la Vindelicie qui dans la fuite fut nommée feconde Rhétie.

champs Canins (*a*). Après une longue
délibération, il fut trouvé convenable
qu'Arbétion Général de la cavalerie,
marchât à la tête d'un parti de troupes
en cottoyant avec un bon détachement
les bords du lac de Brigance (*b*), pour
pouvoir en venir d'abord aux mains avec
les barbares. Je vais donner fuccinte-
ment & autant que le fujet le demande
une idée de ce lieu. Le Rhin qui dans
fa fource fort avec impétuofité du milieu
de hautes montagnes, tel que le Nil qui
fe précipite par fes cataractes, fe répand fans fe mêler avec d'autres eaux au
travers de rochers entrecoupés; & il feroit affez fort pour porter bateau dès
fon origine s'il avoit moins de rapidité.
Dégagé en quelque forte de ces entraves,
& après avoir coulé aux pieds des hautes
rives

(*a*) Grégoire de Tours Liv. X. Chap. 3. dit que
Bilitie, aujourd'hui Bellinzona ville Suiffe dans le
baillage de *Bellinzone* étoit fituée dans les *champs
Canins*.

(*a*) A préfent le *Lac de Conftance*.

rives qui le renferment, il fe jette dans
un rond & vafte lac que les habitans de
la Rhétie appellent Brigance, & qui s'é-
tend quatre cens foixante ftades en longueur, & prefque autant en largeur. La
fombre horreur des forêts, les barbares
qui les habitent, la nature des lieux, &
l'intempérie de l'air, femblent le rendre
inacceffible, fi ce n'eft du côté où l'ancienne valeur des Romains qui ne s'atta-
choit alors qu'à l'utile, a pratiqué un
chemin fpacieux. Ce fleuve fe jettant
donc avec fracas dans ce lac, en traverfe
les eaux tranquilles, qu'il partage également jufqu'au bout. Tel qu'un élément
féparé par une difcorde éternelle, il
n'augmente ni ne perd rien de fon volu-
me, & confervant fon nom & fa rapidité
pendant le refte de fa courfe, fans fe
fouiller par aucun mélange, il va fe perdre dans la mer. Ce qui eft encore bien
étonnant, c'eft que le mouvement prodigieux de fes eaux n'émeut pas plus celles
du lac, que le limon épais de celui-ci, ne
retarde la marche impétueufe du fleuve.
                                    On

On croiroit ce fait impoſſible, ſi l'on n'étoit
pas à portée de s'en convaincre à chaque
inſtant par ſes propres yeux: ainſi Alphée
né en Arcadie & épris d'amour pour la
fontaine d'Aréthuſe, fend ſelon la fable,
la mer d'Ionie, pour couler juſqu'aux
lieux qu'arroſe ſon amante.

Arbétion qui négligea d'attendre ceux
qui devoient lui donner avis de l'arrivée
des ennemis, bien qu'il ſut que les com-
meneemens des guerres ſont toujours
difficiles, tomba dans une embuſcade &
frappé d'un danger auquel il ne s'attendoit pas, il reſta immobile. Sur ces
entrefaites les ennemis, ſortirent de leurs
retraites & ſans donner quartier, perce-
rent, tout ce qui ſe préſenta; nos gens
hors d'état de réſiſter ne trouverent de
ſalut qu'en une prompte fuite; ne pen-
ſant donc qu'à ſe mettre à couvert des
traits, ils errérent ſans ordre & à l'a-
vanture ayant toujours l'ennemi à leurs
trouſſés. Cependant la plûpart de ceux
que la nuit déroba à la fureur des barbares, & qui s'étoient jettés dans d'étroits
ſen-

sentiers, se rendirent à leurs drapeaux
dès que le jour fut revenu.

Cette malheureuse surprise nous coûta
dix Tribuns, & un grand nombre de soldats; les Allemands encouragés par ce
succès, avancerent avec plus de férocité;
tous les jours ils profitoient des brouil-
lards du matin, pour venir jusqu'aux retranchement des Romains; puis courant
çà & là l'épée à la main, ils leur faisoient en grinçant des dents des menaces
pleines d'orgueil.

Tout à coup nos Scutaires firent une
sortie, mais repoussés par les Escadrons
ennemis ils s'arrêterent & inviterent avec
instances leurs camarades à venir prendre
part au combat; tandis que ceux-ci pensent encore avec frayeur au dernier échec
& qu'Arbétion hésite & craint d'exposer
le reste des troupes, ont vit paroître
trois Tribuns, Arinthée qui faisoit l'office d'Intendant des Exercices, Seniau-
chus qui conduisoit les Gardes à cheval,
& Bappo Chef des vétérans suivis de ceux
que le Prince lui avoit confiés. Chacun

fit

fit de la caufe commune la fienne propre, tous s'exciterent par les exemples de leurs ancêtres, & tombant fur l'ennemi comme un fleuve qui fe déborde, il le mirent en fuite, non par un combat réglé, mais en l'attaquant par pelotons. Les barbares qui rompirent leurs rangs & qui pour fe fauver jetterent leurs armes, furent percés à coups d'épées & de piques, plufieurs furent maffacrés avec leurs chevaux, & tout morts qu'ils étoient, ils fembloit encore qu'ils fuffent colés à leurs dos. A la vuë de cette déroute nos foldats que la crainte avoit retenus dans le camp, en fortirent au plus vîte pour écrafer ceux de ces vils ennemis que la fuite avoit fouftrais à la mort, & foulant aux pieds des monceaux de cadavres il furent couverts du fang des mourans. Tel ayant été le fuccès de ce combat, l'Empereur triomphant & plein de joye s'en retourna paffer l'hyver à Milan.

CHA-

CHAPITRE V.

Silvain Général d'Infanterie dans les Gau-
les, eſt décoré à Cologne du titre d'Au-
guſte, & au bout de vingt-huit jours
de règne il périt par des embuches.

Du ſein des déſordres publics, & d'un
mal non moins funeſte aux Provinces,
naquit un tourbillon de nouvelles calami-
tés, qui auroit tout détruit, ſi la fortune qui dirige les deſtinées des hommes,
n'en eût promptement arrêté l'effet.

Les maſſacres, les rapines, & les in-
cendies des barbares qui ravageoient en
pleine liberté les Gaules négligées depuis
longtemps, firent que Silvain Général
d'Infanterie qu'on croyoit propre à diſſiper ces maux, reçut ordre du Prince de
ſe tranſporter dans ces contrées : Arbétion
travailla de toutes ſes forces à hâter ſon
départ, il eſpéroit que l'abſence d'un ri-
val

val qui lui étoit à charge, lui fourniroit l'occafion de le perdre.

Un certain Dyname dont l'office étoit de tenir régiftre des chevaux de bât de l'Empereur, avoit prié Silvain de lui donner des lettres de recommandation à fes amis, pour qu'il en fut reçu comme un homme qu'il affectionnoit. Il les obtint, attendu qu'on ne lui fuppofoit aucun mauvais deffein; mais il les garda dans l'intention d'en faire un ufage funefte lorsqu'il en feroit tems.

Pendant que Silvain parcourt les Gaules pour le fervice de la République & chaffe les barbares qui déjà fe défioient d'eux-mêmes & trembloient: ce même Dyname, déployant peu à peu fon caractere inquiet & turbulent, imagina en homme rufé & qui étoit dans l'habitude de tromper, une impofture criante. Il y fut pouffé, fi l'on en croit des bruits, à la vérité incertains, par Lampadius Préfet du Prétoire, par Eufebe qui avoit été Intendant du Domaine, & auquel on avoit donné le furnom de Mattioco-
pe,

pe (*a*), & par Ædefe ci - devant Sécretaire
du Prince. Lampadius dont ils étoient intimes amis, les avoit invités lorfqu'il prit
poffeffion du Confulat (*b*). Dyname ef-
faça donc avec un pinceau, tout ce qui
étoit dans la lettre à la réferve de la figna-
ture, & y mit des chofes bien différentes de celles qui s'y trouvoient d'abord;
par exemple, il y faifoit dire à Silvain
en termes couverts, tant à ceux de fes
amis, qui étoient à la cour, qu'à ceux
qui menoient une vie privée (tels que
Tufcus Albinus & plufieurs autres) que
fur le point de s'élever au trône, ils les
prïoit de l'aider dans ce hardi projet.

Cette impofture avoit comme on le
voit pour but, de faire périr un innocent. Dyname fut chargé d'approfondir
cette affaire au nom de l'Emperéur.
Après

(*a*)Sobriquet deftiné à peindre un homme exceffi-
vement avare, & qui pouffe la léfine jufque dans les
plus petites chofes.

. (*b*) Les Confuls défignés invitoient leurs amis pour
le premier de Janvier, jour auquel fe faifoit la cérémo-
nie de leur entrée dans le Confulat. *V. les F. Valois.*

Après avoir ainsi formé ce plan, Lampadius dans l'espérance de perdre un sujet plein de zéle pour son Prince, saisit le moment de s'introduire seul dans le cabinet de Constance; on fit ensuite lecture en plein conseil de ce que la ruse avoit malicieusement fabriqué. Les Tribuns furent arrêtés sur le champ & l'on fit venir des Provinces les particuliers dont il étoit fait mention dans les lettres.

Malarich Chef des Gentils (a), outré de cette injustice, se joignit à ses collégues, dit hautement qu'il étoit indigne qu'on permit aux factions & à la ruse de tendre des piéges à des hommes dévoués au service de l'Empereur; & demanda, que laissant sa famille en ôtage & Mellobaude pour garant de son retour, il lui fut permis d'aller chercher Silvain, qui étoit incapable d'entreprendre ce que l'acharnement d'ennemis insidieux lui imputoit; ou que Mellobaude dont il s'offrit

(a) C'étoient les étrangers qui servoient dans les Armées Romaines. V. Notice de l'Empire.

Tome I.   F

frit d'être caution, fut envoyé à sa place; il ajoutoit, qu'il connoissoit assez
Silvain pour être persuadé, que naturellement ombrageux, il bouleverseroit
tout, si l'on chargeoit un autre de cette
commission. Mais quelque sages, &
solides que fussent ces idées, on n'y fit
pas la moindre attention; car d'après le
conseil d'Arbétion, on remit à Apodéme,
cet homme de tout tems ennemi des gens
de bien, des lettres qui ordonnoient à
Silvain de venir.

Apodéme faisant peu de cas de l'objet principal de sa commission, s'écarta
dés qu'il fut dans les Gaules des ordres
qu'il avoit reçus. Sans voir Silvain, &
sans lui présenter les lettres qui le rappelloient, il manda le receveur des domaines, & avec toute l'insolence d'un
ennemi, il persecuta les cliens & les domestiques de Silvain, ni plus ni moins,
que si cet Officier fut déjà proscrit &
condamné à mort. Pendant qu'on attendoit l'arrivée du Général, & qu'Apodéme brouilloit ainsi les affaires, Dy-
name

name pour donner plus de couleur aux
chofes que fa fcélérateffe avoit imaginées,
adreffa au nom de Silvain & de Malarich, au Tribun de la Fabrique qui eft à
Crémone des lettres compofées dans le
goût de celles qu'il avoit fait remettre
par le Préfet à l'Empereur; il y exhortoit cet homme comme étant du fecret, à
préparer tout promptement.

Celui-ci à la lecture de ces lettres,
incertain & ne fachant pendant longtems,
ce qu'elles fignifioient (car il ne fe fouve-
noit pas d'avoir jamais parlé d'affaires fecretes avec ceux qui lui écrivoient) les envoya
par celui qui les avoit portées, en le faifant
accompagner d'un foldat, à Malarich qu'il
pria de lui faire connoître d'une manière
moins ambigue ce qu'il fouhaitoit; il lui
proteftoit, qu'étant un homme fimple &
fans artifice, il ne lui avoit pas été poffible de percer l'obfcurité de ces lettres.
Malarich, que le fort de fon ami & de
fon compatriote inquiétoit, n'eut pas
plutôt cet avis qui lui dévoiloit les em-
bûches que l'impofture avoient dreffées

con-

contr'eux, qu'il affembla les Francs qui dans
ce tems étoient en grand nombre & très-
confidérés au Palais, parla fort haut & fit
beaucoup de bruit. L'Empereur à l'ouïe de
ces plaintes, chargea des Officiers, & d'autres membres de fon Confeil, de faire
des recherches plus particulières. Comme les juges paroiffoient méprifer cette
affaire, Florentius fils de Nigrinianus,
qui faifoit alors les fonctions de maître
des Offices (a), trouva en examinant avec
attention l'écriture, des traces des premières lettres, auxquelles on avoit fub-
ftitué des chofes conformes au plan que
la rufe avoit imaginé, & totalement différentes de celles que Silvain avoit
dictées.

Après

(a). C'étoit un pofte très-confidérable. La
charge de maître des Offices ne comprenoit pas feulement les affaires civiles, mais encore le militaire. Il
admettoit à l'audience du Prince, lui préfentoit les
fujets propres aux emplois, décidoit les procès, ré-
gloit tout ce qui avoit du rapport aux voitures publiques, recevoit les Ambaffadeurs &c. V. Hederich,
Pitifcus.

Après qu'on eut donc ainsi dissipé cette imposture, l'Empereur sur le rapport fidéle qu'on lui en fit, cassa le Préfet & ordonna qu'on lui fit son procès; mais les efforts réunis de plusieurs personnes qui lui vouloient du bien, le sauverent. Eusebe autrefois Intendant des Domaimaines, avoua sur le chevalet qu'il avoit eû connoissance de cette manœuvre. Pour Ædese il s'en tira, en soutenant avec obstination, qu'il n'avoit rien sû; cette affaire se termina par l'absolution de tous ceux que la délation du crime avoit fait citer: Dyname, comme si ses belles actions l'eussent illustré, fut envoyé en qualité de Correcteur, pour gouverner les Toscans.

En attendant Silvain qui étoit à Cologne, sur les avis fréquens que ses amis lui donnoient de tout ce qu'Apodéme faisoit pour le perdre, craignant, comme il connoissoit la foiblesse & l'inconstance du Prince, qu'on ne profitât de son absence pour le traiter en coupable & le condamner, pensa au milieu de cet

F 3   étran-

étrange embarras, à s'abandonner à la bonne foi des barbares. Mais Laniogaise qui pour lors étoit Tribun, & qui feul avoit affifté, comme nous l'avons dit, n'étant encore que Candidat (a), à la mort de Conftant, l'en empêcha, & lui repréfenta, que les Francs qu'il connoiffoit bien puis qu'il en defcendoit, ou le tueroient, ou du moins le livreroient pour une fomme. Ne voyant donc de tous côtés que des fujets de craindre, il fe porta au dernières extrêmités, s'ouvrit peu à peu aux Chefs des principales troupes, les gagna par de grandes promeffes, & après avoir dépouillé pour un tems de la pourpre, les Enfeignes & les Dragons (b), il s'éleva à la dignité

Im-

(a) Les Candidats ou afpirans aux charges de la République, étoient ainfi nommés parce qu'ils étoient vêtus de blancs pendant les deux années de leur pourfuite. V. Notice de l'Empire.

(b) La pourpre étoit tellement un des attributs de la dignité Impériale que prendre la pourpre étoit une expreffion équivalente à celle de s'élever à l'Empire. (V. Saumaife dans fes notes fur T. Pollion.) Com-

Impériale. Sur le déclin du jour, on apprit tout à coup à Milan que l'ambitieux Silvain avoit engagé l'armée à le proclamer Empereur. Cet événement frappa Constance comme d'un coup de foudre. Le Conseil fut assemblé & les principaux se rendirent en hâte à la seconde veille de la nuit au Palais.

Aucun d'eux n'étant en état dans la circonstance présente, d'imaginer ou de dire ce qu'il convenoit de faire, on parla tout bas d'Ursicin, comme d'un Général habile & d'un homme qui ne conserveroit aucun ressentiment de l'outrage qu'on lui avoit fait; il fut donc mandé par le maître des cérémonies, ce qui est une manière honorable d'introduire quelqu'un; lorsqu'il entra, on lui donna plus

gra-

me il étoit défendu sous peine de mort à tout particulier, de faire fabriquer une étoffe de cette couleur; ceux qui osoient former le dessein d'usurper le trône commençoient par dépouiller les Enseignes & les Dragons de la pourpre qui y étoit attachée; souvent aussi ils l'enlevoient des statues des Dieux. *V. J. Casaubon dans ses notes sur J. Capitolin.*

gracieusement, que ci-devant la pourpre à baiser. Dioclétien fut le premier
qui se fit adorer par un culte étranger &
à la façon des Rois (*a*), tandis que
nous lisons qu'on ne les abordoit autrefois, que comme des juges.

Cet Ursicin dont on disoit peu avant
qu'il vouloit envahir l'Orient, & placer
ses fils sur le trône, étoit dans ce moment un Chef prudent, l'ancien compagnon d'armes du grand Constantin, le
seul qu'on crut capable d'éteindre cet incendie, & qu'on desirât par des raisons
valables, quoiqu'infidieuses; car tout en
travaillant à détruire Silvain comme un
rebelle très-dangereux, on ne pensoit
pas à moins, si l'on échouoit, qu'à se
délivrer de tout sujet de crainte en perdant Ursicin lui-même, dont au fond on
supposoit l'ame ulcérée.

Lors donc qu'il fut question de hâter
le départ, l'Empereur arrêta par un discours

(*a*) *V. Eutrope Liv. IX. Chap. 16. & Trebell.
Pollion dans la vie de Zénobie.*

cours plein de douceur, Urficin qui fe
préparoit à fe juftifier des crimes qu'on
lui avoit imputés, & lui dit qu'il ne s'a-
giffoit plus de la difcuffion de ces objets;
que le danger préfent, demandoit qu'on
fe réunit par la concorde, & par l'oubli
du paffé. Après bien des délibérations
fur les moyens de faire croire à Silvain
que l'Empereur ignoroit encore ce qui
venoit d'arriver, on crut y réuffir en lui
notifiant en termes très-honorables, qu'il
eut à révenir avec toute fa dignité &
qu'Urficin avoit été nommé pour le rem-
placer.

Dès qu'on eut formé ce plan, les Tribuns, auxquels on joignit à la réquifition
d'Urficin dix Officiers des Gardes, pour le
foutenir dans ce commun danger, reçurent ordre de partir; je me trouvai de ce
nombre avec mon collégue Verinianus;
les autres étoient ou nos parens, ou nos
amis. Chacun de nous s'occupa fur la
route des rifques que nous courrions, &
quoique nous nous regardaffions comme de
gens qu'on expofoit à la fureur de bêtes

farou-

farouches, cependant en reflechiffant que
les fituations malheureufes font fouvent
place à des momens heureux, nous ad-
mirions cette belle penfée de Cicéron,
qu'il femble avoir puifée dans les fources
même du vrai.

C'eft que, toute défirable que foit une
continuation de bonheur & de fuccès, cette
uniformité eft moins agréable cependant,
que lorfqu'on paffe d'un état rude & dé-
fefpéré à une meilleure fortune (a).

Nous marchames donc à grandes journées, afin qu'Urficin, qui bruloit d'envie de s'acquiter avec honneur de fa commiffion, pût arriver fur les frontières
dont il fe défioit avant que le bruit de la
révolte fe fût répandu dans l'Italie.
Mais la renommée fendant en quelque forte
les airs, avoit trahi & précédé notre
courfe: parvenus à Cologne, nous y
trou-

(a) Le paffage qu'allégue ici Ammien Marcellin
n'eft pas en tout autant de termes dans Cicéron; on
trouve cependant un morceau qui en approche de beaucoup, dans le début du difcours qu'il fit à fon retour.

trouvames les chofes dans un état qui ne
nous permit pas de rien entreprendre;
car à la vuë de cette foule de peuple &
des troupes nombreufes qui accouroient
de toutes parts pour appuyer l'entreprife de
Silvain, il parut plus convenable aux circonftances, que notre infortuné Général
fe pliât à la volonté & au deffein du nouvel Empereur, qui cherchoit à affermir
fon autorité par ces forces accrues fous
de ridicules aufpices; il ne reftoit d'ailleurs d'autre moyen d'endormir & de perdre plus furement Silvain, que d'écarter de
fon efprit par de feintes apparences d'approbation, toute idée de projet ennemi;
& ce role n'étoit pas fans danger, car il
falloit, pour ainfi dire, épier l'occafion
fans la prévenir ni la négliger, puifqu'il
eft fûr que pour peu que nos deffeins euffent tranfpiré, nous périffions d'un feul
coup.

Urficin reçu avec bonté, fe vit forcé pour
le moment, d'adorer publiquement cet ambitieux rebelle qui le diftinguant, & le trai-
tant en ami, lui accorda un libre accès au-

près

près de sa personne, l'admit préférable-
ment aux autres à l'honneur de manger à
sa table, & le consulta secretement sur
ce qui concernoit l'empire. Silvain trouvoit mauvais qu'on eut élevé d'indignes
sujets au Consulat & aux premiers postes,
tandis qu'Ursicin & lui, qui avoient essuyé tant de fatigues pour la République,
étoient méprisés au point, que sur l'aveu
de ses domestiques, & par d'injustes pro-
cédures, on l'accusoit du crime de Léze-
Majesté, & qu'Ursicin rappellé de l'O-
rient se voyoit livré aux fureurs de ses ennemis; voilà ce dont il se plaignoit & en
public, & en particulier.

Au milieu de ces discours, & d'autres
semblables, les murmures du soldat qui
souffroit de la disette & qui bruloit du
desir de passer les Alpes Cottiennes, nous
causoient de vives allarmes. Dans cette
perplexité, nous nous occupames en secret des moyens d'en venir à quelque
chose de décisif. Enfin divers sujets de
crainte nous ayant fait souvent changer
d'avis, nous résolumes, après avoir choisi
avec

avec tout le foin poſſible des perſonnes
prudentes, & après nous être aſſurés de
leur diſcretion par la religion du ſerment,
de gagner les Bracates (a) & les Cornutes (b) que nous ſavions être inconſtans,
& que l'appât des récompenſes, porte
d'un inſtant à l'autre au changement.

Lorſque nous eumes ainſi aſſuré l'entrepriſe, & excité par des promeſſes l'a-
vidité de quelques valets de l'armée que
leur obſcurité même rendoit propres à notre deſſein, un corps de gens armés, ſortit avec impétuoſité au Soleil levant, &
ſon audace augmentant par l'incertitude
même de l'événement, il entra dans le
palais après en avoir égorgé la garde, &
perça de coups Silvain qu'on tira d'une
petite chapelle où ſe tenoit une aſſemblée
de

(a) C'étoient des ſoldass tirés de Gaule Narbon-
noiſe, anciennement nommée Gaule *Braccate* à cauſe
des brayes, ou haut-de-chauſſes que portoient ſes
habitans. *V. Plin. H. N. Liv. III. Chap. 4. Notice de l'Empire.*

(b) On les nommoit ainſi parce qu'on les tiroit de
Cornutum ville de l'Illyrie. *V. Notice de l'Empire.*

F 7

de Chrétiens, & dans laquelle, il s'étoit réfugié tout tremblant. Ce fut ainsi que cet Officier termina ses jours; c'étoit un homme d'un mérite peu commun, mais que la crainte des calomnies dont une faction de gens iniques l'accabla pendant son absence, porta pour assurer son salut à recourir aux dernières extrêmités. Bien qu'il eut mérité la reconnoissance de Constance, puisqu'avant le combat de Murse (a), il déserta fort à propos avec sa troupe le parti de Magnence pour se ranger sous nos drapeaux, l'Empereur le craignit cependant toujours comme un homme inconstant & peu sûr, malgré l'étalage qu'il faisoit des actions de valeur de son père Bonite qui tout Franc qu'il étoit, avoit pourtant fortement combattu pendant les troubles civils, en faveur de Constantin contre Licinius.

Avant

(a) Préfentement Essex en Esclavonie peu au dessus de la jonction de la Drave avec le Danube. *V. Tillemont Hift. des Emper.* T. XL. p. 741. *Fleury Hift. Ecclef.* T. III. p. 373.

Avant que ceci se paſſat dans les Gaules, il arriva que le peuple qui étoit à
Rome dans le grand Cirque s'écria, on
ne ſait ſi ce fut avec raiſon, ou par pur
preſſentiment, *Silvain eſt vaincu.*

La nouvelle de ſa mort transporta de
joye Conſtance, & ſon orgueil lui fit
mettre auſſitôt cet événement ſur le
compte des heureux ſuccès de ſon regne,
car la haine qu'il eut toujours pour les
gens de mérite, le portois à l'exemple
de Domitien à faire tous ſes efforts pour
les éclipſer; il s'en fallut donc de beaucoup qu'il louât ce qu'Urſicin avoit exécuté avec tant de dextérité, puiſqu'au
contraire, il inſinua dans ſes lettres qu'on
avoit détourné les tréſors de la Gaule,
auxquels on n'avoit cependant pas touché, & ordonna d'exactes recherches à ce
ſujet; on fit auſſi ſubir des interrogatoires à Rémigius, qui avoit la caiſſe militaire; c'eſt le même qu'on étrangla dans
la ſuite ſous Valentinien à l'occaſion de
l'ambaſſade de Tripoli.

Les

Les flatteurs faifirent cette occafion
pour élever Conftance jufqu'au ciel, &
le repréfenter comme fupérieur aux accidens humains; lui - même les excitoit encore à ce vil métier, par le mépris qu'il témoignoit à ceux qui ne s'y
rouoient pas.

C'eft ainfi qu'on raconte de Créfus (a)
qu'il chaffa Solon qui ne favoit pas le flatter; & de Dénis qu'il voulut mettre à
mort le Poëte Philoxene (b) qui gardoit
le filence à l'ouïe de mauvais vers que ce
Prince récitoit au milieu des applaudiffe-
mens de fes courtifans; une pareille conduite eft la mére nourricière des vices;
car la louange ne doit plaire aux Grands,
que lorfqu'ils accordent la liberté de cen-
furer quelquefois leurs défauts.

(a) Voy. Hérodote Liv. I. Plutarque Vie de
Solon.

(b) On connoît la réponfe du Poëte Philoxene à
Dénis, qu'on me rammene aux Carrières. V. Diodore
de Sicile Liv. XV. p. 331.

CHA-

CHAPITRE VI.

Les amis & les complices de Silvain font mis à mort.

La tranquillité étant rétablie, on recommença felon l'ufage les enquêtes, & plufieurs perfonnes chargées de fers comme coupables, furent jettées dans les prifons; Paul, ce délateur infernal, fe prépara gayement à exercer avec plus d'audace encore fes funeftes talens. Les membres du confeil tant civils que militaires firent des recherches; Proculus officier de Silvain fut appliqué à la queftion; c'étoit un homme foible & valétudinaire, tout le monde craignit, vû la délicateffe de fon tempérament, que la violence des douleurs, ne le forçât à nommer plufieurs complices, mais le contraire arriva. Car fe rappellant un fonge, pendant lequel il affuroit qu'il lui avoit été défendu d'accufer un innocent,

il

il foutint les plus grands tourmens, & non feulement, il ne nomma, ni ne trahit perfonne, mais il affirma conftamment, & prouva par des argumens fans replique, que Silvain ne s'étoit pas porté volontairement à cette entreprife, & que la néceffité feule l'y avoit entrainé. Il allégua comme une préfomption très-forte en faveur de ce Général, un fait connu de bien des gens, c'eft que cinq jours avant qu'il prit les ornemens royaux, il avoit diftribué la paye aux foldats au nom de Conftance, & les avoit exhorté à être fermes & fidéles; d'où l'on devoit naturellement inférer, qu'il n'auroit pas manqué de donner en fon nom une auffi forte fomme, s'il eut penfé à s'affurer l'Empire. Poëménius, fut enfuite trainé au fupplice & mis à mort comme coupable; c'eft lui, comme nous l'avons dit, qui fut élu, pour défendre le peuple de Treves, lorfqu'il ferma fes portes au Céfar Décentius (a); alors auffi péri-

_____

(a) DECENTIVS MAGNVS, Frére ou Coufin de Magnence, qui l'avoit créé CÉSAR.

périrent par les mains des bourreaux, Afclépiodore, les Comtes Luton, Maudius & plufieurs autres, car l'inflexible cruauté de ces tems recherchoit avec avidité de pareils fupplices.

___

CHAPITRE VII.

Léontius, Préfet de la ville, appaife une fédition du peuple: le Pape Libére eft banni de fon fiége.

Tandis qu'une fureur deftructive excitoit ces défaftres publics, Léontius gouvernoit Rome & joignoit à tous les talens, les qualités d'un Juge eftimable; il étoit prompt à écouter, jufte dans la difcuffion, & naturellement bon & porté à
la

Ammien Marcellin rapporte Liv. XVI. Chap. 12. que Chnodomaire, Roi des Allemands, vainquit Décenne en bataille rangée. Les foldats appellés *Décentiaques* tenoient vraifemblablement cette dénomination de ce Prince.

la douceur; l'attention cependant qu'il donnoit à faire refpecter fon autorité, le fit paffer pour févère aux yeux de quelques perfonnes: il avoit auffi du penchant pour l'amour.

La première caufe de la fédition qu'on excita contre lui fut très - frivole, & très-méprifable; car fur l'ordre qui fut donné d'arrêter le cocher Philorome, la populace l'environna pour le défendre comme s'il lui appartenoit, & comptant d'intimider le Préfet, elle l'attaqua avec fureur; mais celui - ci ferme & réfolu, en fit faifir quelques - uns par fes officiers, & après les avoir fait chatier, il les condamna à l'éxil fans que perfonne ofât remuer.

Quelque jours après la même populace, excitée par cette ardeur qui lui eft naturelle, fe rendit fous le prétexte de la difette dans le quartier de la ville où eft le Septizone (a), lieu célèbre que l'Empereur Marcus a orné de cet édifice fuperbe, connu fous le nom de Nymphée. Le

_____

(a) V. fur le Septizone & fur le Nymphée. *Pitif- eus. Donat. de urb. R. Lib. III. Chap. 13.*

Le Préfet s'y transporta à dessein, quoique lui pussent dire les Magistrats, & les Officiers qui le conjuroient de ne pas s'exposer à une troupe insolente, furieuse, & qui le menaçoit; mais Léontius que rien n'effrayoit, marcha droit à elle, de sorte qu'une partie de ceux qui le suivoient l'abandonnerent, bien qu'ils vissent tout le danger qu'il couroit.

Du haut de son char & d'un œil ferme, il consideroit avec tout l'extérieur de l'assurance, ces flots de séditieux qui s'agitoient ainsi que des serpens; enfin après avoir essuyé plusieurs outrages, appercevant un certain homme remarquable par la hauteur de sa taille, par une figure imposante & des cheveux roux, il lui demanda s'il ne portoit pas le nom de Pierre Valvomere; à peine celui-ci eut-il répondu avec insolence qu'on le nommoit ainsi, que le Préfet ordonna, malgré les oppositions de plusieurs, qu'on le suspendît en lui liant les mains sur le dos, comme au chef de la sédition qu'il connoissoit depuis longtems. Dès que la po-

populace, toute nombreuſe qu'elle étoit,
vit qu'on l'élevoit, & qu'il imploroit en
vain le ſecours de ſes camarades, elle
s'écoula ſi promptement par les différentes rues de la ville, que ce dangereux
promoteur de troubles, fut fuſtigé auſſi
tranquillement que s'il eut été dans une
priſon ſolitaire; chaſſé enſuite dans le
Picentin (a); il y attenta peu après à
l'honneur d'une fille de bonne maiſon, &
fut condamné à la mort par le Conſul
Petruinus. Ce fut ſous l'adminiſtration
de Léontius, que le Pape Libére fut
mandé à la cour par l'ordre de Conſtance, comme coupable de s'être oppoſé
aux ordres de l'Empereur, & aux déci-
ſions d'autres Évêques, dans une affaire
dont je vais dire un mot.

Une aſſemblée de gens qui ſe rendent
dans un lieu qu'on nomme Synode, avoit
depoſé Athanaſe Évêque d'Alexandrie pour être ſorti des devoirs de ſon
état en s'occupant ſelon le rapport de
plu-

(a) Aujourd'hui la Marche d'Ancone en Italie.

plufieurs, de chofes étrangéres à fa vocation; il paffoit pour s'entendre fi bien
aux forts, & aux préfages des oifeaux
qu'il avoit, à ce qu'on difoit, prédit
quelquefois l'avenir. On l'accufoit encore
d'actions contraires aux principes de la
religion, dont il étoit le premier miniftre.

Libére qui étoit dans les mêmes
idées que le refte de fes confréres, averti
que l'Empereur vouloit qu'il foufcrivit à
l'expulfion d'Athanafe, s'y oppofa de
toutes fes forces, dit hautement, que
c'étoit le comble de l'injuftice, de condamner un homme fans le citer ou fans
l'entendre, & réfifta ainfi ouvertement
aux volontés du Prince.

Quoique Conftance, qui de tout tems
avoit haï Athanafe, fut bien que la condamnation prononcée contre lui avoit
tout fon effet, il fouhaitoit pourtant avec
ardeur, la confirmation de l'Évêque de
la capitale; n'ayant pû l'obtenir, Libére fut à grand' peine enlevé de nuit,
tant on craignoit le peuple dont il étoit
chéri.

CHA-

CHAPITRE VIII.

*Julien frére de Gallus est nommé César
& préposé aux Gaules, par Constance
Auguste son cousin.*

Tel étoit, ainsi que nous venons de le
voir l'état des affaires dans Rome. Cependant de fréquentes nouvelles qui annonçoient la désolation des Gaules, où
personne ne s'opposoit aux barbares qui
ravageoient tout, allarmoient Constance.
Longtems inquiet sur les moyens d'é-
loigner ces maux sans quitter l'Italie où
il souhaitoit de rester, car il sentoit tout
le danger qu'il y auroit à se porter dans
une région aussi éloignée ; il prit enfin le
sage parti d'associer à l'Empire, son cousin Julien qu'il avoit fait venir depuis peu
de l'Achaïe, où il fréquentoit encore les
écoles des Philosophes.

Constance accablé du poids des maux
qui le menaçoient fit part de son projet

jet

jet à ſes confidens, & prouva par là ce qu'il n'avoit jamais avoué, c'eſt qu'il ne pouvoit pas faire face tout ſeul à d'auſſi nombreux embarras. Mais ſes courtiſans exercés à la flatterie lui répétoient ſans ceſſe pour augmenter ſa folie qu'il n'y avoit rien de ſi difficile, dont ſa rare valeur & ſa fortune qui l'élévoit preſqu'au ciel ne vinſſent à bout, comme il l'avoit conſtamment éprouvé ; pluſieurs d'entre eux qui ſe rappelloient intérieurement le mal qu'ils avoient voulû faire à Julien, ajoutoient qu'il falloit ſe défièr du nom de Céſar, & rappelloient ce qui s'étoit paſſé ſous Gallus.

La Reine ſeule luttoit contre leurs efforts ; on ignore ſi c'étoit parce qu'elle appréhendoit un voyage de long cours, ou ſi ſa prudence naturelle l'éclairoit ſur le bien public ; mais elle ne ceſſoit de dire qu'il falloit préférer un parent à tout.

Enfin après bien des délibérations, Conſtance ſe fixa & mépriſant les vains diſcours des flatteurs, il réſolut d'aſſocier

Tome I.   G   Julien

Julien à l'Empire. Lorsque ce Prince fut
arrivé au jour marqué, on assembla tout ce
qu'il y avoit de militaires & on dressa sur
un lieu élevé un tribunal qu'environnerent
les aigles & les autres enseignes. L'Empereur y montant avec Julien qu'il tenoit par
la main, parla affectueusement en ces termes. „C'est à vous, généreux défenseurs
„de la République, que je m'adresse sur
„les moyens de venger unanimément la
„cause commune; je vais vous les expo-
„ser en peu de mots, comme à des Juges
„équitables. Depuis la mort des Tyrans
„rebelles que la fureur & la rage, porte-
„rent aux entreprises les plus hardies, les
„barbares, pour honorer en quelque sorte
„leurs manes impies, en répandant le
„sang Romain, parcourent la Gaule au
„mépris des traités, & comptent que les
„affaires qui nous retiennent ici, ne nous
„permettront pas de franchir les espaces
„immenses qui les séparent de nous;
„mais si votre avis se réunit au nôtre, il
„sera encore tems de rémédier à ce mal,
„qui a déjà franchi les barrières qu'on lui
„avoit

„avoit oppofées, ces nations fuperbes
„feront humiliées & les frontières de
„l'Empire refpectées. Il ne me refte qu'à
„fouhaiter que vous répondiez par des ef-
„fets à mes efpérances; après y avoir
„murement penfé, j'ai réfolu fi vous l'ap-
„prouvez, d'élever au rang de Céfar mon
„coufin Julien; fa jeuneffe, vous le favez;
„donne les plus belles efpérances, & fa
„modeftie me le fait autant chérir que fa
„qualité de parent." Un doux murmure
de la multitude qui par une forte de pref-
fentiment, fembloit dire que c'étoit là
une infpiration du ciel & non le projet
d'un homme, l'empêcha de continuer;
l'Empereur attendit tranquillement qu'on
fit filence & pourfuivit enfuite avec plus
de confiance. „Puifque ces témoignages de
„joye expriment vôtre approbation, que le
„modefte & vaillant jeune homme, dont
„il vaudroit mieux imiter les mœurs, que
„fe borner à en faire le panégyrique, fe
„leve pour recevoir l'honneur qui lui eft
„deftiné. Mon choix en tombant fur
„lui femble faire fuffifamment connoître,

G 2 „qu'un

» qu'un heureux naturel qu'il a cultivé par
» les beaux arts, l'en rend digne. Je le
» revêts donc fous le bon plaifir du ciel des
» ornemens royaux.« Auffi - tôt, il le couvrit du manteau de pourpre que fes ancêtres avoient porté, & le déclarant Céfar
aux acclamations de l'armée, il adreffa
ce difcours à Julien dont la contenance
fembloit exprimer la trifteffe plutôt que
la joye. » Mon cher frére, vous parvenez
» très-jeune encore à l'honneur dont a
» joui votre famille. Il me femble je l'a-
» voue que ma gloire s'accroit, & que l'é-
» quité avec laquelle je confére l'autorité
» fuprême à mon parent, m'éleve au deffus
» de mon rang : foyez donc le compagnon
» de mes travaux & de mes périls ; char-
» gez - vous du Gouvernement des Gaules ;
» foulagez - en par des bienfaits les parties
» qui ont fouffert des malheurs des tems.«
» S'il faut en venir aux mains avec les
» ennemis, marchez d'un pas ferme en-
» tre les enfeignes mêmes ; diftinguez-
» vous en exhortant les troupes lorfque le
» befoin l'exigera ; encouragez les com-
» bat-

„battans, mettez-vous à propos à leur
„tête, foutenez ceux qui feront ébranlés,
„cenfurez avec modération les moins
„courageux; apprenez à connoître par
„vous-même les lâches, auffi bien que les
„braves.   Allez enfin où la grandeur du
„danger préfent vous appelle, & montrez-
„vous le vaillant conducteur de vaillans
„hommes.   Nous vous affifterons avec la
„conftance, & le zéle de l'amitié, nous
„combattrons enfemble pour gouverner
„enfuite avec autant de modération que
„de fageffe l'Empire pacifié; & veuille le
„ciel nous accorder ce bonheur!   Vous
„me verrez par tout, & jamais je ne vous
„manquerai au befoin.   Partez, partez
„accompagné de tous nos vœux & défen-
„dez avec vigilance le pofte que vous
„confie la République.‟

Un bruit général fuccéda à ce difcours, les foldats frapperent leurs genoux de leurs boucliers, ce qui eft un figne
de fatisfaction, comme c'en eft un au
contraire de mécontentement & de colè-

re,

re, lorfqu'ils les frappent de leurs javelots, Il eſt incroyable qu'elle joye, ſi
l'on en excepte un petit nombre, ils témoignerent du choix qu'avoit fait Auguſte. Ils reçurent avec l'admiration
qu'il méritoit, le Céſar brillant de la pourpre impériale. Ils contemplerent longtems ſes yeux, tout à la fois beaux & terribles & les traits de ſon viſage pleins
d'ame & d'agrément; ils en préſageoient
ce qu'il seroit un jour, comme s'ils
avoient puiſé dans ces anciens livres qui
peignent le caractère d'après la phyſiono-
mie. Dans la crainte cependant que
leurs louanges ne fuſſent funeſtes à ce
Prince, ils ne les pouſſerent pas au delà
des bornes, & l'on eut dit que c'étoient
des Cenſeurs plutôt que des ſoldats, qui
les diſtribuoient.

Julien s'étant enſuite placé ſur le char
d'Auguſte arriva au palais en récitant
tout bas le vers d'Homere qui revient à
cette idée

Une

Une mort fanglante & fon puiffant deftin
l'enleva (a).

Ceci arriva le fixième de Novembre fous
le Confulat d'Arbétion, & de Lollianus.
Peu de jours après, Julien époufa Hélene
fœur de Conftance, & les préparatifs
qu'exigeoit la néceffité de partir étant
faits, il fe mit en marche le premier de
Décembre avec une fuite peu nombreufe.
Augufte l'accompagna jufqu'à cet endroit
célébre par deux colonnes qu'on voit entre Laumelle (b) & Ticinus (c), d'où il
fe rendit en droiture dans le Piémont.

Il y apprit une nouvelle qui le toucha
fenfiblement; Augufte qui la favoit, en
avoit fait myftere, pour ne pas rendre
inuti-

(a) *Hom. Liv. VI. l. v. 83.* Le Grec porte proprement. *La mort couleur de pourpre & fon puiffant
deftin l'enleva.* La couleur de la pourpre a tant de
conformité avec celle du fang, qu'Homere donne à la
mort dans une foule d'endroits l'épithète de *pour-
prée,* & c'est fans doute par allufion à la pourpre dont
il venoit d'être revêtu que JULIEN récita ce vers

(b) Aujourd'hui Lumello dans le Milanois.

(c) Pavie.

inutiles les arrangemens qu'on avoit
faits; c'eſt que Cologne ville célébre dans
la ſeconde Germanie avoit été emportée
& détruite par les effors des barbares.

Affligé de ce malheur comme d'un
triſte préſage des maux qui l'attendoient,
il ſe répandoit en plaintes, & diſoit que
tout le fruit qu'il retireroit de ſa nouvelle
dignité, c'eſt qu'il mourroit au milieu de
plus de travaux. Lorſqu'il arriva à Vienne (*a*) les habitans de tout âge & de
toute condition, auſſi bien que ceux qui
étoient venus des environs, s'empreſſerent
à honorer l'entrée d'un Prince chéri &
qu'ils obtenoient ſelon leurs vœux. Du
plus loin qu'ils le virent, ils lui
prodiguerent les noms de Général heureux & clément, & le précéderent en le
comblant d'éloges & en ſe repaiſſant du
plaiſir de le voir légitimement revêtu de
la pourpre; ſon arrrivée leur parut être
un remède puiſſant à leurs maux, & ils
eſtimerent qu'un génie bienfaiſant, avoit
pré-

(*a*) En Dauphiné.

présidé à son élection. Une vieille femme
privée de la vue, ayant appris que c'étoit
Julien qui entroit, s'écria, *c'est lui qui*
qui rétablira les temples des Dieux.

CHAPITRE IX.

De l'origine des Gaulois ; de leurs noms
de Celtes ; de Galates ; & de leurs
Docteurs.

Puisque j'entreprens comme dit Virgile,
un plus grand ouvrage, & qu'un ordre supérieur d'événemens s'offre à moi, il conviendra je crois de décrire les différentes
parties & la situation des Gaules, de
peur que parlant de choses inconnues, au
milieu d'un récit d'entreprises importantes & de divers combats, je ne ressemble
à ces navigateurs négligens, qui se voyent
obligés au milieu des flots & de la tem-
péte, de racommoder leurs voiles & leurs
cordages qu'ils auroient pu préparer à loisir.

G 5   Les

Les anciens auteurs, incertains sur l'origine des Gaulois, ne nous en ont laissé qu'une connoissance imparfaite. Mais Timagène (a) qui étoit Grec & qui avoit les talens propres à cette nation, a tiré de divers écrits bien des choses qu'on avoit longtems ignorées; m'appuyant donc sur son témoignage, après avoir écarté ce qu'il y a d'obscur dans ce sujet, je vais les exposer ici avec autant de franchise que de clarté.

Quelques-uns ont assuré, que les premiers hommes qu'on vit dans ces contrées, étoient des aborigenes appellés Celtes, du nom de leur premier Roi, & Galates, (car c'est ainsi que les Grecs nomment les Gaulois) de Galata sa mere. D'autres prétendent que les Doriens qui suivirent le plus ancien des Hercules, habiterent les bords de l'Océan. Les Druides disent qu'en effet une partie de ce peuple étoit indigéne, mais que d'autres que

(a) Grammairien d'Alexandrie, également aimé de POMPÉE & de CÉSAR. V. Suidas. Sénèque de la Colère Liv. III. Chap. 24.

que des guerres fréquentes & l'accroiffe-
ment de l'impétueux Océan chafferent de
leurs foyers, vinrent des îles les plus
éloignées & de pays, fitués au delà du
Rhin, fe joindre à eux.

Quelques-uns difent encore, qu'un
petit nombre échappés à la ruine de
Troye, pour éviter les Grecs qui étoient
répandus par tout, occuperent cette
contrée qui alors étoit déferte; fes habitans même affurent plus que perfonne, ce
que nous trouvons gravé dans leurs monumens, c'eft qu'Hercule fils d'Amphi-
trion, fe hâta de détruire les Tyrans Gé-
rion & Taurifcus dont l'un ravageoit
l'Efpagne & l'autre les Gaules, qu'il les
défit, & que du commerce qu'il eut avec
des femmes des premières familles de ce
pays, naquirent plufieurs enfans qui donnerent leurs noms aux diverfes régions
qu'ils gouvernerent; qu'un peuple Afiatique quittant enfuite Phocée (a) pour
éviter

(a) Préfentement Foches ou Foggia dans la Turquie
Afiatique.

G 6

éviter la cruauté d'Harpalus Préfet du Roi Cyrus, aborda en Italie. Une partie de ces fugitifs fonda dans la Lucanie Vélia (a), une autre Marseille dans la Viennoise (b); leurs forces s'accrurent ensuite, & ils construisirent plusieurs villes; mais ne poussons pas jusqu'au dégoût cette variété d'opinions.

Les hommes de ce pays s'étant peu à peu policés, firent fleurir les études utiles que les Bardes, les Euhages, & les Druides avoient commencé à cultiver. Les Bardes chanterent en vers héroïques au son de leurs lyres, les hauts faits des hommes célèbres. Les Euhages, tâcherent par la méditation d'expliquer l'ordre & les merveilles de la nature. Au milieu de ceux-ci se distinguoient les Druides qui réunis en société, selon la déci-

(a) Aujourd'hui Castello a mare della Brucca dans le royaume de Naples.

(b) La partie de la Gaule qu'on appelloit alors Viennoise, s'étendoit sur la rive gauche du Rhone depuis son issue du Lac Leman ou de Genève, jusqu'aux embouchures de ce fleuve dans la mer.

décifion de Pythagore, s'occupoient de queftions profondes & fublimes, s'élevoient au deffus des chofes humaines, & foutenoient l'immortalité de l'ame.

CHAPITRE X.

Des Alpes Gauloifes & des divers chemins qu'on y a faits.

On feroit tenté d'attribuer à l'art, ce que la nature a fait pour fortifier de toutes parts cette partie des Gaules qui par de hautes montagnes, & l'horreur des neiges éternelles qui les couvrent, a été autrefois prefque inconnue au refte de l'Univers, fi ce n'eft du côté des lieux qui touchent à l'Océan.

Au midi, elle a la mer de Tofcane (a), & celle de Provence. Au Septentrion, le

(a) C'eft cette partie de la Méditerranée qui eft renfermée entre la Tofcane, l'État de l'Églife, le

le-Rhin la fépare de nations féroces; la
mer & les Pyrenées l'enveloppent au couchant, elle à pour bornes & pour rempart à l'Orient les Alpes Cottienes (a).
Lorfque nous eumes dompté les Gaules,
le Roi Cottius qui d'abord fe tint renfermé dans ces défilés qu'il regardoit comme de lieux inacceffibles, s'humanifant
enfin, fut admis dans l'alliance d'Octavien,
& s'immortalifa en ouvrant aux voyageurs par d'immenfes travaux, des chemins
courts & commodes, à travers les Alpes
anciennes dont nous dirons bientôt ce que
nous en avons appris. Sur ces Alpes
Cottienes qui commencent à la ville de
Suze (b), s'élève une haute montagne
dont aucun chemin n'ouvre l'accès; fa
pente en venant des Gaules paroit douce; de l'autre côté ce font des rochers
qui

Royaume de Naples, & les Iles de Sicile, de Sar-
daigne & de Corfe.

(a) C'eft le mont Genevre où la Durance prend
fa fource peu loin de Briançon dans le Dauphiné.

(b) Dans le Marquifat de Suze en Piémont.

qui femblent fufpendus; fpectacle effrayant fur tout au printems, où les glaces & les neiges que fondent des vents chauds, fe répandent par toutes ces gorges étroites, & où des amas de bruines qui cachent les creux qu'on rencontre dans ces fombres routes font tomber les hommes, le bêtail, & les voitures. Le feul reméde qu'on oppofe à ce mal, c'eft d'employer des hommes & des bœufs qui au moyen de groffes cordes, attachées par derrière aux voitures, les tirent avec effort & les font peu à peu avancer avec moins de péril. Voilà ce qui arrive au printems.

En hyver une glace dure & polie qui rend le chemin très gliffant, force à marcher à pas précipités, & de larges fondrières répandues dans la plaine que couvre une croute perfide, engloutiffent fouvent ceux qui s'y fient.

Les perfonnes qui connoiffent ces lieux, fichent en terre, & dans les endroits furs, des perches deftinées à diriger les voyageurs dans leurs routes; mais fi l'abondance des neiges cache ces pieux,

ou

on que les torrens qui tombent des montagnes les enlevent, on ne passe que difficilement, même avec le secours des paysans qu'on prend pour guides. Du sommet de ce mont Italien, jusqu'à un endroit nommé Mars, se présente la plaine qui peut avoir sept milles d'étendüe, & de là s'éleve une autre montagne, plus roide encore, & d'un plus difficile accès, jusqu'au sommet de la Dame, nom qui lui vient de l'accident arrivé à une femme de qualité; d'ici le chemin commence à aller en pente, & devient plus commode jusqu'au fort de Virgance (a). Le tombeau du Roi qui construisit comme nous avons dit ces chemins, est près des murs de Suze.

On vénére ses manes, par deux motifs; d'un côté parce qu'il gouverna ses états avec équité; de l'autre, parce qu'ayant fait alliance avec les Romains, il fit jouir son peuple d'une paix constante.

Quoi-

(a) Briançon en Dauphiné.

Quoique la route dont nous venons de
parler soit la plus fréquentée, la plus courte, & la plus renommée, on en a fait cependant d'autres dans des tems fort anté-
rieurs. Hercule le Thebain lorsqu'il marcha, comme je l'ai dit, contre Geryon &
Tauriscus fit la première près des Alpes
qui touchent à la mer, & lui donna le nom
d'Alpes Grecques (a). Il consacra aussi
comme un monument éternel de sa gloire
la citadelle, & le port de Monaco; enfin
voici pourquoi plusieurs siècles après, on
nomma les Alpes, Alpes Pennines (b).
Lorsque P. Cornelius Scipion, père de
l'Africain, fut au secours de Sagonte
dont les habitans célébres par leurs malheurs & leur fidélité étoient vivément as-
siéges par les Africains; il passa en Espagne avec une flotte chargée de bons soldats; mais cette ville qui fut obligée de
céder

(a) Ces montagnes s'étendoient depuis le mont Cé-
nis jusqu'au Grand St. Bernard.

(b) Elles alloient du Grand St. Bernard au mont
St. Gothard.

céder à la force ayant été détruite, il se vit hors d'état de poursuivre Annibal, qui avoit passé le Rhône trois jours avant lui & prenoit sa route vers l'Italie; il navigea donc avec célérité, pour obser- ver près de Genes, ville de la Ligurie, le moment où il déboucheroit des mon- tagnes & si l'occasion s'en présentoit, pour l'attaquer dans la plaine avant qu'il put se remettre des fatigues de cette marche.

Scipion qui pensoit à tout, avertit encore Cn. Scipion son frére de se ren- dre en Espagne, pour empêcher égale- ment Asdrubal d'en sortir; mais celui- ci qui étoit aussi fin qu'actif, instruit de ce dessein par des transfuges, que des gens de Turin lui emmenerent, vint par le Tricastin (a) & par l'extrêmité de la côte des Vocontiens (b) aux défilés du pays

(a) C'est le Territoire de St. Paul de trois Cha- yeaux en Dauphiné.

(b) Peuples de la Gaule Narbonnoise. Vocante bourg aux environs de Frejus en Provence, semble conserver quelque trace de cette dénomination.

pays des Tricoriens (*a*) & s'ouvrit là une route impraticable jufqu'alors; car il tailla un roc d'une hauteur immenfe, qu'il rompit par la violence des flammes & en y répandant du vinaigre, puis il fe jetta dans l'Etrurie (*b*), après avoir paffé le fleuve tortueux & rapide de la Durance. Mais c'en eft affez fur les Alpes, paffons au refte.

CHAPITRE XI.

Defcription abrégée des Gaules & du cours du Rhône.

Ces pays, anciennement inconnus comme barbares, furent à ce qu'on croit divifés en trois parties; les Celtes qui étoient

(*a*) Le nouveau Traducteur de Pline penfe que c'eft le pays compris entre la Durance & l'Iffolet, depuis Entrebeirs, jufqu'à Collobrious Liv. III. Chap. 4.

(*b*) La Tofcane.

étoient les Gaulois, les Aquitains & les Belges, tous différens par leurs mœurs, leurs langages & leurs loix. La Garonne sépare les Gaulois qui sont les Celtes, des habitans de l'Aquitaine; elle sort des Pyrenées & après avoir passé par plusieurs villes, se jette dans la mer. Les Gaulois sont encore séparés des Belges, par la Marne & la Seine, rivières également considérables, elles traversent le Lionnois, se joignent après avoir environné comme une île, le Château des Parisiens nommé Lutece, & roulant ensuite leurs eaux réunies, elles vont au loin se perdre dans la mer près du fort de Constance.

Les Belges passoient pour être de tous ces peuples, les plus vaillans, parce que n'étant ni civilisés ni efféminés par les plaisirs étrangers, ils combattirent longtems contre les Germains qui sont au delà du Rhin.

Les habitans de l'Aquitaine au contraire, chez lesquels le voisinage & les agrémens de leurs côtes faisoient aborder

des

des marchandifes étrangères, s'amolli-
rent bientôt & fubirent le joug des Romains.

. Toutes les Gaules, depuis la conquête
qu'en fit Jules Céfar, furent partagées en
quatre Gouvernemens. La Narbonnoife
étoit le premier, il avoit fous lui le
Viennois & le Lionnois. Le fecond comprenoit toutes les Aquitaines. Le troifième les deux Germanies; & les Belges
le quatrième. Mais à préfent les Provinces comprifes dans toute l'étenduë des
Gaules font, la feconde Germanie (la
première commençant à l'Occident) qui
a Cologne & Tongres, villes confidérables & opulentes. La première Germanie, où l'on trouve, outre plufieurs villes municipales, Mayence, Worms,
Spire & Strasbourg célébres par la défaite qu'y effuyerent les barbares. Vient
enfuite la première Belgique, elle s'étend
jufqu'à Metz & à Treves, où les Princes
font leur réfidence. La feconde Belgique lui eft limitrophe, elle renferme
Amiens qui mérite d'être remarquée,
Cha-

Chalons fur Marne & Rheims. Les principales villes des Sequanois font Befançon & Basle. Lion, Chalons fur Saône, Sens, Bourges & Autun dont les murailles font fi anciennes, embellissent la première Lionnoise. Tour & Rouen, Evreux & Troyes font dans la feconde. Les Alpes Grecques & Pennines ont outre des villes moins connuës, Avenche (*a*), déferte à la vérité, mais qui doit avoir eû autrefois de la réputation à en juger par les ruines de fes édifices. Ce font là les villes & les provinces les plus diftinguées des Gaules.

Dans l'Aquitaine qui eft du côté des Pyrenées, & de cette partie de la mer qui touche à l'Efpagne, la première Province Aquitanique renferme de grandes & belles cités, fans parler de plufieurs autres, Bourdeaux, Clermont, Saintes & Poitiers s'y diftinguent, Aufch & Bazas font honneur à la Novempopulane.

(*a*) Entre Berne & Fribourg en Suiffe.

ne (*a*). Eufes, Narbonne, Touloufe, font les
premières villes de la Narbonnoife. La
Viennoife à plufieurs belles cités telles
que Viennes même, Arles, Valence, auxquelles on joint Marfeilles dont l'alliance,
à ce qui paroit par l'hiftoire, a fouvent été
utile aux Romains dans des circonftances
périlleufes. Aix, Nice, Antibes, &
les Iles Hieres, font dans le voifinage.

L'hiftoire que je décris, m'appellant à
parler de tant d'objets divers, il me pa-
roitroit abfurde & contraire à l'ordre,
de paffer fous filence ce fleuve fi célébre
& connu fous le nom de Rhône.

Abondant dès fa fource, il fort des
Alpes Pennines, remplit de fon propre vo-
lume fon lit, defcend avec impétuofité
dans la plaine, & fe jette enfuite dans un
lac nommé Leman (*b*) qu'il traverfe fans
fe confondre jamais avec lui, mais cher-
chant de l'autre côté une iffue, il coule
au

(*a*) C'étoit la partie de l'Aquitaine qui fe trouvoit
entre la Garonne & les Pyrenées.

(*b*) C'eft le Lac de Genéve.

au deſſus d'eaux moins rapides, & s'ouvre avec violence un paſſage. De là ſans
cauſer le moindre dommage, il parcourt
la Savoye & le pays des Sequaniens (a),
& ſe répandant au loin, il arroſe à gauche la Viennoiſe, & à droite la Lion-
noiſe; puis il traverſe des eſpaces tortueux & donne ſon nom à l'Ar nommé
autrement la Saone, qui coule dans la
première Germanie, où eſt proprement
le commencement des Gaules, & où l'on
ne compte plus le chemin par milles,
mais par lieues. Ici le Rhône enrichi du
tribut d'autres rivières, porte de gros
navires qui ſont ſouvent le jouet des vents;
enfin après avoir parcouru les lieux que la
nature lui a marqués, à peu près à dix-
huit milles d'Arles, il joint par un large
détroit appellé les gros du Rhône, ſon
onde écumante à la mer. C'en eſt aſſez
ſur la poſition des lieux, venons à la figure & aux mœurs des Gaulois.

(a) La Franche Comté.

CHA-

CHAPITRE XII.

Des mœurs des Gaulois.

Les Gaulois font prefque tous blancs &
de haute taille; ils ont les cheveux blonds,
le regard farouche, aiment les querelles, &
font démefurément vains. Plufieurs étrangers réunis, ne pourroient pas foutenir l'effort d'un feul d'entr'eux avec qui ils prendroient querelle, s'il appelloit à fon fecours fa femme qui l'emporte encore fur lui
& par fa vigueur & par fes yeux hagards.
Elle feroit redoutable fur tout, fi en-
flant fon gofier & grinçant des dents elle
s'apprétoit de fes bras forts, & auffi blancs
que la neige, à jouer des pieds & des poings,
pour en donner des coups auffi vigoureux,
que s'ils partoient d'une catapulte. Ils ont
pour la plufpart, la voix effrayante & me-
naçante, lors même qu'ils ne font pas en
colère. Ils font généralement cas de la
propreté; dans ces contrées, fur tout

Tome I.   H   chez

chez les habitans de l'Aquitaine, vous ne trouverez pas comme ailleurs un homme, ou une femme, quelques pauvres qu'ils soient, qui ait des vêtemens sales, ou déchirés.

A tout âge ils sont propres à la guerre; le vieillard-y-va avec autant de courage que la jeunesse; endurcis par le froid & le travail, ils méprisent tous les dangers; aucun d'eux ne s'est jamais coupé le pouce, comme en Italie, pour se soustraire aux fatigues de Mars; aussi appellent ils en badinant ces gens là, des Murcons (a).

Ils aiment le vin à la passion & tachent de l'imiter par diverses boissons. On voit chez eux le bas peuple courir çà & là, dans un état d'yvresse que Caton à définie, une espèce de fureur volontaire, ce qui confirme ce qu'à dit Cicéron en défendant Fonteius, que les Gaulois *en boiront leur vin plus trempé, eux qui auroient cru s'empoisonner en y mêlant de l'eau.*

(a) D'un vieux mot qui signifioit mutiler.

l'eau. Ces régions & sur tout celles qui confinent à l'Italie, ont passé successivement, & sans de grands efforts, sous la domination des Romains. Le premier essay en fut fait par Fulvius (a); fatiguées ensuite par les petits combats que leur livra Sextius (b), elles furent enfin vaincues par Fabius Maximus. Le succès de cette entreprise qui fut décidé par la défaite entière des Allobroges, la plus rebelle de ces Nations, lui en mérita le surnom (c). Car César après une guerre de dix années & des pertes réciproques, subjugua & nous attacha selon Saluste par une alliance éternelle, toutes les Gaules, à l'exception de celles que des marais rendoient inaccessibles. Mais je me suis trop écarté, revenons à notre sujet.

(a) M. Fulvius Flaccus. *V. Tite - Live Ep. LX.*

(b) Sextius Calvinus. *V. Vellejus Paterc. Liv. I. Chap.* 15.

(c) *V. Valere Maxime Liv. VI. Chap.* 9. §. 4. *Vellejus Paterc. Liv, XI. Chap.* 10. *Florus Liv. III. Chap.* 2.

H 2   CHA-

CHAPITRE XIII.

De Muſonien Préfet du Prétoire en Orient.

Après qu'une mort cruelle eut terminé les jours de Domitien, Muſonien qui lui ſuccèda, gouverna l'Orient en qualité de Préfet du Prétoire. Renommé pour la connoiſſance qu'il avoit de la langue grécque & latine, il jouit de plus de gloire qu'il n'avoit lieu d'eſpérer. Conſtantin qui vouloit s'inſtruire à fond de la ſecte de Manichéens & d'autres ſemblables, ne trouvant perſonne qui fut propre à les lui faire connoître, le choiſit pour cela, ſur le témoignage avantageux qu'on lui rendit de ſa capacité. Le ſuccès avec lequel il s'en acquitta, lui valut le ſurnom de Muſonien, à la place du nom de Stratégius qu'il portoit auparavant; de là, s'élévant de grade en grade, il parvint à la préfecture; il étoit d'ailleurs ſage,

agréa-

agréable aux Provinces, doux & caref-
fant; mais dominé par un sordide intérêt, il saisissoit toutes les occasions de
gagner, & ce qui est sur tout détestable,
il profitoit des embarras des procès pour
satisfaire sa passion.   On en eut une
preuve, dans les recherches qu'on fit à
l'occasion de la mort de Théophile que
livra la trahison du César Gallus, & que
la populace en fureur mit en pièces. Les
pauvres qui lorsqu'on commit cette horrible action, étoient absens, comme on le
prouva, furent condamnés, & les riches,
seuls coupables, ne furent que dépouillés
de leurs biens & renvoyés absous. Prof-
per égaloit à cet égard Musonien.   Il
gouvernoit les Gaulois & faisoit l'office
de Général de la cavalerie, plein de baf-
sesse & de lacheté, & comme dit Plaute
méprisant l'art de voler sous main (a), il
pilloit à découvert.   D'accord entr'eux,
ils s'aiderent mutuellement à s'enrichir.
Les Chefs des Perses voisins des fleuves,
                                             pro-

(a) *Epidi. Act I. Sc. 1.*

H 3

profiterent de l'éloignement de leur Roi qui étoit occupé sur les frontières, pour inquiéter audacieusement les nôtres, par des corps de pillards, qui tantôt tomboient sur l'Arménie, tantôt sur la Mésopotamie, pendant que les Gouverneurs Romains, ne pensoient qu'à s'approprier les dépouilles des sujets.

AM-

AMMIEN MARCELLIN.
LIVRE XVI.

CHAPITRE I.
Éloge du César Julien.

Tandis que les destinées faisoient passer l'Empire Romain par cette suite de révolutions, le César fut créé Consul à Vienne, par Auguste qui l'étoit pour la huitiéme fois; ce jeune Prince dont l'ame naturellement hardie s'occupoit nuit & jour du tumulte des combats & de la défaite des barbares, ne pensoit qu'à profiter de la première occasion pour réunir toutes les parties qu'on avoit détachées des Provinces. Les grandes choses qu'il eut le courage & le bonheur d'exécuter dans les Gaules, l'emportant sur quantité de faits célébrés par l'anti-

H 4 quité,

quité, j'employerai tout ce que j'ai de talens à les expofer avec ordre.

Ce que j'en dirai fera, non l'ouvrage d'une ingénieufe impofture, mais l'expreffion de la vérité même appuyée fur de bons témoignages, & approchera en quelque forte du genre du Panégyrique.

Il paroît que ce Prince fut animé depuis fon enfance jufqu'à fon dernier moment, du défir invariable de conformer toutes fes actions aux loix de la fageffe; car par les plus rapidés accroiffemens, il fe diftingua fi fort, foit dans la paix, foit dans la guerre, que fa prudence l'égala à Titus fils de Vefpafien, & le cours glorieux de fes exploits, à Trajan. Il eut la clémence d'Antonin, & fe propofant pour modèle les mœurs & la conduite de Marc-Aurèle, il lui reffembla par le foin qu'il prit de cultiver & de perfectionner fa raifon; & bien qu'il en foit fuivant Cicéron (a), de la perfection à laquelle

on

(a) Dans fon traité de l'Orateur adreffé à Brutus. Ch. 43.

on a porté les beaux arts, précisément
de même, que de ces arbres dont l'extrême hauteur fait éprouver une satisfaction
que ne nous causent, ni leurs troncs ni
leurs rejettons; on peut dire pourtant
que les premiers traits de cette ame hé-
roïque, que tant de nuages cacherent
d'abord, mériteroient d'être préférés à
tout ce que ce Prince fit de glorieux dans
la suite, par la raison qu'élevé dans sa première jeuneffe comme Érechtée (a), dans
le sanctuaire de Minerve, & tiré, non
d'une tente militaire, mais de la vie
obscure & privée de l'Académie, pour
passer au champ de Mars; après avoir
vaincu l'Allemagne, & pacifié les contrées qu'arrosent les froides eaux du
Rhin; tantôt il répandit le sang de Rois
qui ne respiroient que carnage, tantôt il
les chargea de fers.

(a) Voy. Hygin. Fabl. CLXVI.

CHA-

CHAPITRE II.

Julien attaque les Allemands, qu'il bat,
disperse, ou fait prisonniers.

Au milieu des soins qui l'occuperent
pendant cet hyver à Vienne, il apprit
par les avis fréquens qu'il recevoit, qu'Autun (a), ville dont les murailles étoient
fort étendues, mais que le laps du tems
avoit ruinées, ayant été inopinément attaquée par les barbares, & la garnison qui
s'y trouvoit, manquant de courage, les
Vétérans, comme il arrive lorsque réduit
au désespoir on repousse des dangers im-
prévus, étoient accourus & l'avoient
vaillament défendue. Sans perdre de
tems, & sourd à la basse adulation de
ceux qui l'environnoient, & qui faisoient
tous leurs efforts pour l'amollir; dès qu'il
eut fait les préparatifs suffisans, il se rendit

(a). En Bourgogne.

dit le 24. de Juin dans cette ville. Tel
qu'un vieux Capitaine, il montra tant
d'intelligence & de bravoure pendant
cette marche, qu'à chaque inftant il auroit pû, s'il l'avoit fallu, en venir aux
mains avec les barbares répandus de différens côtés.

Tenant enfuite confeil avec ceux qui
connoiffoient le pays, fur la route qu'il
convenoit de prendre, on parla beaucoup; les uns vouloient qu'on marchât
par Arbor.... d'autres par Sédelaucus (a);
& Cora (b); mais quelques-uns ayant
dit que Sylvain Général d'Infanterie avoit
paffé, non fans peine peu auparavant,
avec un corps de huit mille auxiliaires par
un chemin plus court, mais dangereux à
caufe des épaiffes forêts qui le couvrent,
c'en fut affez pour l'animer à fuivre
l'exemple de ce vaillant officier.

Ne-

_____

(a) *Saulieu* petite ville en Bourgogne à fix lieues
d'Autun.

(a) *Cure* village fur la rivière de ce nom, elle
coule fur les confins de la Bourgogne & du Nivernois.

H 6

Ne prenant donc avec lui que des
Cuiraſſiers (a) & des Archers (b) troupes
peu propres à défendre un Général, il
parcourut en diligence ce chemin & vint
à Auxerre (c); après y avoir, ſelon ſa
coutume, donné quelque repos au ſoldat,
il prit la route de Troyes; pendant la
marche il renforça ſes flancs & obſerva
ſoigneuſement les mouvemens des barbares qu'il ſuppoſoit plus nombreux qu'ils
n'étoient en effet, & qui fondoient par pelotons ſur lui; tantôt il occupoit des poſtes
avantageux d'où il écraſoit ſans peine les ennemis; tantôt il en faiſoit priſonniers quel-
ques-

(a) L'original porte les *Cataphractaires* & les *Bal-*
liſſaires. J'ai crû devoir rendre ces termes par quelque choſe d'équivalent. Les *Cataphractaires* étoient
des Cavaliers armés de toutes pièces; & couverts de
fer auſſi bien que leurs chevaux. *Tite - Live*
Liv. XXXV. Chap. 48. & Liv. XXXVII. Chap. 40.
parle déjà de cette eſpèce de troupes. *Voy. encore*
Pitiſcus. Saumaiſe ſur la vie d'Aurélien par Vopiſcus.

(b) *Juſte - Lipſe. Polivcert. Liv. III. Dial. 3.*
croit qu'il s'agit ici de Frondeurs ou d'Arbalétriers.
Voy. ſur les Balliſſaires, Pitiſcus, & la Notice de
l'Empire.

(c) En Bourgogne.

ques-uns que la frayeur lui livroit. Il laissa les autres s'échapper, parceque le poids des armes ne permettoit pas à nos gens de les poursuivre. Cet heureux début lui fit espérer qu'il tiendroit tête à cet ennemi, & après bien des dangers, il se présenta si inopinément aux portes de Troyes, que les habitans glacés d'effroy à cause de cette multitude de barbares répandus autour de leur ville, ne lui ouvrirent qu'en tremblant.

Il ne s'y arrêta que le tems qu'il fallut pour refaire un peu ses troupes, & se rendit promtement à Rheims où il avoit ordonné à son armée de se rassembler & de l'attendre.

Marcel successeur d'Ursicin la commandoit; Ursicin qui avoit eu ordre de rester là jusqu'à la fin de l'expédition, s'y trouvoit aussi. Après bien des délibérations, on résolut enfin d'attaquer les Allemands par Dieuze (a); le soldat serra ses rangs & marcha plus gayement que de coutume.

Les

(a) Dans la Lorraine.

H 7

Les ennemis profiterent de la connoiffance qu'ils avoient de ces lieux & d'un
brouillard qui empêchoit de diftinguer les
objets les plus voifins, pour tomber par
un fentier détourné fur l'arrière-garde
de Julien; ils auroient prefque entiérement détruit deux légions qui fermoient
la marche, fi le bruit qu'occafiona cette
attaque n'eut fait venir les troupes des
alliés au fecours. Depuis ce moment
Julien fut toujours fi circonfpect & fi prévoyant, qu'on le vit dans toutes fes marches, & à chaque paffage de rivière, fe
conduire comme s'il avoit quelques embuches à craindre; qualité excellente dans
les grands Capitaines, & qui affure fouvent le falut d'une armée. Apprenant
donc que Strasbourg, Brumat, Saverne,
Seltz, Spire, Worms & Mayence étoient
entre les mains des barbares, & qu'ils en
occupoient les dehors (car ils craignent
le féjour des villes qu'ils regardent comme des tombeaux où l'on s'enferme tout
vivant) la première de ces places dont il
s'empara fut Brumat. Comme il en ap-
pro-

prochoit, un corps de Germains se présenta pour l'attaquer; mais il rangea
aussi-tôt son armée en croissant, & dès le
premier choc, les ennemis qui se virent
pressés de deux côtés, prirent la fuite,
quelques-uns des leurs ayant été faits
prisonniers, & d'autres ayant péri dans
le combat.

CHAPITRE III.

*Julien reprend Cologne & y fait la paix
avec les Rois des Francs.*

Comme rien ne s'opposoit plus à ses entreprises, il marcha pour reprendre Cologne qui avoit été détruite avant son arrivée dans les Gaules. On ne trouve
dans ces quartiers ni villes ni châteaux,
excepté près de Coblens (a) (ainsi nommé
par-

(a) Du latin *Confluens*, Confluent, c'est l'endroit où
se joignent deux rivières.

parce que la Moſelle s'y joint au Rhin)
où eſt Rheinmagen (a) & une tour près
de Cologne même. Il entra donc dans
cette derniére, & la terreur qu'il inſpi-
roit aux Rois Francs affoibliſſant la rage
de ces peuples, il ne ſortit pas de cette
ville, avant d'avoir non ſeulement procuré
à la République une paix avantageuſe,
mais encore aſſuré la poſſeſſion de cette
importante place. Content de ces premiers ſuccès, il paſſa par Tréves, pour
hyverner à Sens (b) qui étoit alors une
ville très-commode. Il n'y fut pas dans
l'inaction, accablé pour ainſi dire ſous le
poids de toutes les guerres qui ſe prépa-
roient, il ſe vit encore obligé de s'occuper d'objets ſans nombre, comme du
ſoin de placer dans des lieux où on craignoit des ſurpriſes, les ſoldats qui avoient
quitté leurs anciens poſtes, de diſſiper les
nations qui conſpiroient à la perte du
nom Romain, & de pourvoir à la ſubſiſ-
tance

(a) Dans le Duché de Juliers.

(b) En Champagne.

tance d'une armée qui avoit d'immenfes efpaces à parcourir.

CHAPITRE IV.

Julien eft affiégé à Sens par les Allemands.

Au milieu de tous ces travaux, il fut attaqué par une multitude d'ennemis qu'animoit l'efpoir de s'emparer de la ville; & ils comptoient d'autant plus de réuffir qu'ils favoient par le rapport des transfuges qu'il n'avoit auprès de lui ni les Scutaires, ni les Gentils, répandus dans les places municipales pour la commodité de la fubfiftance. Comme.... (*a*) ayant donc fermé les portes & fortifié la partie des murailles qui étoit peu fure, on le voyoit nuit & jour avec les foldats entre les tours & les crénaux, grinçant des dents

(*a*) Il y a ici une lacune dans l'original.

dents lorfqu'il ne pouvoit pas exécuter
avec fa foible garnifon, tout ce que fa valeur ofoit tenter. Enfin après trente
jours de fiége, les barbares fe retirerent
abattus, & avouant tout bas que c'étoit
en vain & follement qu'ils avoient formé
cette entreprife. Il eft à remarquer que
Marcel Général de la Cavalerie qui fe
trouvoit dans le voifinage, commit l'in-
dignité de laiffer le Céfar expofé à ce
danger, fans daigner le fécourir, tandis
qu'il auroit dû, le Prince eût-il même
été abfent, voler à la défenfe de cette
place, & la fouftraire aux maux qui la
menaçoient. L'actif Julien, dès qu'il fut
délivré de cet embarras, ne penfa qu'à
réparer les forces de fes foldats en leur
accordant le repos néceffaire; exténués
par la mifére ils ne trouvoient dans ce
pays fi fouvent dévafté, que peu d'alimens convenables; mais la diligence attentive du Prince rémédia encore à ee
mal, & l'efpoir de tems plus heureux
encouragea les troupes à de nouvelles
entreprifes.

CHA-

CHAPITRE V.

Vertus de Julien.

Dabord ce qui n'eſt pas fort aiſé, il ſe fit un devoir de vivre toujours avec autant de tempérance, que s'il eut été aſtreint à ces loix ſomptuaires tirées des ordonnances de Lycurgue & de Solon, qu'on obſerva aſſez longtems à Rome, & que Sylla (a) le Dictateur releva de la décadence où elles alloient tomber; Julien penſoit avec Démocrite que les repas ſplendides ſont un beſoin pour le luxe; & que la vertu n'en demande que de ſobres.

(a) Voyez Aulu-Gelle Liv. II. Chap. 24. Plutarque obſerve encore dans la vie de Sylla, qu'il viola la loi qu'il avoit faite pour modérer l'exceſſive dépenſe des funérailles, & que rien n'égala la magnificence des obſèques qu'il fit à ſa femme Metella; il ne s'écarta pas moins auſſi des réglemens qu'il avoit dreſſés pour ramener les repas & les feſtins à l'ancienne ſimplicité.

bres. C'eſt auſſi avec beaucoup de raiſon que Caton de Tuſculum (a) à qui la
ſageſſe de ſa conduite à fait donner le
ſurnom de Cenſeur, a, dit, *s'occuper
beaucoup de la table, c'eſt négliger beaucoup la vertu.* Enfin comme il liſoit
ſouvent un petit livre que Conſtance,
lorſqu'il l'envoya faire ſes études lui avoit
adreſſé, & dans lequel il déterminoit
avec trop de profuſion ce qui devoit paroître ſur ſa table; il défendit d'exiger &
de lui ſervir, le phaiſan (b), les poitrines
& les tettines de truie (c), content comme le dernier des ſoldats, des mets ſim-
ples que le hazard lui fourniſſoit.

Delà

(a) *Fraſcati* dans l'état de l'Égliſe en Italie, répond
aſſez à la ſituation de Tuſculum. *Voyez ſur la tempérance & la frugalité de Caton VALERE MA-
XIME. Liv. IV. Chap. 3. §. 2. & Plutarque.*

(b) *Voy. ſur cet oiſeau Pitiſcus.*

(c) *Pline Liv. VIII. Chap. 51.* „On trouve
„dans les régiſtres des cenſeurs, des pages entiéres
„de reglemens portant défenſes de ſervir dans les feſ-
„tins pluſieurs friandiſes tirées du pourceau mâle ou
„femelle, telles que des tettines, des glandes, des
„béatilles, des matrices & des fronts de hure.

Delà vint qn'il partagea fes nuits en trois parties, dont il donnoit l'une au repos, la feconde aux affaires, & la troifième au commerces des Mufes, comme le faifoit Alexandre le Grand, quoique d'une façon moins mâle. Car ce Prince tenoit de fa main étendue hors du lit, une boule d'argent qui lorfque le fommeil avoit relaché fes membres, le reveilloit par le bruit qu'elle faifoit, en tombant dans un baffin d'airain. Julien au contraire, fe réveilloit auffi fouvent qu'il le vouloit, fans le fecours d'aucun artifice, & fe levant toujours au milieu de la nuit, non de deffus des lits de duvet ou de couvertures de foye brillamment colorées, mais d'un tapis & d'une peau d'ours que le peuple appelle fifurne, il facrifioit en cachette à Mercure que la Théologie dit être l'intelligence la plus active du monde & celle qui imprime du mouvement aux penfées.

Au milieu d'une auffi grande abftinence, il donnoit toute fon attention aux affaires de la République. Après s'en être
oc-

occupé comme d'objets importans & fé-
'rieux, il confacroit le refte du tems à la
culture de fon efprit.   Il eft incroyable
à quel point l'ardeur d'approfondir les
chofes les plus élevées, l'animoit; comme s'il eut cherché des alimens propres à nourrir fon ame brulante du defir de s'élever aux connoiffances les plus
fublimes, il parcouroit toutes les parties de la Philofophie & les difcutoit murement.   Mais tout en fe livrant avec
contention à ces graves méditations, il ne
négligeoit pas les fciences moins férieufes; il s'appliqua paffablement encore à
la Poéfie, à la Rhétorique, (ce qu'indique le ftyle enjoué quoique toujours dé-
cent de fes difcours & de fes lettres) à
l'hiftoire de fon pays & à celle des autres
nations. Joignez à cela que lorfqu'il trai-
toit quelque fujet en latin, il s'en aquit-
toit affez bien.   S'il eft vrai comme on
le dit de (a) Cyrus, Roi de Perfe, du
Poëte

(a) *Pline Liv. VII. Chap. 24.   Cic. de l'Orat.*
Liv. II. Chap. 86. & fur Hippias Liv. III. Ch. 32.

Poëte Lyrique Simonide, & du fubtil
Sophifte Hippias d'Elée, qu'ils avoient
acquis une prodigieufe mémoire par l'u-
fage de quelque boiffon, on pourroit foup-
çonner Julien d'avoir, épuifé jufqu'à la
derniére goute le tonneau qui renferme
la mémoire, fi ce tonneau a jamais
exifté (a). Cette façon de s'occuper
ainfi pendant la nuit, prouve donc fa
chafteté & fes vertus. Nous ferons connoître à mefure que les circonftances l'e-
xigeront, comment fes journées étoient
remplies, ce qu'il dit d'agréable & d'élé-
gant, de quelle maniére il fe comporta
avant & durant les combats, aufli bien
que les changemens avantageux qu'il fit
avec autant de courage que de liberté,
dans les affaires civiles. Philofophe, &
fe voyant appellé comme Prince aux exercices militaires, & à apprendre au fon
des inftrumens, l'art de marcher plus en
cadence, il s'appliquoit tout haut l'ancien

(a) Lindenbrug croit qu'Ammien fait allufion ici
à l'hiftoire de Pandore rapportée par Héfiode.

eïen proverbe & nommoit fréquemment Platon; *On met*, difoit il, *un bât fur un bœuf, ce n'eft affurément pas là le fardeau qui nous convient.*

Les agens de l'Empereur ayant été admis dans le confeil pour y recevoir de l'or, l'un d'eux préfenta contre l'ufage fes deux mains au lieu du pan de fa robe, Julien dit à cette occafion, *„les gens d'affaires raviffent & ne reçoivent pas.* Sur les plaintes que lui firent des gens, contre un homme qui avoit violé leur fille, il ordonna, après qu'on eut convaincu l'accufé, de l'exiler; mais ceux-ci peu contents de cet arrêt vouloient qu'on mit le coupable à mort. *„Que les loix,* leur dit-il, *condamnent ma clémence, il faut qu'un Prince foit humain, & qu'il tèmpére leur rigueur.* Partant pour une expédition, il renvoya à l'examen des Gouverneurs de Province, plufieurs perfonnes qui fe plaignoient d'avoir été lézées; après s'être informé à fon retour de ce que chacun avoit commis, il mitigea par la bonté, les châtimens que méritoient les

dé-

délits. Enfin, outre fes victoires par
lefquelles il chaffa plus d'une fois avec autant de bravoure que de fuccès les barbares toujours difpofés à remuer, une preuve
incontestable qu'il foulagea les Gaules réduites à la derniére mifére, c'est qu'il
trouva à fon entrée dans ce pays, qu'on
exigeoit pour chaque tête un impôt de
vint cinq pièces d'or, & à fon départ il
avoit réduit à fept, tous les objets des charges. Auffi ces peuples le regardoient-ils
dans les tranfports de leur joye comme
un aftre bienfaifant, qui paroiffoit après de
fombres ténébres. Difons encore qu'il
obferva fcrupuleufement & avec fruit jufqu'à la fin de fa vie, de ne jamais difpen-
fer par ce qu'on appelle indulgences, des
arrérages des Tributs. Il n'ignoroit pas
que c'étoit un moyen fur, d'augmenter
la fortune des riches : puifqu'il eft connu,
que ce font toujours les pauvres qu'on
force à payer fans délai, dès les premiers
momens de l'impofition.

Cependant au milieu de ces principes de
modération qu'il fuivoit dans le gouverne-

Tome I. I ment,

-ment, & que les bòns Princes dévrojent
imiter à l'envi; la fureur des barbares
s'étoit accrue. Tels que des bêtes féroces
qui s'accoutument à vivre de rapine par
la négligence de leurs gardiens, & qui
n'y renoncent pas même lorsqu'on leur en
donne de meilleurs, mais tombent fur les
troupeaux felon que le befoin les y incite,
& aux rifques d'y perdre leur vie;
de même ceux-ci après avoir confommé
tout ce qu'ils avoient ravi, & preffés par
la faim, enlevoient encore de tems en
tems des proyes; quelquefois auffi ils pé-
riffoient, avant d'en rencontrer.

CHAPITRE VI.

Le Consul Arbétion est accusé & absous.

Telle fut l'heureufe révolution qui fe
fit cette année dans les Gaules, malgré les
apparences qui d'abord étoient peu favorables. Mais à la cour d'Augufte les cris
de l'envie accuferent hautement Arbétion,

de

de s'être fait faire les ornemens Impé-
riaux, comme s'il alloit obtenir l'Empire.
Le Comte Vériſſime pourſuivoit cet Officier & lui attribuoit des choſes atroces;
il lui reprochoit ouvertement, que non
content d'être parvenu de ſimple ſoldat,
au premier grade militaire, il oſoit pen-
ſer à s'emparer du rang ſuprême. Arbétion étoit encore plus particulièrement
perſécuté par un certain Dorus, autrefois médecin des Scutaires, & qui ayant
obtenu ſous Magnence l'emploi de Centurion des ſtatues & autres ornemens (a)
de Rome, imputa comme je l'ai dit, au
Préfet de la ville Adelphius, d'aſpirer au
thrône. Lorſqu'on en vint aux recherches, & que les choſes en furent au point
qu'on n'attendoit plus que la preuve;
tout à coup, ſi l'on en croit le bruit public, les accuſés aux inſtances des Cham-
bel-

(a) L'office de cette ſorte de Centurions étoit de
veiller ſur les ſtatues & autres ornemens de marbre
ou d'airain répandus dans la ville & d'empêcher qu'on
les briſât. *Voyez les Frères Valois.*

bellans, furent délivrés de leurs fers,
Dorus disparut & Vériſſime se tût, à peu
près comme lorsque la toile du théatre
s'abat.

CHAPITRE VII.

Euthérius Chambellan de Julien, le dé-
fend devant Conſtance contre Marcel.
Éloge d'Euthérius.

Sur ces entrefaites, Conſtance à qui l'on
avoit rapporté que Marcel n'avoit donné
aucun ſecours à Julien lorsqu'il étoit aſ-
ſiégé dans Sens, ôta le commandement
à cet officier & le renvoya chez lui. Cet
homme, piqué de ce procédé comme
d'une ſouveraine injuſtice, & comptant
ſur l'attention que donnoit l'Empereur à
tout ce qu'on lui diſoit à la charge de
quelqu'un, trama contre Julien; c'eſt ce qui
engagea le Prince à envoyer après lui lorſqu'il partit, le Chambellan Euthérius, pour
qu'il

qu'il fut à portée de diffiper les fauffetés que Marcel pourroit débirer. Celui-ci qui ignoroit qu'il étoit fuivi, arriva donc bientôt à Milan & faifant grand bruit, car il étoit impétueux & bavard, dès qu'il fut dans le Confeil, il accufa Julien d'infolence, & donna à entendre en gefticulant beaucoup, que ce Prince fe préparoit à prendre bientôt un plus grand effor. Comme il pouffoit ces difcours au delà des bornes, Euthérius qui obtint la permiffion de paroître & de parler, diffipa avec autant de décence que de retenue les menfongés qui enveloppoient la vérité. Il dit que pendant que Marcel étoit refté malicieufement dans l'inaction, (& perfonne n'en doutoit); Julien affiégé dans Sens, avoit avec l'activité la plus fage repouffé les barbares, & qu'il répondoit fur fa tête de l'attachement inviolable de fon Prince, aux intérêts de Conftance.

L'occafion m'invite à entrer fur cet Euthérius, dans quelques détails qui paroîtront peut-être peu croyables, par la raifon qu'on revoqueroit en doute, fuf-

fent

sent elles même appuyées de sermens,
les chofes que Numa Pompilius, ou So-
crates diroient à l'avantage d'un Eunuque.
Mais il nait des rofes au milieu des épi-
nes, & parmi les animaux les plus farouches, il s'en trouve de doux. Je dirai
donc un mot de ce que j'ai appris des
bonnes qualités de cet homme. Il naquit en Arménie d'une famille libre, & fut
pris dans fon enfance par des ennemis qui
infeftoient les frontiéres.

On le fit Eunuque; vendu enfuite à
des marchands Romains, il fut conduit
au palais de Conftantin. A mefure qu'il
avança en âge, il fit paroître de l'efprit &
fe conduifit bien; inftruit autant qu'il
convenoit à fon état, il fe diftingua par
le rare talent de débrouiller les affaires
douteufes, & embaraffées.

Sa mémoire étoit prodigieufe; il étoit
avide des occafions de faire du bien, &
plein de bons confeils; auffi Conftance
n'auroit il jamais commis que des fautes
dignes d'indulgence, s'il avoit toujours
fuivi les exhortations droites & honnêtes
de

de cet homme. Sa qualité de Chambellan
de Julien lui fournit l'occasion de corriger
quelquefois ce Prince, de la légéreté que
les mœurs ardentes des Asiatiques lui
avoient fait contracter. Tiré de la vie
tranquille qu'il avoit embrassée, & rappellé à la Cour, il soutint toujours ce caractère de modération & de probité, &
y pratiqua ces vertus, au point qu'il n'y
à pas d'exemple qu'il ait jamais trahi un
secret, à moins que ce n'ait été pour as-
furer le salut de quelqu'un, ou qu'il ait
été dévoré comme les autres de la passion
de s'enrichir. De là vient aussi que lorsqu'il se retira dans la suite à Rome pour
y passer le reste de ses jours; sa bonne
conscience qui l'y accompagna, le fit ai-
mer & estimer de tous les ordres, tandis
que pour l'ordinaire des hommes de cette
espèce, après avoir acquis des richesses
par des voyes indignes, tels que des hi-
boux, recherchent les ténébres, & re-
doutent les regards des malheureux qu'ils
ont véxés.

I 4

En

En repaffant plufieurs fois ce que l'hiftoire nous a tranfmis des anciens Eunuques, il ne m'a pas été poffible d'en trouver un feul qui pût lui être comparé. Il
en eft un petit nombre, je le fais, qui
ont été fidéles & honnêtes, mais cependant toujours entichés de quelque vice:
parmi les bonnes qualités que chacun d'eux
tenoit de la nature, ou de l'éducation,
tantôt c'étoit l'avidité ou la rufticité qui
dominoit; tantôt un penchant plus déeidé
à nuire, ou une baffe adulation pour leur
maître, ou enfin l'infolence d'un orgueil
nourri par le pouvoir; mais j'avoue d'après
les témoignages fans nombre de mes con-
temporains, que ni la lecture, ni la conver-
fation ne m'en ont préfenté aucun, qui fut
auffi eftimable par tant d'en droits, que le
fut Euthérius; que fi un lecteur verfé dans
l'hiftoire ancienne, m'objectoit Ménophile
Eunuque de Mithridate Roi du Pont,
je le prierois de fe rappeller que la feule
chofe qu'on obferve fur fon fujet, c'eft la
belle action qu'il fit étant dans le danger
le plus éminent. Son maître vaincu par

les

les Romains & par Pompée, & fuyant dans
la Colchide, laiffa entre fes mains dans
le fort de Synhore fa fille Drypetine (*a*)
qui étoit trés-mal; Ménophile, après l'a-
voir rétablie par fes remèdes & ne pen-
fant qu'à la conferver, lorfqu'il vit que
Manlius Prifcus, Lieutenant du Général
Romain, affiégeoit la ville & que les habitans alloient fe rendre, tourna contre
lui-même l'épée qu'il avoit enfoncée dans
le fein de cette Princeffe, pour fauver
ainfi à cette fille illuftre la honte de la
captivité & l'opprobre d'être violée.
Mais reprenons le fil des événemens.

(*a*) *Voyez Valere Maxime Liv. I. Chap. 8.*

CHA-

CHAPITRE VIII.

Rapports & calomnies qu'on sème dans le camp de Constance. Rapacité de ses Courtisans.

M<small>ARCEL</small> ayant été confondu & renvoyé comme nous l'avons dit, à Sardique sa patrie (*a*), on commit des iniquités sans nombre dans le camp de Constance, sous le prétexte de défendre la Majesté de l'Empire; car si quelqu'un consultoit un expert à l'occasion du cri d'une souris, de la rencontre d'une belette ou de tel autre présage; ou si pour appaiser quelque douleur il faisoit usage (ce que la Médecine même autorise) d'un reméde, ou d'une formule magique de vieille, il étoit aussi-tôt dénoncé comme coupable, trainé en justice, & mis à mort, sans savoir pourquoi.

(*a*) Aujourd'hui Sophie ou Triaditza dans la Bulgarie.

quoi. Environ dans ce tems, la femme
d'un certain Danus accuſa ſon mari pour
des bagatelles qui firent pourtant craindre
pour lui : on ne ſait ce qui avoit attiré à
cet homme la haine de Rufin que ſon prétendu zèle aux intérêts du Prince avoit
élevé au grade de Chef des Officiers de
la préfecture & qui profita comme nous
l'avons dit, des rapports de Gaudence
Agent du Prince, pour faire mourir avec
tous ſes convives, Africain homme Con-
ſulaire de la Pannonie.

Rufin qui étoit grand parleur, après
un commerce criminel qu'il eut avec cette
femme, abuſa de ſa facilité & l'entraîna
dans un complot funeſte : il lui perſuada
d'accuſer à l'aide d'un tiſſu de menſonges,
ſon innocent mari du crime de léze - Majeſté, & de feindre qu'avec quelques complices, il cachoit le voile de pourpre qu'il
avoit volé du tombeau de Dioclétien.
Avec cette trame ourdie pour perdre pluſieurs perſonnes, Rufin court, plein de
l'eſpoir de grandes récompenſes, porter
ces calomnies au camp de l'Empereur.

Auffitôt Mavortius, Préfet du Prétoire,
homme d'une fermeté supérieure, & Ur-
fule Grand Thréforier, & qui n'étoit pas
moins recommandable par fon intégrité,
reçurent ordre de faire une recherche ex-
acte de ce crime. L'affaire fut donc traitée avec toute la rigueur qui étoit d'ufage, mais les tortures qu'on fit fouffrir à
plufieurs perfonnes n'ayant rien découvert, & les juges reftant indécis, la vérité étouffée jufqu'alors parut enfin; la
femme fut contrainte d'avouer que Rufin
étoit l'auteur de toute cette impofture,
elle ne déguifa pas même l'infamie de fon
adultére: auffitôt felon l'ordre & la juftice, tous deux furent condamnés à la
mort. Conftance frémit à cette nouvelle
& pleurant la perte de Rufin comme de
fon défenfeur le plus zélé, il envoya des
cavaliers, & ordonna avec ménace à Ur-
fule de révenir à la Cour. Celui-ci, fans
s'arrêter à ce qu'on lui dit pour l'empêcher d'obéir, part avec intrépidité & expofe en plein Confeil d'un ton ferme &
libre ce qui s'étoit paffé. Son affurance
im-

imposa silence aux Courtisans, & le sauva
ainsi que Mavortius du plus grand danger.

Ce fut dans ce tems encore que se passa dans l'Aquitaine une chose dont on
parla beaucoup. Un certain fourbe invité à un repas splendide & somptueux,
tel qu'on à coutume d'en donner dans ce
pays, ayant apperçu deux couvertures
de lit avec deux nœuds de pourpre si am-
ples que par l'adresse avec laquelle les domestiques les avoient rangés, ils sem-
bloient n'en faire qu'un, & la table étant
couverte de semblables tapis, il en prit
un de chaque main, cria que c'étoient
les devants d'une robe impériale, puis parcourut l'intérieur des principaux apparte-
mens, & occasionna ainsi la ruine d'une
famille opulente. La même malignité
fit qu'un agent qui se trouva invité en
Espagne à un souper, ayant entendu les
domestiques, qui selon l'usage, crioient en
portant les lumières, le mot solemnel
Triomphons (a), donna à cette expression
un

(a) *V. Juste Lipse. Saturn. Lib. I. Cap. XIX.*

un fens finiftre, & fit la perte d'une maifon diftinguée. Ces maux & d'autres femblables fe multiplioient d'autant plus, que Conftance extrêmement craintif, croyoit toujours que c'étoit à lui qu'on en vouloit, tel que ce Dénis Tyran de Syracufe qui pour ne pas confier fa vie à des mains étrangères, enfeigna à fes filles à le rafer (a), & fit environner la petite maifon où il paffoit la nuit, d'un large foffé fur lequel étoit un pont qu'on pouvoit déjoindre, & dont il enlevoit avant de fe coucher, les chevrons & les ais pour les rajufter enfuite à fon réveil.

Ceux qui avoient quelque crédit à la Cour, augmentoient encore le nombre des malheurs civils, dans la vue d'obtenir les biens des condamnés & de groffir leur fortune par la ruine de tout ce qui les environnoit. Il n'eft pas douteux que Conftantin excita le premier l'avidité des favoris, mais on peut dire que Conftance

les

(a) Plutarque dit dans la vie de Dion que Dénis employoit un charbon pour cette opération. *Voyez Valere Maxime Liv. IX. Chap.* 13.

les engraiſſa de la ſubſtance des Provinces. Sous ſon règne les Chefs de tous
les ordres, brûlerent, au mépris du juſte & de l'honnête, de la ſoif dévorante
de s'enrichir. On peut compter parmi
les juges civils, Rufin premier Préfet du
Prétoire, parmi les militaires le Général
de la Cavalerie Arbétion, le Chambellan
Euſebe, & . . . . . Queſteur; dans la ville, les Anicius dont les ſuccesſeurs marchant dignement ſur les traces d'auſſi il-
luſtres Ancêtres, continuerent à être in-
ſatiables, malgré les biens immenſes qu'ils
posſédoient déjà.

CHAPITRE IX.

On traite de la Paix avec les Perſes.

Cependant les Perſes enlevoient en
Orient, non comme autrefois, en livrant
de petits combats, mais comme des brigands & des filous, les hommes & les
trou-

troupeaux; quelquefois ils s'en faiſſoient à l'improviſte, quelque fois auſſi vaincus par le nombre, ils perdoient leur proye: ſouvent encore on avoit ſoin de ſouſtraire à leurs yeux ce qui pouvoit être pris. Muſonien, Préfet du Prétoire, qui ne manquoit pas comme nous l'avons dit de belles connoiſſances, mais dont l'ame étoit vénale & facile à corrompre, tâcha par des émiſſaires adroits & habiles à en impoſer, de découvrir le projet des Perſes, il admit dans les délibérations que demandoit cette entrepriſe Caſſianus Duc de la Méſopotamie: c'étoit un homme endurci aux travaux & aux dangers de la guerre. Dès qu'ils eurent appris par le rapport uniforme de leurs eſpions, que Sapor, après avoir perdu beaucoup de monde, avoit peine à écarter de ſon royaume des nations ennemies, ils envoyerent ſecretement des ſoldats obſcurs, repreſenter au Satrape Tamſapor qui étoit près de nos frontiéres, qu'il feroit bien lorſqu'il écriroit à ſon Roi, de l'engager à faire la paix avec les Romains, qu'aſſu-
rant

rant ainſi ſes états, il pourroit marcher
contre les rebelles. Tamſapor accepta
la propoſition & plein de confiance il
écrivit à ſon maître, que Conſtance em-
barraſſé dans des guerres opiniâtres demandoit la paix avec inſtances. Il ſe
paſſa pourtant bien du tems, avant que ces
nouvelles parvinſſent au Roi qui ſe trouvoit cet hyver ſur les frontiéres des Chionites & des Euſenes.

CHAPITRE X.

*Entrée militaire & preſque triomphale de
Conſtance à Rome.*

Telles étoient les arrangemens qu'on faiſoit, en Orient & dans les Gaules, autant que les circonſtances le permettoient.
Conſtance, comme s'il eut fermé le temple de Janus & vaincu tous ſes ennemis,
conçut le deſſein de voir Rome pour y
célébrer la défaite de Magnence par un
triom-

triomphe bien peu glorieux, puifqu'il n'étoit teint que du fang Romain; car ce Prince ne dompta ni par lui-même ni par fes Généraux, aucune des nations qui lui firent la guerre, & n'ajouta aucune conquête à l'Empire; on ne le vit jamais dans les grands dangers, à la tête ou au milieu des premiers combattans; ce ne fut donc fimplement que pour étaler aux yeux d'un peuple indolent, qui n'avoit ni efpéré ni fouhaité de le voir, une pompe faftueufe, des drapeaux éclatans d'or & un brillant cortége; il ignoroit peut-être, que d'anciens Princes s'étoient contentés de licteurs pendant la paix, mais que lorfqu'il s'étoit agi de combats où il faut de la valeur, on avoit vu l'un, s'expofer dans une frêle barque à la fureur des vents & des flots, l'autre à l'exemple des Décius s'immoler pour la République, un troifième accompagné des moindres foldats, reconnoître par lui-même le camp de l'ennemi: tous enfin s'illuftrer par des actions dignes de tranfmettre la gloire de leurs faits à la poftérité.

Aprés

Après qu'on eut donc fait de grands préparatifs, Orfite étoit alors pour la seconde fois Préfet de Rome; Conftance enflé de gloire traverfa Orticoli, & fixa tous les regards par la fuite redoutable qui l'accompagnoit, & qui reffembloit à un corps d'armée. En approchant de la ville il contempla d'un œil ferein l'ordre des Sénateurs & les graves Patriciens qu'il ne prit pas, à l'exemple de Cineas cet Envoyé de Pyrrhus pour une affemblée des Rois, mais pour l'azyle du monde entier. Se tournant enfuite du côté du peuple, il s'étonna de la célérité avec laquelle ce concours de tant de nations avoit pu fe raffembler: & comme s'il eut voulu éffrayer l'Euphrate ou le Rhin par la terreur de fes armes, fes enfeignes qu'accompagnoit une fuite nombreufe, le précédoient; feul fur un char tout brillant d'or & dont les pierres prétieufes qui le couvroient multiplioient l'éclat, on le voyoit environné des Dragons tiffus de pourpre & attachés au haut de piques enrichies d'or & de pierreries; ils fembloient

bloient fiffler de colère par le bruit que faifoient leurs queues qui voltigoient au gré du vent.

Deux files de foldats l'efcortoient, leurs boucliers & leurs cafques éclatans brilloient au loin; à certains intervalles, fe trouvoient des cavaliers armés de tou- tes pièces, les Perfes les appellent Cliba- nares; en voyant les cuiraffes qui cou- vrent leur poitrine & leurs ceintures de fer, on feroit tenté de croire que ce font, non des hommes, mais des figures polies par Praxitelle; de minces cercles d'acier font encore adaptés aux jointures des membres qu'ils embraffent, de maniére que cédant à chaque mouvement ils de- meurent toujours colés au corps.

Les cris de ce monde de fpectateurs dont les échos répétoient les acclama- tions faifirent Conftance. Il garda ce- pendant felon fa coutume, la contenance grave & guindée qu'il affectoit dans les Provinces, car tout petit qu'il étoit, il fe baiffa au paffage des plus hautes portes, & le col roide, le regard fixe, tel qu'u-
ne

ne ſtatue, il ne ſe tourna d'aucun côté;
on ne le vit pendant toute cette marche,
ni céder au mouvement du char, ni cra-
cher, ni s'eſſuyer le viſage, ni ſe mou-
cher, ni remuer la main.   Bien que ce
maintien fut l'effet de l'affeÉtation, il
étoit pourtant dans la vie privée de ce
Prince, l'indice d'une patience ſingulière
& qui ſembloit n'être accordée qu'à lui.
Je crois avoir déjà dit, que ſon orgueil lui
fit religieuſement obſerver pendant toute
ſa vie, de ne faire jamais aſſeoir quelqu'un
dans ſon char, ni de s'aſſocier un particulier au Conſulat; ce qu'ont fait cependant les Princes les plus révérés.

Lorſqu'il fut entré dans la ville, ce ſéjour
de la puiſſance & des vertus, & qu'il fut
parvenu à la place où on faiſoit les ha-
rangues, il admira ce monument de l'ancienne Majeſté de Rome; frappé des
merveilles ſans nombre qui s'offroient de
toutes parts à ſa vue, après avoir parlé à
la nobleſſe dans le Sénat, au peuple de
deſſus ſon Tribunal, il fut reçu avec de
grandes expreſſions de joye dans le Palais

lais où il favoura le plaifir qu'il avoit fi
fort defiré; & comme il donna fouvent
des jeux équeſtres, il fe divertiſſoit, fans
rien perdre néantmoins de fa gravité, ni
de fon maintien à entendre les plaifanteries du peuple, qui ne s'écarta pourtant pas
des bornes convenables; Conſtance ne
fouffrit pas comme dans d'autres villes, que
les combats ne duraſſent qu'autant qu'il
le jugeoit à propos, mais il voulut qu'on
fuivit l'uſage & certaines regles.

Parcourant enfuite les diverſes quartiers de la ville, il croyoit à chaque objet qui fe préfentoit, que le reſte lui étoit
inférieur, par exemple le Temple de Jupiter Tarpeien, autant que les choſes di-
vines l'emportent fur les choſes humaines, l'immenſe étendue de bains, cet
Amphithéatre conſtruit de pierres de Ti-
voli, & dont la hauteur étonne les regards; la beauté de la voute du Panthéon
qui embraſſe dans fa circonférence un fi
grand efpace, ces Colonnes qui portent
les ſtatues des anciens Princes, le Temple de la ville, la place de la Paix, le
théa-

théatre de Pompée, l'Odée, le Stade & les autres ornemens de cette ville éternelle.

Mais lorfqu'il fut venu à la place de Trajan, édifice felon nous, de l'aveu même des Dieux, d'une ftructure unique & admirable, il s'arrêta tout ftupéfait & promena fon attention fur ces prodigieux morceaux, auffi inimitables que difficiles à décrire. Perdant donc tout efpoir de produire quelque chofe de femblable, il dit qu'il fe flattoit du moins de pouvoir imiter le cheval qui porte Trajan & qui eft au milieu de l'enceinte; le Prince Hormifdas qui s'étoit enfui de Perfe comme nous l'avons dit, & qui fe trouvoit près de lui, repliqua finement, *Faites donc conftruire avant toutes chofes, une écurie femblable à celle-ci, afin que le cheval que vous voulez faire, y foit auffi commodément;* c'eft ce même Hormifdas qui, interrogé fur ce qu'il penfoit de Rome, répondit, que tout ce qui lui en plaifoit, *c'eft qu'il voyoit qu'on y mouroit comme ailleurs.*

L'Em-

L'Empereur après avoir témoigné beaucoup d'admiration à chaque objet qu'il vit, se plaignit de ce que la renommée qui d'ordinaire exagére, demeuroit ici bien au deſſous du ſujet; délibérant enſuite ſur ce qu'il pourroit faire pour ajouter quelqu'ornement à la ville, il réſolut d'ériger dans le cirque voiſin un Obéliſque dont j'indiquerai dans ſon lieu, l'origine & la forme.

Ce fut pendant ce tems qu'Hélene, femme de Julien & ſœur de Conſtance, qu'on avoit ſous prétexte d'amitié menée à Rome, devint l'objet des complots d'Euſébie qui étoit ſtérile, & qui lui fit avaler par ſurpriſe, un breuvage deſtiné à la faire avorter toutes les fois qu'elle concevroit; déjà dans les Gaules, un fils qu'elle mit au monde, mourut par les ruſes de cette Princeſſe qui engagea la ſage - femme à le faire périr; tant on étoit attentif à empêcher que ce grand homme eut de poſtérité.

Tan-

L'Empereur qui fouhaitoit de s'arrêter plus long tems dans cette augufte Ville pour y gouter la douceur du repos & des plaifirs qu'elle lui offroit, fut tout à coup allarmé par des avis furs & réitérés qui lui annonçoient que les Sueves ravagoient la Rhétie, les Quades la Valérie, les Sarmates peuple exercé au brigandage, la Méfie fupérieure, & la feconde Pannonie; frappé de ces nouvelles, il partit de Rome le trentième jour depuis fon entrée, c'eft à dire le 28. May, & paffant par Trente il fe rendit en diligence en Illyrie; de là il envoya à la place de Marcel, Sévere qu'un long ufage de la guerre avoit inftruit, & manda Urficin. Celui-ci reçut ees ordres avec joye, vint à Sirmium avec fa fuite, & après de mures réfléxions fur la paix avec les Perfes que Mufonien affuroit qu'on pouvoit efpérer, il fut renvoyé en Orient avec le caractère de Général; les plus anciens ayant été tirés de notre corps pour être employés au commandement des troupes; en qualité de plus jeunes, nous eumes

Tome I.   K   or-

ordre de fuivre Urficin & de faire tout ce qu'il ordonneroit pour la République.

CHAPITRE XI.

Julien attaque les Allemands qui s'étoient retirés avec tout ce qu'ils avoient, dans les Iles du Rhin, & met Saverne en état de leur réfifter.

Julien, Conful pour la feconde fois avec Augufte qui l'étoit pour la neuvième, après avoir paffé à Sens un hyver fort agité, les menaces des Allemands retentiffant de toutes parts, fe hàta fous d'heureux aufpices de fe rendre à Rheims. Il étoit d'autant plus gay & fatisfait, que l'armée étoit conduite par Sévere qui n'étoit ni vain ni contredifant, mais qui ayant au contraire donné des preuves de fa fageffe & de fes talens militaires, le feconderoit & le fuivroit en tout, comme un foldat docile. D'un autre côté il fit

ve-

venir à Augft avec un corps de vint cinq mille hommes, Barbation qui depuis la mort de Sylvain avoit été fait Général d'Infanterie; on prit donc férieufement des mefures pour que notre armée féparée en deux corps, pût en formant une efpèce de tenaille, refferrer & maffacrer les Allemands qui ravageoient plus que de coutume, & fe répandoient au loin.

Pendant qu'on preffoit l'effet de ces difpofitions, les barbares agiles dès qu'il s'agiffoit d'une occafion de piller, fe gliffant à la dérobée entre les deux Camps, tomberent fur le territoire de Lion qu'ils ravagerent; ils auroient même faccagé & réduit en cendres la ville, fi on n'en eut pas fermé les portes. A la nouvelle de ce contretems, le Céfar envoya promptement trois bonnes troupes de cavalerie d'élite, & fit garder trois paffages par lefquels il favoit que ces brigands déboucheroient infailliblement. Son projet ne fut pas fans fuccès, car tous ceux qui forirent par ces chemins, furent maffacrés, & le butin qu'ils avoient fait, fut repris.

Il

Il n'échappa que ceux qui paſſerent tranquillement à côté du Camp de Barbation; on ne leur permit cette rétraite,
que parce que Cella tribun des Scutaires
qu'on avoit aſſocié à Barbation, défendit
de la part de ce Général, à Bainobaude le
Tribun & à Valentinien qui dans la ſuite
fut Empereur, & qui étoient comman-
dés avec leurs eſcadrons pour cette manœuvre, d'obſerver le chemin par lequel
ils ſavoient que les Allemands devoient
revenir.

Non content de cela, le lache Barbation, détracteur acharné de la gloire de
Julien, ſachant que ce qu'il venoit d'ordonner étoit contraire à l'intérêt de la
République, (car Cella avoua cette intri-
gue lorſqu'il en eſſuya le reproche) trom-
pa Conſtance par ſa relation, & feignit
que ces deux Tribuns étoient venus ſous
le prétexte d'une commiſſion, débaucher
ſes ſoldats, ce qui fit qu'ils furent démis
de leurs charges, & renvoyés chez eux.

Dans le même tems les ennemis qui
avoient fixé leur demeure en deçà du
Rhin,

Rhin, éffrayés de l'arrivée de nos armées, embarafferent avec art par d'immenfes abattis, les chemins naturellement difficiles & montueux; d'autres occupant les îles nombreufes qui font fur ce
fleuve, vomiffoient d'un ton lugubre des
injures, & infultoient les Romains & le
Céfar. Julien que cette conduite irrita,
réfolut de faifir quelques-uns de ces miférables, & fit demander à Barbation fept
de ces barques qu'il avoit raffemblées fous
prétexte d'en faire un pont, comme s'il eut
eu deffein de paffer le fleuve: mais Barbation les brula toutes plutôt que d'envoyer
quelques-unes au Prince. Enfin Julien ayant
appris d'efpions nouvellement faifis, qu'on
pouvoit, vû la chaleur, paffer la rivière
à gué; après avoir exhorté les Velites
auxiliaires, il les envoya avec Bainobaudes Tribun des Cornutes, tenter une
action à jamais mémorable; ceux-ci tantôt marchant à gué, tantôt nageant à
l'aide de leurs boucliers, aborderent à un
île voifine, où ils maffacrerent indiftinctement hommes & femmes, jeunes &

K 3   vieux,

vieux, & au moyen des naſſelles qu'ils
trouverent, ils pénétrerent ainſi, non
ſans quelque danger dans pluſieurs de
ces retraites; puis raſſaſiés de carnage, ils revinrent ſains & ſaufs chargés
d'un butin dont ils perdirent cependant
une partie, à cauſe de la rapidité du
fleuve. Les autres Germains avertis de
cette déroute abandonnerent ces îles qu'ils
regarderent comme une retraite peu ſure,
& ſe tranſporterent plus loin avec leurs
familles, leurs proviſions & leurs richeſſes.

Julien partit enſuite de là, pour réparer le fort nommé Saverne que ces barbares avoient détruit peu auparavant, (il
étoit clair qu'en le rétabliſſant c'étoit empêcher les Germains de pénétrer comme
ils avoient coutume de faire dans le cœur
des Gaules); il acheva cet ouvrage plutôt qu'il ne l'avoit eſpéré, & fit malgré
le danger, moiſſonner par ſes ſoldats les
campagnes des ennemis, de manière qu'il
aſſembla aſſez de proviſions de bouche
pour entretenir pendant un an, la garniſon
qu'il

qu'il mit dans cette place. Non content de cela, il ramaſſa encore pour ſon armée, des vivres pour vint jours. Ses troupes trouvoient d'autant plus de plaiſir à faire uſage de ce qu'elles avoient aquis à la pointe de leurs épées, qu'elles étoient indignées de n'avoir rien eu du dernier convoi qui leur étoit arrivé, parce que Barbation en paſſant près d'elles, s'en étoit inſolemment arrogé une partie, & avoit brulé le reſte; on n'a jamais ſu s'il falloit mettre ces indignes procédés ſur le compte de l'orgueil & de la folie de cet officier, ou ſur celui de Conſtance qui autoriſoit bien des perſonnes, à d'auſſi coupables démarches. · Un bruit qui s'étoit généralement répandu, c'eſt que Julien avoit été choiſi, moins pour ſoulager les Gaules, que pour périr dans cette guerre cruelle, car on le croyoit ſi incapable de commander, qu'on ne ſuppoſoit pas même qu'il put ſupporter le fracas des armes.

Pendant qu'on ſe hâte de fortifier le camp, qu'une partie des ſoldats ſe diſtri-

K 4   bue

bue dans les poftes établis à la campagne, que l'autre pour éviter les embuches, ramaffe avec précaution du blé, une troupe de barbares prévenant par fa célérité le bruit de fa marche, tombe fur l'armée de Barbation qui n'étoit féparée, comme on là dit, de celle de *Sévere* que par un retranchement, la mène battant jufqu'à Augft, & auffi loin qu'elle le pût au delà, s'empare des bagages, d'un grand nombre de mulets, & de valets d'armée, puis, s'en retourne & réjoint fes camarades. Barbation, comme s'il eut heureufement terminé la campagne, diftribua fes troupes dans les quartiers d'hyver, & revint à la cour de l'Empereur dans l'intention felon fa coutume, de charger Julien de nouvelles calomnies.

CHA-

CHAPITRE XII.

*Julien attaque sept Rois Allemands, &
défait les barbares près de Strasbourg.*

Le bruit de ce honteux échec s'étant répandu, les Rois Allemands Chnodomaire Vestralpe, & même Urius, Urficin, Sérapion, Suomaire & Hortaire, réunirent toutes leurs forces & vinrent asseoir leur camp près de Strasbourg.

Ils penfoient que Julien s'étoit retiré pour échapper à une entiére défaite, tandis qu'il n'étoit occupé que du foin de fortifier Saverne. Ce qui augmentoit encore leur confiance, c'étoit le rapport d'un Scutaire que la crainte d'être puni d'une faute qu'il avoit commise, fit passer du côté des ennemis après la défaite de Barbation: ce transfuge leur dit qu'il n'étoit resté à Julien que treize mille hommes; c'étoit en effet à quoi se montoient les troupes avec lesquelles il s'étoit mis

K 5   mar-

marche aux premières nouvelles qu'il eut des entreprises des barbares.

L'assurance réiterée que ce transfuge leur donna que ses avis étoient surs, éleva leur courage; ils envoyerent des députés ordonner fièrement à Julien, qu'il eut à se retirer d'un pays que leur valeur & leurs armes avoient conquis. Ce Prince que rien n'effrayoit, sans s'émouvoir de ces menaces, se moqua de leur fanfaronade, & retenant les députés, il resta immobile jusqu'à ce que les ouvrages de la place fussent achevés.

En attendant le Roi Chnodomaire, enflé de plusieurs succès qu'il avoit eus & capable d'entreprises les plus hardies, s'étendoit au loin, & portoit de tous côtés le trouble & la désolation. C'est lui qui après avoir gagné à forces égales une bataille contre le César Décentius (a) détruisit & ravagea plusieurs villes riches & opulentes, parcourant audacieusement les Gaules sans y rencontrer d'obstacles.

La

(a) V. ci-dessus Liv. XV. Chap. 6.

La déroute de Barbation qui lui étoit fupérieur & par le nombre & par la qualité des troupes, augmentoit encore fa confiance. Car les Allemands à la vuë des armoiries de nos boucliers, reconnurent que les troupes qui venoient de lacher le pied devant un petit nombre de leurs coureurs, étoient les mêmes qu'ils n'avoient attaquées jufques là, qu'en tremblant, & avec perte de plufieurs de leurs camarades. Cette circonftance inquiétoit d'autant plus Julien qu'il fe voyoit par la fuite de Barbation dans la néceffité de marcher avec de braves gens, il eft vrai, mais en petit nombre, contre une multitude d'ennemis.

Au premiers rayons du foleil, l'Infanterie fortit du camp à pas lents & au bruit des trompêtes; Julien fit marcher fur fes flancs les efcadrons de cavalerie avec fes cuiraffiers & fes archers à cheval que le genre de leurs armes rendoit redoutables. Et comme de l'endroit où les enfeignes Romaines avoient commencé à fe mettre en mouvement, il y avoit juf-

K 6   qu'aux

qu'aux retranchemens des barbares qua-
torze lieues (a) c'eft à dire vingt & un
mille pas, le Céfar afin de pourvoir à la
fureté de fon armée, rapella prudemment
les détachemens & les patrouilles qui
avoient précédé la marche, & après avoir
fait halte, il tint felon l'ufage & avec la
férénité qui lui étoit naturelle, ce difcours à fes troupes rangées autour de lui.

»Le befoin preffant de penfer à notre
»falut commun & non le découragement
»m'oblige à vous confeiller & à vous
»conjurer, mes chers camarades, de choi-
»fir avec la confiance qui convient au
»fentiment de notre ancienne valeur la
»voye la plus fure, & non la plus précipi-
»tée & la plus dangereufe, pour fupporter
»ou pour repouffer les maux qui nous
»menaçent. S'il importe que la jeuneffe
»foit active & même téméraire dans le
»péril, il n'importe pas moins lorfque
»l'occafion l'exige, qu'elle agiffe avec
»réflé-

(a) La lieue étoit de quinze cens pas. *Voy. les
Freres Valois.*

„réfléxion & docilité. Voici donc en peu
„de mots mon avis que je soumets au vô-
„tre, & à la juste indignation qui doit vous
„animer. Il est près de midi, fatigués
„de la marche, nous allons entrer dans
„des défilés raboteux & obscurs, la lune
„qui est sur son déclin, nous laissera dans
„une nuit qu'aucune étoile n'éclaire; plus
„loin nous trouverons des terres brulan-
„tes & qui manquent d'eau: supposons
„même que nous les traversions avec suc-
„cès, que ferons nous lorsque ces trou-
„pes ennemies, réposées, & rafraichies,
„fondront sur nous? Comment remet-
„trons-nous nos corps affoiblis par la
„faim, par la soif & la lassitude? Puis
„donc que des dispositions faites à pro-
„pos ont quelquefois facilité des entre-
„prises très-difficiles; & qu'en suivant
„de sages avis, on a vu des secours inat-
„tendus rétablir des affaires désespérées,
„arrêtons-nous ici je vous prie, en nous
„fortifiant d'un rempart & d'un fossé.
„Après avoir distribué les gardes & ré-
„paré nos forces autant que nous le pou-

K 7   „vons,

»vons, par les alimens & par le sommeil,
»demain dès la pointe du jour, nous dé-
»ployerons sous le bon plaisir du ciel,
»nos aigles & nos enseignes victorieuses.«

Les soldats ne lui permirent pas d'a-
chever, mais grinçant des dents & ani-
més du desir de combattre, ils frapperent
de leurs piques leurs boucliers, & le
conjurerent de les mener à l'ennemi
qu'on découvroit déjà. L'assistance du
ciel, leur valeur, & l'expérience qu'ils
avoient faite des talens de leur heureux
chef, tout leur inspiroit la plus vive confiance; & certes l'événement fit bien voir
qu'un génie favorable les soutint & leur
inspira cette ardeur. Ce qui la redoubla
encore, ce fut le consentement unanime
des principaux officiers, surtout de Florence Préfet du Prétoire, qui pensoit
que malgré le danger, il convenoit pourtant d'en venir aux mains, puisque les
ennemis étoient réunis, & que s'ils venoient à se disperser, il seroit difficile de
calmer les séditions des soldats naturellement violens, & qui supporteroient avec
peine

peine l'idée de se voir arracher une victoire sur laquelle ils comptoient déjà.
Deux considérations remplissoient encore
nos troupes d'assurance; elles se rappelloient que les Romains s'étant répandus
l'année dernière dans les contrées qui
sont au delà du Rhin, aucun des ennemis
ne s'étoit montré, ni n'avoit pris la dé-
-fense de son pays, mais que renfermés
de tous côtés par d'épais abattis, ils
avoient péniblement passé l'hyver dans
une retraite éloignée; qu'à l'entrée de
l'Empereur sur leurs terres, n'osant
ni résister, ni même se faire voir, ils
avoient demandé la paix en suppliants.
Personne n'observoit que les tems étoient
bien différens; qu'alors ces barbares
avoient en tête trois redoutables ennemis; Constance du côté des Rhéties;
Julien qui les serroit à n'en pas laisser
échapper un seul; enfin leurs voisins,
dont ils s'étoient fait autant d'ennemis,
qui les prenoient à dos. Mais depuis la
la paix conclue, Constance s'étoit retiré;
les sujets de disputes avec leurs voisins
avoient

avoient ceffé; l'union s'étoit rétablie &
la fuite honteufe de Barbation avoit en-
hardi leur férocité naturelle.

Un nouvel incident rendoit encore la
fituation de nos affaires des plus critiques; de deux Rois fréres qu'un traité
fait avec Conftance l'année précédente,
empêchoit de remuer & d'exciter des
troubles, l'un, Gundomade le plus honnête & le plus fidéle à fes engagemens,
ayant péri peu après dans des embuches
qu'on lui tendit, fes peuples fe joignirent
à nos ennemis, & les fujets de Vadomaire ainfi qu'il l'affura, fe rangerent
auffi fous les drapeaux des barbares pour
nous attaquer.

Au milieu de ce defir unanime de
combattre; un Enfeigne s'écria tout à
coup. *Marchez, heureux Céfar, où la
fortune vous appelle, vous nous avez appris tout ce que peut la valeur & la fageffe guerrière; précédez-nous comme un
chef vaillant & fortuné, vous verrez de
quelle action eft capable avec la protection
du ciel, le foldat qu'anime la préfence*
d'un

d'un Général habile & qui juge par lui-
même de la conduite de chaque particulier ;
à ces mots les troupes ne donnant point
de relache, on conduisit l'armée près d'une
colline qui s'élevoit doucement, elle étoit
couverte de bleds murs, & peu éloignée
des bords du Rhin. Trois vedettes ennemies qui étoient à cheval & observoient de
dessus la hauteur nos mouvemens, se hâterent de tourner bride pour annoncer
que les Romains approchoient, mais une
quatrième qui étant à pied ne put les sui-
vre, n'échappa pas à la célérité de nos
gens & nous apprit que les Germains
avoient employé trois jours & trois nuits
à passer le Rhin. Nos Généraux qui s'apperçurent que l'ennemi serroient tout en
avançant ses lignes, pour tomber sur nos
bataillons, firent halte, & les Antepilains,
les Hastaires, & les Officiers formant les
premiers rangs, tinrent ferme comme un
mur que rien ne peut ébranler. Les Germains s'arrêterent avec la même précaution. Nos chefs découvrant conformément au rapport du transfuge, que toute
leur

leur cavalerie étoit à l'aile droite, placerent ce qu'ils avoient de gens de cheval à la gauche, & les entremélerent
avec beaucoup de prudence de fantaffins agiles & armés à la légére, car ils
favoient bien qu'un cavalier armé de toutes pièces qui combat avec nos gens,
obligé de retenir d'une main la bride &
le bouclier, & d'agir de l'autre avec fon
javelot, ne fauroit quelqu'habile qu'il
foit, nuire à celui que garantit fon ar-
mure de fer; que le fantaffin au contraire, qui dans la mélée n'eft occupé
que de fon feul danger, en fe trainant à
terre, peut non feulement percer le flanc
du cheval, mais encore renverfer &
égorger fans effort celui qui le monte.
C'eft ainfi qu'ils dreſſerent à leur droite
ces piéges dont l'ennemi ne fe doutoit pas.

Chnodomaire & Sérapion en qualité
des plus diftingués de ces Rois, conduifoient ces peuples tous belliqueux & féroces. Chnodomaire, déteftable auteur
de cette guerre, la tête couverte d'un
caf-

casque éclatant comme du feu, se tenoit à
la gauche où il espéroit que se porteroit
l'ardeur du combat; plein d'audace & de
confiance en sa vigueur il montoit un che‑
val écumant, & se tenoit appuyé sur une
énorme lance; l'éclat de ses armes le fai‑
soit remarquer au loin; il s'étoit déjà
montré soldat intrépide & Général ha‑
bile; Sérapion conduisoit l'aile droite;
ce Prince étoit dans la première jeunesse,
mais ses talens dévançoient son age, il
étoit fils de ce Médérich, frére de Chno‑
domaire, qui se distingua tant qu'il vé‑
cut, par sa perfidie; retenu longtems
comme ôtage dans les Gaules & instruit
dans quelques mystères des Grecs, il
changea le nom d'Agénarique que por‑
toit son fils, & lui donna celui de Sé‑
rapion.

Après eux venoient cinq Rois dont les
forces approchoient le plus de celles de
ces deux; dix fils ou parens de Rois, un
grand nombre de Seigneurs & trente cinq
mille combattans tirés de diverses nations,
en partie à la solde de ces Princes, &

en

en partie engagées fous promeffe qu'on les
affifteroit en pareille occafion. Déjà le
bruit effrayant des trompettes fe faifoit entendre, lorfque Sévere qui conduifoit l'aile
gauche des Romains, découvrant des
foffés remplis de gens armés qui avoient
ordre d'en fortir avec impétuofité pour
porter le défordre partout, s'arrêta fans
s'éffrayer & fe défiant de ces. piéges, il
ne recula ni n'avança. Le Céfar que les
plus grands dangers ne faifoient qu'animer d'avantage s'en apperçut, & efcorté
de deux cens cavaliers, il parcourut rapidement les rangs de l'infanterie pour
l'animer dans ce moment critique; mais
comme il ne pouvoit adreffer la parole à
tous, vu leur-nombre & l'étendue qu'ils
occupoient, (& que d'ailleurs il .vouloit
éviter le poids de l'envie & ne pas paroître s'arroger ce qu'Augufte croyoit ne
convenir qu'à lui feul,) évitant· autant
qu'il le pouvoit les traits des ennemis, il
exhortoit ceux qu'il connoiffoit, auffi bien
que ceux qu'il ne connoiffoit pas, à fe conduire vaillamment.

Voici,

Voici, difoit il aux uns, *voici mes chers amis, le moment favorable, nous l'avons fouhaité jufqu'ici & vôtre impatience à paru l'appeller ;* puis s'adreffant à ceux qui étoient dans les derniers rangs, *Camarades, voici le jour fi longtems defiré, qui nous appelle à éffacer les taches que le nom Romain a reçues & à lui rendre fon véritable luftre.* C'eft à notre *valeur à dompter ces barbares que la rage & une aveugle fureur fait courir à leur perte ;* quant à ceux qu'un long ufage de la guerre avoit déjà inftruits, il les encourageoit en ces termes, *allons, braves guerriers, allons repouffer les outrages qu'on nous à faits ; c'eft le reffentiment de ces maux, qui feul m'a fait réfoudre à prendre le nom de Céfar.* Enfin à tous ceux qui demandoient imprudemment le fignal, & dont il prévoyoit qu'ils troubleroient le commandement par des mouvemens irréguliers. *Evitez,* leur difoit il, *je vous en conjure, évitez, pour ne pas perdre l'honneur de vaincre, de pourfuivre avec trop d'acharnement l'ennemi*

nemi qui fuira, & que personne aussi ne
cède qu'à la dernière extrémité; j'aban-
donnerai certainement les lâches, & je se-
rai sans me ménager avec ceux qui pour-
suivront les fuyards, pourvu que cela se
fasse avec une prudente circonspection.
Tout en tenant de semblables discours,
il opposa la majeure partie de son armée
au front des ennemis: aussitôt on entendit les Allemands pousser un cri général
mêlé d'indignation, & demander que les
Princes missent pied à terre pour combattre avec eux, afin qu'en cas d'échec, ils
ne profitassent pas de leurs chevaux, pour
abandonner en fuyant, le gros de l'armée. Chnodomaire descendit sans délai de cheval & fut suivi des autres, car
aucun d'eux ne doutoit de la victoire.
Les trompettes sonnerent la charge, &
l'on en vint de part & d'autre avec ardeur aux mains. Les traits partirent;
les Allemands avancerent avec plus d'im-
pétuosité que de prudence, & en vomis-
sant des injures atroces, ils lacherent leurs
javelots & fondirent sur nos escadrons;
leurs

leurs longs cheveux se dreſſoient pour ainſi
dire, d'horreur, & leurs yeux étincelloient
de rage; nos braves ſoldats qui ſe couvroient de leurs boucliers, éffrayoient
ces furieux en tirant leurs épées & en ſé-
couant leurs javelots.

Comme au moment où l'affaire
s'engageoit, la cavalerie eſcadronnoit
avec force, & que l'infanterie fortifiant
ſes flancs, préſentoit un front inabor-
dable par l'union de ſes boucliers; il
s'éleva d'épais nuages de pouſſière, &
il y eut des aſſauts ſans nombre, les uns
tantôt tenant ferme, tantôt cédant;
quelques-uns de ces barbares habilement
appuyés ſur leurs genoux faiſoient tous
leurs efforts pour nous repouſſer, mais
l'acharnement devint ſi grand, qu'on ſe
prit corps à corps, & que les boucliers
ſe choquerent; l'air retentiſſoit du mélange confus des cris des vainqueurs &
des mourans; tandis cependant que nôtre aile gauche double le pas, pouſſe
les nombreux bataillons des Germains,
& tombe avec furie ſur ces barbares, nos
cava-

cavaliers de la droite contre toute attente lachent le pied; mais arrêtés dans
leur fuite les uns par les autres, ils fe ré-
plient fur nos légions, & protégés par
elles, ils fe rallient & recommencent le
combat; ce contretems vint de ce qu'en
formant leurs rangs, nos gens d'armes
avoient vu leur chef légérement bleffé,
& un de leurs camarades accablé fous le
poids de fes armes & de fon cheval qui
s'abattit; fuyant donc par où ils pou-
-voient, ils auroient tout confondu &
écrafé l'infanterie elle-même, fi celle-ci
en fe refferrant ne leur eut pas oppofé une barrière impénétrable. Le Céfar
qui s'apperçut de loin que fes cavaliers
eherchoient à fuir, piqua fon cheval &
s'oppofa à eux comme un mur. Le Tribun d'une troupe le reconnut à fon enfeigne qui étoit un Dragon de pourpre au
haut d'une longue pique; fes lambeaux
fembloient étaler fes longs fervices; auffitôt cet officier honteux & tremblant retourna rallier fa troupe. Julien comme
il convient dans les affaires douteufes reprit

prit avec douceur les fuyards. „Pourquoi
„cédons vous braves guerriers? Ignorez-
„vous donc qu'il n'y eut jamais de falut
„dans la fuite & qu'elle eft toujours la
„preuve d'un deffein follement formé? Re-
„joignons les nôtres, & ne renonçons pas
„en les abandonnant fans fujet, à la gloire
„qu'ils auront d'avoir combattu pour la
„République." Après ces mots prononcés d'un ton de dignité, il les rammena
tous à la charge, femblable, à quelque
différence, près au vieux Sylla qui abandonné des fiens au plus fort de la bataille
qu'il livroît à Archélaus, Général de Mithridate, courut au premier rang, fe faifit d'un étendart & le jetta au milieu de
l'ennemi en difant à fes gens. „Allez,
„vous qu'on à choifis pour partager mes
„périls, & fi l'on vous demande où eft
„votre chef, répondez fans déguifement,
„que vous l'avez laiffé feul en Béotie com-
„battre & répandre fon fang pour vous (a).
Les

_____

(a) Voici ce que Plutarque dans la vie de Sylla,
fait dire à ce Général. *Pour moi, Romains, il*

Tome I.   L

Les Allemands après avoir repoussé &
dispersé notre cavalerie, attaquerent la
première ligne de l'infanterie, qu'ils
comptoient bien de mettre en fuite, parce qu'ils la supposoient découragée.
Mais lorsqu'on en fut venu aux mains on
combattit longtems avec un succès égal;
ceux de nos soldats qu'on appelle les Cornutes & les Bracates instruits par une
longue expérience, joignirent aux gestes
qui déjà éffrayoient les ennemis, un hur-
lement terrible. C'est ce cri qui dans la
chaleur de l'action, commence par un
léger murmure, s'accroit insensiblement;
& finit par imiter le mugissement des
flots qui se brisent contre les rochers;
une grêle de traits tomba de tous côtés,
& un épais nuage de poussière qui ne permettoit pas de distinguer les objets, fit
que les armes se choquerent contre les
ar-

m'est glorieux de mourir ici; mais vous, si l'on vous
demande dans quel endroit vous avez abandonné votre
Général, souvenez vous de répondre que c'est à Or-
chomene.

armes & les corps contre les corps.   La
colère enflamme les barbares qui marchoient fans ordre ; ils attaquent & rom-
pent à coups redoublés d'épée cette efpèce de tortue que l'union des boucliers
de nos foldats oppofoit à leurs rage;
mais nos Bataves troupe redoutable &
bien propre, pour peu que le hazard les
favorife, à rétablir les affaires les plus dé-
fefperées vinrent avec un autre corps de
nos gens appellés *Reges* (*a*) joindre au
bruit des fanfares, leurs forces à celles de
leurs camarades.   Les Allemands n'en
continuerent pas moins à fe battre avec
une fureur qui fembloit vouloir tout détruire. Les armes de traits voloient de tous
côtés, quoique l'on combattit auffi de fi
près que les pointes des javelots fe tou-
chaffent, que les épées fendiffent les cuiraffes, & que les bleffés que la perte de
leur fang n'avoient pas encore affoiblis,
fe relevaffent pour tenter de nouveaux éfforts.   L'avantage paroiffoit égal, les
Ger-

(*a*) Voy. la Notice de l'Empire.

Germains étoient grands & robuftes, nos
troupes exercées par un long ufage; ceux
là féroces & violens, ceux-ci pofés &
prudens; les notres comptoient fur leur
courage, les autres fur la force de leurs
corps; le foldat Romain quoique repouffé par l'effort de l'ennemi, fe rele-
voit quelque fois, le barbare pliant le
jarret gauche & s'appuyant fur fes gé-
noux fatigués, défioit encore, ce qui eft le
comble de l'acharnement, fon ennemi.

Tout à coup une troupe des principaux Seigneurs Allemands parmi lefquels
étoient auffi leurs Rois, foutenue d'un
gros de foldats, fondit avec intrépidité
fur nos bataillons, & s'ouvrit un paffage
jufqu'à la légion dite la première qui étoit
au centre & à l'endroit qu'on nomme
dans l'ordre de bataille, l'emplacement Pré-
torien: là nos gens plus ferrés & plus forts
de rangs, fermes comme des tours, recommencent avec une nouvelle vigueur
le combat; attentifs à éviter les coups &
fe couvrant comme des gladiateurs, ils
percent les flancs des ennemis, qu'une
aveu-

aveugle acharnement leur faifoit découvrir; ceux-ci prodigues de leur vie &
enflammés du défir de vaincre firent tout
ce qu'ils purent pour rompre nôtre batail-
lon; mais voyant d'un côté qu'ils ne fuc-
cedoient à leurs camarades, que pour
tomber comme eux fous nos coups, & de
l'autre effrayés des cris des mourans, ils
perdirent enfin courage; accablés de tant
de maux, ils n'eurent de force que pour
fuir, & tels que des malheureux qui ne penfent qu'à s'arracher au naufrage, ils fe
hâterent d'échapper par divers chemins.

Quiconque a été témoin de cette victoire, conviendra qu'elle étoit plus à
fouhaiter, qu'à efpérer; fans doute un
Dieu propice nous affifta. Nos foldats
chargerent à dos les fuyards qu'ils perçoient de leurs propres armes, car les
nôtres étoient ou fauffées ou rompues.
Le fang des vaincus n'affouvit pas la co-
lére des vainqueurs, on ne mit point de
bornes au carnage & l'on ne fit grace à
perfonne. Plufieurs étendus & mortel-
lement bleffés, demandent la mort com-

me

me un bienfait; d'autres prets d'expirer,
font d'inutiles efforts pour ouvrir encore
leurs yeux affoiblis; on en voyoit dont
les têtes coupées par de gros traits pen-
doient à leurs cols: d'autres qui ne peuvent fe foutenir fur un terrain fangeux &
gliffant, tombent fur leur camarades bai-
gnés dans leur fang, & font bientôt accablés fous le nombre de ceux qui à leur
tour font renverfés fur eux.. Cet heureux
fuccès ne fit qu'animer le vainqueur, plus
ardent à la pourfuite des ennemis il acheva
d'émouffer fes armes, en abattant leurs cafques brillans & leurs boucliers qui roule-
rent fur la pouffière : enfin ces barbares réduits aux abois, & ne pouvant fe faire
un paffage à travers ces monceaux de cadavres, fe tournerent vers les bords du
Rhin, feule reffource qui leur reftàt.

Nós foldats infatiguables courent après
les fuyards, dont plufieurs fe précipite-
rent dans le fleuve, pour s'arracher par la
nage au péril. Julien, qui prévit le danger
auquel nos troupes alloient s'expofer, accourut avec les Tribuns & les autres Chefs,
pour

pour les empécher de s'abandonner dans
l'ardeur de leur pourfuite à ces gouffres
rapides : s'arrêtant donc fur les bords, ils
tuoient les Germains à coups de traits;
fi quelques-uns fe déroboient à la mort
en fuyant, peu à près percés de coups,
ils s'abymoient dans les eaux & difparoif-
foient.   Ce fpectacle fe voyoit fans danger du rivage, comme dans ces tapis de
théatre qui repréfentent de grands événemens.   Les uns qui ne favent pas nager
s'attachent à ceux qui s'entendent à cet
exercice, d'autres furnagent comme des
troncs & font bientôt engloutis par la
violence des flots, ceux-là portés fur
leurs boucliers, tachent d'éviter la violence des vagues & après bien des dangers & par plufieurs détours parviennent
à l'autre rive. Le fleuve écumant & teint
du fang des barbares, s'étonne de cet ac-
croiffement qu'il reçoit.

Au milieu de ce défaftre le Roi Chnodomaire qui trouva moyen de s'échapper, fe
gliffa à travers des tas de morts & accompagné d'un petit nombre de fes gardes, tâ-

cha

cha de regagner fon camp qui étoit près de
Alftatt & de Lauterbourg, places Romaines
fortifiées, afin de profiter pour fe mettre en
fureté, des bateaux qu'on y avoit préparé
d'avance pour fervir en cas d'échec; &
comme il ne pouvoit arriver à ce camp
qu'en traverfant le Rhin il retourna doucement fur fes pas, avec la précaution
de fe couvrir le vifage; mais à peu
de diftance du rivage fon cheval s'a-
battit au détour d'un marais, dans un
terrain fangeux, & le renverfa; il s'en
tira cependant, tout gros & corpu-
lent qu'il étoit, & courut vers un colline
qui fe trouvoit dans le voifinage; l'é-
clat de fon ancienne grandeur le trahit
bientôt, il fut reconnu & pourfuivi par
un Tribun qui à la tête de fa cohorte enveloppa le bois où il étoit, fans pourtant y pénétrer, car il craignoit quelque
piège; ces arrangemens intimiderent,
Chnodomaire, il fortit feul & fe rendit;
ceux qui compofoient fa fuite & qui étoient
au nombre de deux cens, ainfi que trois
de fes intimes amis regarderent, comme
un

un opprobre de furvivre à leur Roi, ou
de ne pas s'expofer pour lui s'il le falloit,
& imiterent fon exemple; les barbares
font naturellement humbles dans le malheur & infolens dans le fuccès; on le
vit donc pale & tremblant, trainé comme
un efclave; le fentiment de fes crimes lui
faifoit garder un morne filence; ce n'é-
toit plus cet ennemi qui après avoir commis des ravages fans nombre, infultoit encore aux malheurs des Gaules & les menaçoit des plus grands maux.

Cette expédition ainfi terminée par
l'affiftance du ciel, les trompettes rap-
pellerent vers la fin du jour, nos foldats
invincibles qui fe rendirent aux bords du
Rhin, où après avoir entouré leur camp de
plufieurs rang de boucliers en guife de
retranchemens, ils réparerent leurs forces
par les alimens & par le fommeil. Les
Romains perdirent dans ce combat deux
cens quarante trois foldats, quatre Officiers généraux Bainobaude Tribun des
Cornutes, Laipfon, Innocentius Comman-
dant de la Gendarmerie & un Tribun en

L 5   fecond

fecond dont le nom eft ignoré. On trouva fix mille morts dans le camp des Allemands, fans compter les cadavres qu'on
vit flotter fur le Rhin.

Julien qui étoit au deffus de la fortune & fupérieur par fes mérites à l'éclat
du thrône, condamna la précipitation des
foldats qui le proclamerent Empereur, il
protefta qu'il étoit auffi éloigné de fouhaiter ce rang, que de l'accepter. Pour
augmenter la joye de fa victoire il fit paroître publiquement Chnodomaire; ce
Prince fe baiffant, puis s'humiliant jufqu'en terre, demanda grace à la façon des
barbares. Julien l'exhorta à fe tranquil-
lifer. Peu de jours après il le fit partir
pour la Cour de Conftance, d'où on le
conduifit à Rome où il mourut de lé-
thargie dans le quartier des étrangers qui
eft fur le mont Cœlius (a).

Après de fi nombreux & de fi grands
fuccès, quelques-uns des favoris de Conftance pour lui faire leur cour, blamoient
Julien

(a) V. Panciral. de XIV. Region. V. R.

Julien & l'appelloient par dérifion le Victo-
rin, parce qu'il avoit infinué dans fa relation, quoi qu'avec modeftie, que les Germains avoient été défaits toutes les fois
qu'il avoit commandé. Ces difcours qui
dévoiloient l'oftentation la plus vaine, for-
tifioient toujours plus l'orgueil de Conftance à qui ces flatteurs imaginoient que
ce n'étoit qu'à lui qu'il falloit attribuer
tout ce qui arrivoit de grand dans l'univers.

Enflé par ces éloges, il fe glorifioit
fauffement dans les édits d'avoir feul,
quoiqu'il n'eut pas été préfent, combattu,
triomphé, & relevé les Rois des nations
tombés à fes pieds; fi, par exemple,
pendant qu'il étoit en Italie, un de fes
Généraux avoit battu les Perfes, auffitôt
fans faire mention de cet Officier, il faifoit porter dans des Provinces que ces
nouvelles ruinoient, de longues lettres
pleines du détail de fes victoires, & qui
le peignoient fottement comme ayant
combattu des premiers; on trouve dans
les archives publiques du Prince, de ces
édits, où il s'éleve jufqu'au ciel. En

L 6 décri-

décrivant la bataille de Strasbourg dont
il étoit éloigné de quarante marches, on
le voit ranger l'armée, paroître au milieu des enseignes, mettre en fuite les
barbares & recevoir l'hommage de Chnodomaire ; & ce qui est le comble de l'in-
dignité, garder le silence sur les actions
de Julien qu'il auroit ensevelies, si la renommée, malgré les plus grands efforts
de l'envie, ne sauvoit pas toujours les
hauts faits de l'oubli.

AM-

✝✝✝✝✝✝✝✝✝✝✝✝✝✝✝✝✝✝✝✝✝

AMMIEN MARCELLIN.

LIVRE XVII.

━━━━━━━━━━━━━

CHAPITRE I.

Julien après avoir vaincu les Allemands
passe le Rhin, détruit & brule les ha-
bitations de ces peuples, répare le fort
de Trajan, & accorde une trève de dix
mois aux barbares.

❧═════════════❧

Notre jeune Héros après avoir cou-
ronné par la bataille de Strasbourg
les différentes entreprises que nous venons de détailler, tranquille aux bords
du Rhin dont le cours n'étoit plus inter-
rompu, ordonna pour que les oiseaux ne
fissent pas leur pature des morts, de les
enterrer tous indistinctement; puis con-
gédiant les Ambassadeurs qui étoient ve-

L 7   nus,

nus, comme on l'a dit, faire avant la
bataille d'infolentes propofitions, il retourna à Saverne, d'où il fit conduire
dans le pays Meffin & garder jufqu'à
fon retour, les prifonniers & le butin
qu'on avoit fait. Pour lui, il fe rendit
à Mayence dans l'intention d'y conftruï-
re un pont, & d'aller enfuite chercher
dans leurs habitations, ces barbares dont
il n'en étoit pas refté un feul en deça du
fleuve. Son armée s'oppofa d'abord à
ce deffein; mais il la gagna fi bien par
fon éloquence & par l'aménité de fes difcours qu'il la fit entrer dans fes vues.
Les bons exemples augmentent l'attachement, & ce fut cet attachement qui la
porta à fuivre gayement un chef, qui
avoit été jufque-là le compagnon de
tous fes travaux, & qui à la qualité d'habile Général, joignoit encore, comme il
l'avoit prouvé en mille occafions, celle
de fe charger de plus de peines que le
fimple foldat.

On arriva donc bientôt à Mayence,
& après y avoir paffé le Rhin fur le pont
qu'on

qu'on y conftruifit, on entra dans le pays ennemi; les barbares qui croyoient être à l'abri de toute attaque, frappés de la grandeur de cette entreprife & prévoyant par ce qui etoit arrivé à leurs compatriotes, les malheurs qui les menaçoient, feignirent, pour détourner le premier orage, de demander la paix, & envoyerent des députés chargés de confirmer leurs difpofitions unanimes à obferver inviolablement les traités; on ne fait par quelle raifon, ou dans quelle vue, changeant tout à coup de fentiment, ils en envoyerent au plus vite d'autres, nous menacer d'une guerre opiniâtre fi nous n'abandonnions par leur pays. Dès que Julien fe fut affuré de leurs intentions, il mit à l'entrée de la nuit dans des barques légéres & de médiocre grandeur, huit cens foldats, auxquels il ordonna de remonter le fleuve, & de mettre enfuite à feu & fang tout ce qu'ils rencontreroient. Cette manœuvre s'exécuta, &, dès la pointe du jour nos troupes qui découvrirent les barbares répandus fur les fommets des

mon-

montagnes, s'y porterent avec courage,
mais ils n'y trouverent perſonne; les Germains ſoupçonnant ſans doute notre deſſein, avoient pris promptement la ſuite;
on vit après cela beaucoup de fumée s'é-
lever, ce qui indiquoit que nos gens
avoient pénétré dans le pays ennemi, &
qu'ils en faiſoient le dégat.

Cette ſurpriſe remplit d'effroi les Allemands; ils abandonnerent les embuſca-
des qu'ils avoient dreſſées contre nos
gens dans des lieux ſombres & ſerrés,
pour paſſer le fleuve appellé le Mein, &
aller au ſecours de leurs familles; mais
d'un côté notre cavalerie qui les pourſuivoit, de l'autre la vue de bateaux chargés de nos ſoldats, les engagerent, comme
cela arrive dans des momens de danger
& de trouble, à profiter de la connoiſſance qu'ils avoient de ces lieux, ou s'échapper au plus vite. Leur retraite permit
à nos gens de s'étendre en pleine liberté;
ils ne firent grace à perſonne, & enleve-
rent tout le bétail & le blé qu'ils trouverent dans ces riches hameaux. On dé-
livra

livra enfuite nos prifonniers & toutes ces
maifons qui étoient baties avec régula-
rité & dans le goût Romain, furent réduites en cendres.

Environ à dix milles delà, on parvint
à une forêt dont l'obfcurité infpiroit une
efpèce d'horreur. Nous y fimes une affez
longue halte parce qu'un transfuge nous
avertit qu'il y avoit plufieurs ennemis
cachés dans des gorges & dans des détours de ravins, d'où ils fondroient fur
nous dès qu'ils croiroient le moment favorable. Nos troupes avancerent cependant avec courage, mais elle trouverent
des routes fi embarraffées par des abattis,
qu'elles rebroufferent chemin, pleines
d'indignation de fe voir obligées pour
percer en avant, de faire un long détour
par des fentiers rudes & difficiles.

La rigueur de la faifon, car on approchoit de l'hyver, les montagnes &
les plaines qui étoient déjà couvertes de
neige, rendant cette marche auffi inutile
que dangereufe, Julien conçut un projet
admirable; ce fut, tandis qu'il ne ren-
con-

controit point d'obſtacle, de réparer en
hâte une fortereſſe batie ſur le territoire
des Allemands, par Trajan (a) qui lui
avoit donné ſon nom & qui avoit été ci-
devant vivement aſſiégée; il y plaça une
garniſon avec des vivres qu'on avoit tirés
de l'intérieur du pays ennemi. Les Germains à la vue d'un ouvrage qui annonçoit leur ruine & au reſſouvenir de ce
qu'ils avoient déjà ſouffert, ſe raſſem-
blerent au plus vite, & envoyerent des
députés pour demander humblement la
paix. Julien après y avoir murement
penſé & par pluſieurs conſidérations ſpé-
cieuſes la leur accorda pour dix mois; il
falloit ſurtout reflexion, que s'étant emparé de cette place avec une facilité qu'il
avoit pû à peine eſpérer, il falloit encore
bien des machines, & de puiſſans préparatifs pour la mettre en état de défenſe.
Dès que les Allemands ſurent que le
Prince conſentoit à la trève, trois des plus
féro-

(a) On croit que c'eſt *Kellen* dans le pays de
Cleve.

féroces de leurs Rois qui avoient envoyé
du secours à ceux qui furent vaincus près
de Strasbourg, vinrent tout tremblans,
s'engager par des sermens conformes aux
usages de leur pays, à être tranquilles, à
remplir jusqu'au jour fixé les conditions
qu'il nous plût de leur imposer, à ne
former aucune entreprise contre le fort,
& à porter même des vivres à la garnison, si elle leur en demandoit; la crainte
enchainant leur perfidie, ils remplirent
ces articles. Julien se réjouit de ces heureux succès qui terminerent cette fameuse
guerre, comparable aux guerres Puniques
& Teutoniques (a), mais qui couta bien
moins de sang à la République.

Si ce Prince depuis la mort de Constance n'avoit pas continué à s'illustrer par
des actions aussi héroïques, on seroit
tenté de croire ce que disoient ses dé-
tracteurs, c'est qu'il n'avoit si vaillamment combattu que dans l'espérance, que
                                    termi-

(a) V. Valere Maxime Liv. VI. ². §. 3. & Cap. 9.
§. 14. Florus Liv. III. Cap. 3.

terminant ſes jours par un trépas glorieux, il n'auroit pas, comme le ſouhai-
toient ſes envieux, le ſort de Gallus.

CHAPITRE II.

Julien aſſiége ſix cens Francs qui rava-
geoient la ſeconde Germanie & les for-
ce par la famine à ſe rendre.

Julien après avoir aſſuré ces arrangemens autant que les circonſtances le permettoient, retourna à ſes quartiers d'hyver où de nouvelles fatigues l'attendoient. Severe qui ſe rendoit à Rheims
par Cologne & Juliers, rencontra un
puiſſant corps de Francs compoſé, comme on l'apprit dans la ſuite, de ſix cens
hommes (*a*) qui dévaſtoient les lieux
qu'on avoit dégarnis de troupes.

L'ab-

(*a*) On n'eſt pas unanime ſur la force de ce corps.
Les uns veulent qu'il ait été de mille, d'autres de

L'abfence du Prince occupé loin de là
avec les Allemands, fit croire, à ces
Francs auxquels d'ailleurs perfonne ne
s'oppofoit, qu'il leur feroit aifé de s'enrichir de butin; mais furpris par le retour de notre armée, ils fe jetterent dans
deux forts qui avoient été autrefois dégarnis, & s'y défendirent de tout leur
pouvoir.   Julien que cette étrange entreprife frappa, fentit les fuites qu'elle
auroit s'il continuoit fa route fans attaquer cet ennemi; il s'arrêta donc avec fon
armée & affiégea dans les formes ces deux
places que beignent les eaux de la Meufe.
Ces barbares firent une réfiftance fi défef-
pérée que le fiége dura cinquante quatre
jours, c'eft à dire tout le mois de Décembre
& de Janvier. L'habile Julien qui craignoit
qu'ils ne profitaffent de l'obfcurité de la
nuit & n'échappaffent par la rivière qui
étoit gelée, pour leur ôter cette reffource,

seize cens hommes. Il femble en effet que l'épithète
de *puiffant* qu'Ammien employe ici, ne convient guè-
res à un parti de fix cens hommes.

ce, fit tous les jours depuis le soir jufqu'au matin, parcourir le fleuve par des
foldats qui au moyen de barques légéres
rompoient les glaces.

Cette manœuvre auffi bien que la faim
& les veilles réduifit les affiégés aux derniers abois, ils fe rendirent d'eux - mêmes, & furent auffi - tôt envoyés à Conftance. Une multitude de Francs fe mit
en marche pour délivrer leurs camarades,
mais fur la nouvelle qu'ils avoient été
faits prifonniers, & tranfportés plus loin,
ils s'en retournerent fans ofer tenter la
moindre chofe; Julien fut achever l'hyver à Paris.

CHAPITRE III.

Julien tâche de foulager les Gaulois op-
primés par les impots.

En attendant, Julien trop prudent pour
ignorer combien les armes font journalié-
res,

res, éprouvoit de grandes inquiétudes, & craignoit la réunion des forces de plu- sieurs nations : quelque courte que fût cette trève peu tranquille, il en profita cependant pour régler les impots, & sou- lager les propriétaires des pertes qu'ils avoient souffertes.

Florence, Préfet du Prétoire, après avoir tout examiné à ce qu'il disoit, pré- tendoit que la capitation ne suffiroit pas, & qu'il faudroit y suppléer par une taxe extraordinaire ; mais Julien qui étoit au fait de cet objet, assura qu'il perdroit plutôt la vie que d'y consentir ; il savoit bien que ces sortes d'augmentations, ou pour mieux dire de destructions, font des playes incurables, qui jettent souvent les Provinces dans la derniére misére, & c'est ce qui fut comme nous le verrons dans la suite, la cause de la ruine entiére de l'Illyrie. Florence fit beaucoup de bruit, & trouva fort étrange qu'on se dé- fiât d'un homme que l'Empereur avoit chargé de cette administration ; Julien l'adoucit, & calculant exactement avec
lui,

lui, il lui prouva que non feulement la
Capitation fuffifoit, mais qu'elle excé-
doit même, les frais néceffaires pour
fournir aux befoins de la Province & de
l'armée : quelque tems après cependant,
ou préfenta au Prince le projet d'un nouvel impôt, mais fans daigner en entendre le détail il refufa de le figner & le jetta
par terre. Le Préfet fe plaignit à Conftance qui en écrivit à Julien & l'exhorta
à ne pas fe conduire de maniére qu'on
put croire qu'il foupçonnât Florence ;
Julien répondit qu'il falloit fe réjouïr de
ce que cette province ravagée depuis longtems, fourniffoit au moins le néceffaire,
que pour le fuperflu, aucun fupplice ne
feroit capable de l'arracher à des hommes
réduits à la derniére mifére.

A compter de ce moment & dans la
fuite, on obferva conftamment, d'empêcher qui que ce fut de tirer des Gaulois
au delà de ce qui étoit d'ufage. Le Céfar, ce qui eft un exemple unique avoit
obtenu du Préfet, que l'arrangement de la
feconde Belgique qui avoit été accablée

de

de bien des maux, lui feroit abandonné à condition que ni l'appariteur (a) de la Préfecture, ni celui du Préfidial, n'ufe-roient de violence pour exiger de l'argent. Par-là, tous ceux qu'il prit ainfi fous fa protection fe virent foulagés, & n'étant plus inquiétés, ils acquitterent leurs dettes avant le tems marqué.

CHAPITRE IV.

On éléve à Rome par l'ordre de Conftan-ce, un Obélifque dans le grand Cir-que ; des Obélifques & des caractéres hiéroglyphiques.

Pendant que l'on commençoit ainfi à foulager les Gaules, on éleva un Obélif-que à Rome dans le grand Cirque, fous la feconde Préfecture d'Orphite; l'occa-fion s'en préfentant naturellement, je dirai

(a) *V. ci-deffus Liv. XIV. Chap. 11.*

Tome I. M

dirai quelque chofe, de cette forte de
monumens. Les anciens fondateurs de
Thèbes ville célèbre par l'extrême étendue de fes fuperbes murailles & par fes
cent portes, l'appellerent par cette raifon
Hecatompyle & la Province entiére con-
ferve encore le nom de Thébaide qui lui
vient de la ville même.

Dès que Carthage commença à s'étendre par des conquêtes, fes Généraux fur-
prirent Thèbes & la dévafterent; ayant
été réparée, Cambyfes ce Roi des Perfes
qui fut toujours auffi avide que cruel, l'attaqua lorfqu'il envahit l'Égypte; les richeffes qu'elle renfermoit exciterent la cupi-
dité de ce Prince, qui ne refpecta pas même les dons renfermés dans les temples.
C'eft lui qui courant au milieu des pillards, s'embarraffa dans fes longs vétemens; tomba & fe bleffa prefque mor-
tellement du poignard qu'il portoit au
côté droit, & que cette chute fit fortir
du fourreau (a).

Long-

(a) V. Juftin. Liv. I. Chap. 9.

Longtems après, Cornelius Gallus, Procurateur de l'Égypte fous l'Empereur Octavien, épuifa cette ville & en détourna quantité de chofes prétieufes; à fon retour accufé de vol, & craignant la nobleffe qui étoit indignée contre lui, & que l'Empereur avoit chargée d'approfondir cette affaire, il fe perça de fon épée; c'eft fi je ne me trompe ce Gallus Poëte, que Virgile célébre en vers touchans fur la fin de fes Buccoliques.

J'ai vu dans cette ville, outre de grands baffins, & plufieurs maffes de pierres qui repréfentoient les Dieux des Égyptiens, nombre d'Obélifques dont les uns font dreffés, les autres renverfés & brifés: les anciens Rois de ce pays, après les avoir tirés du fein de diverfes montagnes ou des pays les plus éloignés, les avoit fait travailler & ériger, en les confacrant à leurs Divinités pour conferver la mémoire, foit des peuples qu'ils avoient vaincus, foit des grandes profpérités dont ils avoient joui.

Une

Une Obélisque est une pierre extrémement dure, de la figure d'une borne qui s'éléve peu à peu à une hauteur confidérable ; pour la faire reffembler à un rayon, on la polit avec art, & on en diminue les quatre faces, de maniére que leur fommet fe termine infenfiblement en pointe. Les anciens y ont fait graver ces caractères fans nombre, qu'on nomme hiéroglyphes, & qui font les fymboles de la Théologie de ces tems. Ils y ont encore imprimé des figures d'oifeaux, de quadrapudes, & même d'objets étrangers, pour tranfmettre par là plus univerfellement aux fiècles fuivans, le fouvenir des grands événemens, & les promeffes & les vœux dont les Rois s'étoient acquittés.

Les premiers Égyptiens ne fe fervoient pas d'un nombre déterminé de lettres, comme on le fait à préfent pour peindre avec facilité les penfées ; mais chaque caractère exprimoit un nom, ou un verbe, quelque fois même il renfermoit un fens complet. En voici deux exemples. Le Vautour défignoit le terme *Nature*, parce que la
physi-

physique enseigne qu'il n'y a point de mâle parmi cette espèce d'oiseaux. L'abeille qui fait le miel, signifioit selon eux un Roi, pour donner à entendre que celui qui gouverne, doit pourtant être à portée, quelque doux & bienfaisant qu'il soit, de faire sentir son aiguillon lorsqu'il en est besoin; & ainsi d'autres.

Les flatteurs, selon leur coutume, ne cessoient de dire à Constance, qu'Octavien Auguste avoit fait transporter d'Héliopolis ville d'Égypte, deux Obélisques, dont l'un est dans le grand Cirque, & l'autre dans le champ de Mars; mais qu'effrayé par la grandeur de ce dernier qu'on avoit fait venir depuis peu, il n'osa ni le toucher, ni entreprendre de le changer de place. Disons pourtant en faveur de ceux qui l'ignorent, que ce Prince, après en avoir fait transporter quelques-uns, ne laissa celui-ci intact que parceque dédié particulièrement au Soleil & dressé au milieu d'un temple somptueux, il s'y distinguoit par dessus tous les monumens sacrés auxquels il n'étoit

M 3   pas

pas permis de toucher. Conſtantin qui ne ſe fit pas de peine de déplacer cette maſſe, & qui n'imagina pas avec raiſon, que ce fût un acte d'irrévérence, de conſacrer à Rome, c'eſt à dire dans le ſanctuaire de l'univers, une merveille qui avoit été dans un Temple; après l'avoir tirée de ſa place, la laiſſa abattue tout le tems que demandoient les préparatifs néceſſaires pour pouvoir la tranſporter. On la conduiſit donc ſur le Nil juſqu'à Alexandrie, où on conſtruiſit un vaiſſeau d'une grandeur juſqu'alors innouïe, que devoient faire mouvoir trois cens rames. Mais tout étant ainſi préparé, la mort de ce Prince ſuſpendit l'exécution de cette entrepriſe. Longtems après, on en chargea le vaiſſeau, & traverſant les mers & les eaux du Tibre qui ſembloit craindre de porter dans ſes heureuſes murailles, ce préſent que lui faiſoit le Nil qu'il connoiſſoit à peine, elle arriva au bourg d'Alexandre éloigné de Rome de trois lieues; ici elle fut miſe ſur une eſpèce particulière de voiture & doucement conduite

duite par la porte d'Oftie & la Pifcine publique, jufqu'au grand Cirque. Il ne reftoit
plus qu'à l'élever, ce qu'on efpéroit à peine
de pouvoir exécuter.   Après avoir dreffé
non fans péril, de hautes poutres dont
le nombre reffembloit à une forêt, on y
attacha de longs & de gros cables qui
s'entrelaffant comme une trame, déroboient par leur épaiffeur la vue du ciel.
Par ce mechanifme, cette maffe pour ne pas
dire cette montagne chargée d'emblemes,
fut infenfiblement élevée en l'air, & après
y être demeurée affez longtems fufpendue,
à l'aide de plufieurs milliers d'hommes,
qui fembloient tourner des meules de
moulin, on la placa au milieu du grand
Cirque; on mit fur fa pointe une boule
d'airain couverte de feuilles d'or; mais
ayant été peu après frappée de la foudre,
on y fubftitua une figure d'airain qui repréfentoit un flambeau; elle étoit également couverte de feuilles d'or, & fon
éclat imitoit celui de la flamme.   Dans
la fuite on tranfporta d'autres Obélifques;
l'un eft au Vatican, le fecond dans les

jardins de Salluſte, & deux autres ſe trouvent près du tombeau d'Auguſte. Nous avons ſuivi dans l'explication du ſens des emblêmes gravés ſur l'ancien Obéliſque que nous voyons dans le Cirque, le livre d'Hermapion.

D'abord du côté du Midi ſe trouve au premier rang cette interprétation.

Le Soleil au Roi Rameſtes (*a*). Je t'ai donné de regner avec joye ſur toute la terre, à toi qui es aimé du Soleil & d'Apollon, puiſſant ami de la vérité, fils de Heron (*b*), iſſu des Dieux, fondateur de la terre habitable, que le Soleil a préféré à tous, Roi Rameſtes, vaillant

(*a*) Il paroit que c'eſt le même que *Rhameſes*, ou *Rhameſſes*. Joſeph dans ſon ſecond Livre contre Appion, dit que ce Prince portoit auſſi le nom de *Seſoſtis* & Hérodote Liv. II. l'appelle Seſoſtris.

(*b*) Vigenère traduit, *nourriſſon de la ville de Heron*, mais le Grec dit poſitivement *fils de Heron*. Les Égyptiens donnoient à un de leurs Demi-Dieux le nom de *Heron* qui ſignifie le Seigneur. *V. la Règle des tems du Chevalier Marsham p. 11.*

lant fils de Mars, qui t'es affujetti toute la terre par ta force & par ton courage, Roi Rameftes, fils éternel du Soleil (a).

Second rang.

Apollon le puiffant, qui eft réellement le difpenfateur des Diadèmes, qui fe glorifie de l'Égypte qu'il poffède, qui embellit la ville du Soleil, qui a fondé le refte de la terre, & qui honore beaucoup les Dieux établis dans la ville du Soleil, lui qui eft aimé du Soleil.

Troifième rang.

Apollon fils puiffant & refplendiffant du Soleil, que le Soleil a choifi de préférence; & que Mars le vaillant a doué de fes graces; dont les bienfaits dureront toujours, que Jupiter Ammon aime,

com-

(a) Le Soleil dont il eft fait mention ici, étoit fils de Vulcain, ils étoient tous deux au nombre des Dieux du premier rang. Les Demi-Dieux venoient enfuite, & tels étoient, *Orus*, *Mars*, *Hercule* ou *Heron*, *Apollon*, *Ammon* & *Jupiter*: Voy. la *Règle des tems du Chevalier Marsham* pag. 462.

M 5

comblant de biens le temple du Phénix (a); à qui les Dieux ont accordé de
vivre toujours. Apollon puissant fils de
Heron, Ramestes Roi de la terre habitable, qui conserve l'Égypte, triomphant des nations étrangéres, Toi que le Soleil aime & à qui les Dieux ont accordé
une longue vie; Ramestes Seigneur de la
terre habitable, qui vivras éternellement.

Autre second rang (b).

Moi le Dieu Soleil, maître souverain
du ciel, je t'ai donné une vie agréable.
Apollon puissant Seigneur des Empires,
incomparable, à qui le Seigneur de l'É-
gypte a dédié des statues dans ce royaume, à l'honneur duquel il a décoré la ville
du Soleil, & le Soleil maître du ciel. Ce
Roi.

(a) Vigenère traduit le temple Phénicien, mais ne
doit-ce pas être plutôt le temple du Phénix? on con-
noit la fable qu'on a débitée sur cet oiseau.

(b) Peut-être du côté du couchant, ou du Septentrion.

Roi, fils du Soleil, a achevé cet excellent ouvrage & vivra éternellement.

Troisième rang.

Moi le Soleil, Dieu souverain du ciel,
j'ai donné au Roi Rameftes le pouvoir &
l'autorité fur toutes chofes, à lui qu'Apollon l'ami du vrai, l'arbitre des tems, &
Vulcain le père des Dieux, ont choifi
pour l'amour de Mars, Roi fortuné à
tous égards, fils du Soleil, & aimé de
cet Aftre.

Au premier rang du côté du Levant.

Le grand Dieu célefte de la ville du
Soleil, Apollon le fort & le puiffant,
fils de Heron, que le Soleil a nourri, que
les Dieux honorent, qui gouverne toute
la terre, que le Soleil a élu, ce vaillant
Roi favori de Mars, que Jupiter Ammon
chérit, tout lumineux, choififfant un
Roi éternel . . . . (La fuite manque).

CHAPITRE V.

Conſtance & Sapor, Roi des Perſes, trai-
tent inutilement de la paix, par des
lettres, & par des Ambaſſadeurs.

Tandis que ſous les Conſuls Datianus &
Céréale, on mettoit tout en ordre dans
les Gaules avec autant de prudence que
d'activité, & que le ſouvenir de ce qui
s'étoit paſſé épouvantoit les barbares, &
rallentiſſoit leur fureur, le Roi des Perſes qui ſe trouvoit ſur les frontiéres de
nations éloignées, après avoir fait alliance avec les Chionites & les Gelanes
les plus guerriers de tous ces peuples, ſut
le point de rentrer dans ſes états, reçut
des lettres de Tamſapor qui lui diſoit que
l'Empereur Romain lui demandoit la paix
avec inſtance. Sapor enflé de vanité &
dans la ſuppoſition qu'on n'en venoit là
que parce que l'Empire étoit ébranlé, y
conſentit, mais à de dures conditions.
Un

Un certain Narſeus fût donc chargé de porter des préſens à Conſtance, & des lettres pleines du faſte qui étoit naturel à cette nation.

En voici le ſens. „Sapor, Roi des „Rois, allié des étoiles, frére du Soleil „& de la Lune, ſalue le Céſar Conſtance „ſon frére. Je me réjouis de ce que rentré en vous même, après avoir éprouvé „les maux qu'enfante le deſir opiniatre de „s'emparer du bien d'autrui, vous recon„noiſſez enfin les droits ſacrés de l'équité. „Comme le langage de la vérité doit être „franc & ſincère, & que les Grands doi„vent toujours exprimer ce qu'ils pen„ſent; je vais faire connoître en peu de „mots mes intentions, qui ne ſont, com„me vous vous en reſſouviendrez, que ce „que je vous ai déjà dit plus d'une fois. „Vos annales mêmes atteſtent que l'Em„pire de mes Ancêtres s'étendoit juſqu'au „fleuve Strymon & aux frontiéres de la „Macédoine. Il me convient de rede„mander le même pays, à moi (& cela „ſoit dit ſans orgueil) qui ſurpaſſe par

M 7　　　　　　„l'é-

„l'éclat & le nombre de mes vertus, les
„Rois qui m'ont précédés. J'aime à me
„rappeller que depuis mon enfance, je n'ai
„rien entrepris dont je me fois repenti.
„Je dois donc reprendre l'Arménie & la
„Méfopotamie que la fraude a arrachées à
„mon ayeul. Nous n'avons jamais admis
„ce que vous affirmez d'un ton de triom-
„phe; c'eft que les fuccès à la guerre, qu'ils
„foyent l'effet de la rufe ou de la valeur,
„font également dignes d'éloges. Enfin
„fi vous voulez fuivre le bon confeil que
„je vous donne, méprifez, pour gouverner
„tranquillement le refte, cette petite partie
„de vos états, théatre perpetuel de deuil &
„de carnage. Penfez fagement, que les
„médecins brûlent de tems en tems, cou-
„pent & retranchent quelques membres,
„pour fauver ceux qui ne font pas encore
„attaqués; c'eft auffi ce que font les ani-
„maux, qui abandonnent d'eux mêmes,
„ce qui fait courir après eux, pour vivre
„enfuite libres d'inquiétudes. Je pro-
„tefte que fi mon Ambaffadeur revient
„fans avoir rien conclû, dès que l'hyver
„fera

„fera paſſé, je marcherai contre vous
„avec toutes mes forces, comptant ſur
„un ſuccès que me fait éſpérer & ma for-
„tune, & l'équité des conditions que je
„vous offre. „

Ces lettres furent priſes en conſidéra-
tion & après un mur examen, on y répondit ſimplement en ces termes.

„Conſtance vainqueur par mer & par
„terre, toujours Auguſte, ſalue le Roi
„Sapor ſon frére. Je vous félicite de
„votre heureux retour dans vos états,
„étant diſpoſé ſi vous le voulez, à être vo-
„tre ami; mais je ne puis que blamer vo-
„tre ambition auſſi démeſurée qu'infléxi-
„ble. Vous demandez, comme ſi elle
„vous appartenoient, la Méſopotamie &
„l'Arménie, & vous conſeillez de ſacri-
„fier quelque membre pour ſauver le reſte
„du corps; c'eſt ce que je trouve plus à
„propos de réfuter que d'admettre, voici
„donc ſans détour la vérité, dont de vaines
„menaces ne m'écarteront pas. Mon Préfet
„du Prétoire dans l'idée de faire réuſſir
„un projet utile; ſans mon conſentement,

„&

„& par l'entremife de gens obfcurs, à
„parlé de la paix avec votre Général; je
„ne la repouffe, ni ne la refufe, fi elle
„eft telle qu'elle s'accorde avec l'honneur,
„& ne donne aucune atteinte à ma gloire.
„Il feroit abfurde & déshonorant, dans
„le tems où tout retentit du bruit de mes
„exploits, quels qu'ayent été les éfforts de
„l'envie pour les ternir; dans le tems où
„tous les tyrans vaincus fubiffent le joug
„Romain, d'abandonner ce que nous
„avons confervé jufqu'ici en Orient.
„Laiffez donc ces menaces que vous êtes
„dans l'habitude de nous faire; on n'i-
„gnore pas, que c'eft, non par indolence
„mais par modération que nous avons
„mieux aimé quelque fois, attendre que
„commencer la guerre, & que nous favons
„nous défendre avec courage auffitôt que
„nous fommes attaqués. Vous devez favoir
„auffi, foit par l'expérience, foit par la lectu-
„re, que Rome a eu rarement du deffous
„dans les batailles, que jamais au bout
„d'une guerre elle n'a rien perdu.«

Cette

Cette Ambaſſade fut donc ainſi con-
gédiée, car c'étoit tout ce qu'on pouvoit répondre aux inſolentes prétenſions
de ce Roi ; peu de jours après le Comte
Proſper, Spectatus Tribun & Sécretaire,
& ſur l'avis de Muſonien, Euſtate le Philoſophe qu'on croyoit propre à perſua-
der, ſuivirent les députes Perſes ; ils
portoient des lettres & des préſens de
l'Empereur, & devoient tacher de faire
adroitement ſuſpendre les préparatifs de
Sapor, afin qu'on eut le tems de fortifier au delà de tout ce qui étoit poſſible,
les Provinces ſeptentrionales.

CHA-

CHAPITRE VI.

On bat & met en fuite dans les Rhéties qu'ils défoloient, les Juthunges peuples Allemands.

Au milieu de cette crife, les Juthunges (*a*) peuples Allemands, qui touchent à l'Italie, oubliant la paix & les traités qu'ils avoient obtenus par prières, ravageoient les Rhéties, & tentoient contre leur ufage, d'affiéger des villes. On envoya avec un corps confidérable, à la place de Silvain, Barbation promu au grade de Général d'Infanterie c'étoit un lache, mais grand parleur, nos foldats dont il anima beaucoup le courage, maffacrerent tant d'ennemis, qu'à grand peine, un petit nombre s'échappa & rentra dans fon pays accablé de triftesse & de douleur. On affure que Nevitte qui fut Conful

(*a*) On les nommoit auffi Victhunges.

ful dans la fuite, affifta à cette bataille à
la tête d'un efcadron de cavalerie, &
qu'il y combattit vaillament.

CHAPITRE VII.

*Nicomédie détruite par un tremblement de
terre, & comment fe font ces fecouffes.*

Plufieurs villes & montagnes de la Macédoine, de l'Afie & du Pont furent
ébranlées dans ce tems, par les fréquentes fecouffes d'horribles tremblemens de
terre. La deftruction de (a) Nicomédie,
capitale de la Bythinie, fe diftingua au
milieu de ces divers monumens d'infor-
tune; difons un mot de cet événement
déplorable.

Le 24. d'Août à la pointe du jour,
d'épais nuages s'étant raffemblés couvri-
rent

(a) C'eft aujourd'hui Is - Nikmid, ville confidérable de la Turquie Afiatique dans l'Anatolie.

rent la furface riante du ciel, & la lu-
miére du Soleil difparut au point, qu'on
ne diftinguoit plus les objets les plus voifins, tant les ténébres qui envelopperent
la terre, étoient épaiffes. Puis, comme
fi un Dieu eut lancé les foudres terribles
& excité les vents des quatre coins du
monde, on entendit le bruit effrayant
des tempêtes & le fracas des flots débor-
dés; à cela fe joignirent des tourbillons
& des torrens de vapeurs enflammées,
avec d'affreux tremblemens de terre qui
renverferent de fond en comble, & la ville & les fauxbourgs. La plupart des
maifons qui fe trouverent fur le penchant
des collines, tombérent les unes fur les
autres, & les échos porterent de tous
côtés le bruit de cet horrible défaftre.
Les fommets des montagnes renvoyoient
les cris plaintifs de ceux qui cherchoient
leurs époufes, leurs enfans & leurs proches. Enfin longtems avant la troifième
heure du jour, les ténébres étant diffipées
& l'air devenu plus ferein, on découvrit
toute l'étendue de ces ravages.

Quel-

Quelques malheureux accablés par la force de ces décombres, périrent sous leurs poids; d'autres enfevelis jufqu'aux épaules expirerent faute de fecours; ceux-ci, fe trouverent fufpendus à des hautes poutres fur lefquelles ils étoient tombés; on vit alors confondus les cadavres d'un grand nombre d'habitans que le même coup avoit détruits. Les uns quoiqu'encore en vie moururent pourtant de crainte & de difette, fous le faite de leurs maifons affaiffées. Ce fut ainfi que termina miférablement fes jours (a), Arifténete qui avoit recherché la place de Vicaire du Diocèfe créé par Conftance, pour honorer la piété de fa femme Eufébie. Quelques - uns furent encore fubitement enterrés fous d'épaiffes ruines. D'autres avec des têtes meurtries, des jambes & des bras fracaffés, implorerent en vain fur les bords du tombeau, les fecours de ceux qui

par-

(a) Il étoit né à Nicée en Bithynie; Libanius déplore dans plufieurs de fes lettres la perte d'Arifténete, comme d'un ami qui lui étoit cher.

partageoint avec eux la même deftinée. On
auroit pu cependant fauver la plus grande
partie des temples des maifons & des habitans, fi l'ardeur des flammes qui fe répandirent auffitôt, n'eut pas pendant cinquante jours, & cinquante nuits, achevé
de ruiner tout.

Il ne fera pas, je penfe, hors de propos
de dire un mot des conjectures des anciens
fur ces tremblemens de terre ; je dis conjectures, car ni nos foibles lumiéres, ni les veilles des infatigables Phyficiens & leurs difputes qui durent encore, n'ont pu jufqu'à
préfent en décourir la véritable caufe ; auffi
dans les rituels & dans les livres des Pon-
tifes évite - t - on, pour ne pas commettre
quelque grand crime, de nommer un
Dieu pour un autre, puifqu'on ignore
quel eft celui qui ébranle la terre.

Selon les diverfes opinions qui ont
occupé & fait fuer Ariftote (a), ces tremblemens fe forment, dans ces petits canaux

(a) V. Ariftote traité des Météores Liv. III.
Chap. 7. & fon traité du Ciel Chap. 4.

naux soûterrains, qu'en Gréce nous appel-
lons Syringes, par la fréquente agitation
des eaux qui s'y portent avec force; ou
du moins, ainfi que le foutient Anaxa-
gore, par la violence des vents qui pénétrent les entrailles de la terre; parvenus
à ces maffes endurcies, & ne pouvant
s'y faire un paffage, ils déployent leur
action fur ces parties qu'ils pénétrent de
leur humidité. De là vient que la plûpart du tems, les vents ne fe font point
fentir pendant que la terre tremble, par-
cequ'ils font occupés dans fes enfonce-
mens les plus éloignés.

Anaximandre prétend que la terre
déffechée après d'exceffives chaleurs, ou
imbibée de pluyes trop abondantes, pré-
fente de larges ouvertures dans lefquelles
s'infinue avec violence & en trop grande
quantité, l'air fupérieur qui par fon agitation l'ébranle jufques dans fes fondemens; que par cette raifon auffi ces phé-
nomènes effrayans n'ont lieu que, dans le
cas d'une grande féchereffe, ou d'une humidité exceffive. C'eft pourquoi les anciens

ciens Poëtes & les Théologiens, ont
donné à Neptune qui tient l'empire des
eaux, les noms d'Ennofigéon (*a*), & de
Sifichton (*b*).

Les tremblemens de terre se font de
quatre manières, ou ce font des fermen-
tations qui agitent la terre, élevent &
lancent au deffus de fa furface des maffes
confidérables; c'eft ainfi qu'elles ont
donné naiffance à Délos en Afie, à Hiere,
Anaphe, Rhode, Ophiufe, Pélagie qu'on
dit avoir été anciennement inondée d'une
pluye d'or; à Éleufis en Béotie, à Vol-
canus chez les Tyrrhéniens, & à plufieurs iles: où ce font des efpèces de
tourbillons qui venant de côté & déployant obliquement leur impétuofité,
renverfent les villes, les édifices & les
montagnes; ou des éruptions dont la
violence ouvre des gouffres propres à en-
fevelir des Provinces entiéres; de cette
forte fut engloutie dans la Mer Atlanti-
que

(*a*) Qui ébranle la terre.

(*b*) A la même fignification.

que & couverte de ténèbres éternelles de l'Érebe, une île plus confidérable que l'Europe; dans le Golfe de Criffée, Hé- lice & Bure, & dans Ciminia partie de l'Italie, la ville de Saccumes. Outre ces trois efpèces de tremblemens de terre, il en eft encore qui fe font avec fracas & qui ont lieu lorfque les élémens diffous s'élévent d'eux-mêmes, ou retombent avec la terre qui s'affaiffe. Leur bruit effroyable imite le mugiffement des tau- reaux. Mais revenons à notre fujet.

CHAPITRE VIII.

Julien reçoit fous fon obéiffance les Sa- liens, peuple Franc qui fe rend à lui ; il défait une partie des Chamaves, en fait une autre prifonnière, & donne la paix au refte.

Cependant le Céfar qui paffoit l'hyver à Paris, s'occupoit fortement du projet de

Tome I. N pré-

prévenir les Allemands qui n'étoient pas encore rassemblés, mais qui depuis la journée de Strasbourg poussoient l'audace & la cruauté jusqu'à la fureur : il attendoit avec impatience le mois de Juillet, tems où commencent dans les Gaules les opérations militaires, & ne pouvoit se mettre en marche avant que le retour de l'été, dissipant les neiges & les frimats, lui permit de recevoir ses provisions de l'Aquitaine. Mais comme un génie actif vient presque toujours à bout de tout, après s'être occupé de plusieurs projets, il se fixa à celui-ci ; ce fut, sans attendre la saison, de tomber à l'improviste sur les barbares. En conséquence il fit pour vingt jours une quantité suffisante de ce qu'on nomme vulgairement du biscuit & le distribua à ses soldats qui s'en chargerent avec plaisir ; plein de confiance en ce secours, il partit comme cy-devant sous d'heureux auspices, espérant de terminer dans cinq ou six mois, deux expéditions aussi importantes que nécessaires.

Tout

Tout étant ainſi préparé, il marcha premièrement contre ces peuples Francs connus ſous le nom de Saliens, qui depuis longtems avoient oſé fixer inſolemment leur demeure ſur les terres des Romains près de la Toxiandrie (a). Arrivé dans le territoire de Tongres (b) il y trouva une ambaſſade de ces peuples qui le croyoient encore dans ſes quartiers d'hiver; elle étoit chargée de demander la paix à condition que perſonne ne les troublât, tant qu'ils ſe tiendroient tranquilles dans leurs habitations. Le Céſar éludant cette négociation & l'embaraſſant par des conditions équivoques, comme s'il avoit deſſein de s'arrêter dans ces contrées, juſqu'au retour de ces ambaſſadeurs, leur fit des préſens au moment de leur départ; mais les ſuivant auſſitôt, après avoir détaché le Général Severe du côté du rivage, il tomba comme la foudre ſur ce pays.

Le

(a) Les Toxandres habitoient une partie de la Flandre.

(b) Dans l'Évéché de Liége.

Le succès qui suivit cette entreprise lui permit d'user de clémence; il traita favorablement ces peuples qui loin de résister, s'humilièrent & s'abandonnèrent à lui, avec leurs biens & leurs enfans. Ensuite il attaqua les Chamaves (a) qui avoient également entrepris de s'établir sur les terres des Romains; il en défit une partie avec la même célérité, chargea de chaines ceux qui après une forte résistance tomberent entre ses mains, & pour ne pas fatiguer ses troupes, laissa le reste tout tremblant de frayeur, s'échapper par la fuite; peu après pour assurer leur tranquilité, ils envoyerent des députés qui vinrent implorer à genoux sa clémence; ils obtinrent la paix à condition qu'ils retourneroient chez eux.

(a) Les Chamaves habitoient vers l'embouchure du Rhin. Les Saxons dont ils faisoient partie, les forcerent, selon le récit de *Zosime Liv. III.* à aller chasser les Saliens de leurs demeures. *V. les Frér. Valois.*

CHA-

CHAPITRE IX.

Julien répare trois châteaux situés sur la Meuse que les barbares avoient détruits ; & se trouve exposé aux injures & aux outrages des soldats qui souffroient de la disette.

Comme tout répondoit à ses vœux, il se hâta avec un soin infatigable, d'assurer par tous les moyens possibles l'avantage de ces provinces ; il pensa d'abord à réparer autant que les circonstances le permettoient, trois forts que les barbares avoient ruinés longtems auparavant, & qui se trouvoient établis sur la même ligne aux bords de la Meuse ; il suspendit donc pour peu de tems la suite de ses opérations ; l'ouvrage fut bientôt achevé, & pour exécuter avec promtitude ce sage projet, il prit une partie de la provision de dix sept jours dont les soldats étoient chargés, & la destina à l'usage de ces forts

N 3

dans

dans l'efpérance que les moiffons des Chamaves y fuppléeroient. Mais le contraire arriva. Les bleds n'étoient pas encore murs; les troupes qui en attendant avoient confumé leur pain, ne trouvant nulle part dequoi fe nourrir, accabloient Julien de menaces, d'injures & de reproches. Elles l'appelloient Afien, petit Grec, trompeur, & faux fage. Et comme parmi les foldats, il y en a toujours qui fe diftinguent par leur babil, on les entendoit tenir hautement ces propos & d'autres femblables. „Où nous laiffons-„nous entrainer ainfi fans aucune efpérance „de mieux? Nous avons effuyé autrefois les „maux les plus rudes, & fupporté la rigueur „des neiges & des frimats? Mais à préfent, „quel comble d'opprobre! Sur le point „de triompher de nos ennemis, nous voilà „réduits à périr de la mort la plus igno-„minieufe, de la faim. Qu'on ne nous „regarde pas comme de féditieux; nous „proteftons que nous ne parlons que pour „nôtre vie; ce n'eft ni de l'or, ni de „l'argent que nous demandons, nous n'en

„avons

„avons depuis longtems, ni vu ni touché,
„& on nous l'a refusé, comme si nous ne
„nous étions expofés à tant de travaux
„& de périls que pour nuire aux inté-
„rêts de la République." Il faut avouer
que leurs plaintes étoient fondées. Car au
milieu de tous ces hazards, & des fituations les plus critiques, le foldat affoibli
par les fatigues de la Gaule, ne reçut ni
paye, ni gratification depuis l'inftant où
Julien fut envoyé dans ce pays; tant parce qu'il n'avoit lui - même rien à donner,
que parce que Conftauce ne permettois
pas qu'on fit, felon l'ufage, des largeffes.
Il parut bien que c'étoit moins par ava-
rice que dans une mauvaife intention que
cela fe faïfoit, puifque Julien ayant donné un jour une bagatelle à un fimple foldat qui lui demandoit dequoi fe faire rafer, ce Prince en fut vivement repris par
le Sécretaire Gaudence qui féjourna longtems dans les Gaules, pour épier fes démarches. C'eft le même que Julien fit
mettre à mort dans la fuite, comme nous
le dirons en fon lieu.

CHA-

CHAPITRE X.

Suomaire & Hortaire Rois des Alle-
mands, rendent nos prifonniers, & ob-
tiennent de Julien la paix.

Ce tumulte fut enfin appaifé à force de
careffes; Julien paffa le Rhin fur un pont
de bateaux & entra fur les terres des Allemands; Sévere Général de la Cavalerie, qui jufques-là avoit donné des preuves de bravoure & d'habileté, perdit
tout d'un coup courage; ce même homme qu'on avoit vu tant de fois animer
l'armée, & exciter chaque foldat à combattre vaillament, comme s'il eut pref-
fenti que l'inftant de fa mort approchoit,
diffuada baffement & avec pufillanimité,
d'en venir aux mains. C'eft ainfi qu'on
raconte dans les livres Tagetiens (a), que
ceux

(a) *Voyez Cicéron, de la Divination. Liv. II.*
Ch. 23.

ceux qui font menacés de la foudre, ne
peuvent entendre le tonnere ni un grand
bruit. Il marcha donc avec plus de lenteur que de coutume, & exigea par les
plus grandes menaces, que les guides qui
précédoient gayement l'armée, s'accor-
daffent à dire qu'ils ne connoiffoient pas
les chemins. Intimidés par l'autorité du
Général, ils ne firent plus un pas. Au
milieu de ces retardemens Suomaire Roi
des Allemands, de lui-même & contre
notre efpérance, fe préfenta avec les fiens;
ce Prince cruel & qui auparavant étoit
acharné à la perte des Romains, faifit
alors comme un grand avantage, cette
occafion de conferver fes poffeffions.
Son air & fa contenance de fuppliant
engagerent à l'admettre, à l'exhorter
même à avoir bon courage & à
ne rien craindre: auffi fe rendit-il
à difcrétion, en demandant la paix à
genoux. Il l'obtint avec l'oubli du paffé,
à condition pourtant qu'il rendroit nos
prifonniers, & qu'il donneroit à nos
troupes, auffi fouvent qu'il feroit nécef-
N 5 faire,

faire, des vivres pour lesquels il recevroit ainsi que les moindres entrepreneurs, des quittances qu'il seroit tenu de reproduire dans le tems, sous peine de fournir une seconde livraison. Cet arrangement fut terminé sans délai. Il fallut se rendre ensuite au bourg d'un autre Roi nommé Hortaire, & comme nous ne manquions que de guides, Julien chargea Nestice Tribun des Scutaires & Charietton Officier d'une grande valeur, de donner tous leurs soins pour saisir & lui amener un prisonnier; on prit & on lui présenta aussitôt un jeune Allemand qui, sous la promesse qu'on lui laisseroit la vie, s'engagea à montrer le chemin. L'armée qui le suivit, fut d'abord arrêtée par de grands abatis qu'elle rencontra; cependant après des circuits longs & tortueux on arriva.

Chaque soldat irrité des fatigues qu'on lui avoit fait essuyer, brûloit les campagnes, enlevoit les hommes & les troupeaux, & massacroit sans pitié tout ce qui lui résistoit. Hortaire consterné de ces ravages & jugeant par le nombre

de

dé nos légions & par les débris des habitations réduites en cendres, que c'en étoit
fait de lui, demanda grace, promit de
se soumettre à ce que l'on voudroit, &
s'engagea par serment à relacher tous nos
prisonniers, car c'étoit là principalement
le point sur lequel on insistoit le plus; il
en retint cependant un grand nombre &
n'en rendit que peu. Julien qui en eut
vent, fut transporté d'une juste indignation, & lorsqu'il vint selon l'usage pour
recevoir des présens, quatre personnes
de sa suite qui par leur bravoure & leur
fidélité avoient acquis toute sa confiance,
n'eurent la liberté de s'en retourner, qu'a-
près qu'on eut pleinement satisfait à cet
article. Mandé par le César, Hortaire parut
enfin, il se jetta en tremblant aux genoux
du Prince, & cédant à l'ascendant du vainqueur, il souscrivit, à cette dure condition; c'est que tous les succès qu'avoit
eu Julien, l'autorisoient à exiger qu'on
réparât les villes que les barbares avoient
détruites, qu'ainsi Hortaire fourniroit
de ses propres deniers les voitures & les

maté-

matériaux dont on auroit befoin pour cet
ouvrage; il le promit & s'étant foumis
par ferment à payer de fa tête, s'il fe
rendoit coupable de quelque perfidie, il
obtint la liberté de retourner chez lui.
Pour des vivres, il ne fut pas poffible
d'en exiger de ce Prince comme de Suomaire, par la raifon qu'il ne s'en trouvoit point dans fes états ravagés de fond
en comble.

C'eft ainfi que ces Rois autrefois fi infolens, & accoutumés à s'enrichir de nos
dépouilles, fubirent le joug de la puiffance Romaine, & obéirent d'auffi bon
cœur que s'ils étoient nés & avoient été
élevés dans le fein de nations tributaires.
Les chofes étant ainfi réglées, le Céfar
après avoir diftribué felon l'ufage les
troupes dans leurs divers poftes, retourna dans fes quartiers d'hyver.

CHA-

CHAPITRE XI.

Le César Julien après les avantages qu'il remporta dans les Gaules, devint à la Cour de Constance Auguste, l'objet des railleries des envieux qui l'appelloient timide & indolent.

Lorsque la nouvelle de ces événemens fut parvenue à la cour de Constance, (car le César tel qu'un appariteur, étoit obligé de faire rapport à Auguste de toutes ses démarches) tous ceux qui avoient quelque crédit au palais, habiles dans l'art de flatter, couvroient de ridicules les projets que ce Prince avoit aussi sagement conçus qu'heureusement exécutés. On les entendoit dire sottement. « Ce n'est pas un homme, mais une chèvre qui vient raconter ses victoires jusqu'au dégout; ils se moquoient par là de Julien qui portoit une longue barbe: ils

lui

lui donnoient encore les noms de taupe
babillarde (*a*), de finge revêtu de la
pourpre, de petit écolier Grec; c'eft
ainfi que faifant retentir fans ceffe ces
fortes de fobriquets, aux oreilles de Conftance qui y prenoit plaifir, ils tachoient
par d'impudentes plaifanteries d'obfcur-
cir les vertus de Julien, comme s'il étoit
mou, timide, incapable de faire de
grandes chofes, ou de donner à fes actions d'autre mérite que celui d'être
agréablement racontées; ce n'eft pas le
premier exemple que nous ayons de l'injuftice; car une réputation éclatante eft
toujours l'objet de l'envie; nous voyons
que la malignité choquée des belles actions des plus grands Capitaines, après
avoir inutilement cherché des vices &
des crimes dans leur conduite, en à feint
& fuppofé. Ainfi l'on accufa de débau-
ché

(*a*) *Gruterus* remarque fur cet endroit que les tau-
pes n'ont jamais incommodé par leur babil; il fe
pourroit fort bien que le texte eut fouffert ici quelqu'altération.

che Cimon, fils de Miltiade (*a*), qui détruifit une armée innombrable de Perfes
prés de l'Eurymedon fleuve de la Pam-
philie, & força cette nation jufqu'alors
fi fuperbe, à demander humblement la
paix.

Ainfi d'injuftes rivaux accuferenr de
négligence, Scipion Æmilien dont l'heureufe activité détruifit deux villes florif-
fantes (*b*) & acharnées à la perte de Rome; les envieux de Pompée n'ayant rien
de grave à lui imputer, ne releverent - ils
pas ces deux miféres, c'eft qu'il avoit la
coutume de fe grater la tête avec le doigt,
& que pour cacher un ulcère dégoutant
qu'il avoit au genou, il l'enveloppoit d'u-
ne bande blanche (*c*); le premier indiquoit, felon eux, qu'il étoit voluptueux, &
le

(*a*) *Plutarque* dans la vie de Cimon ne le juftifie
pas fur cet article.

(*b*) *Numance* & *Carthage. Voy. Valere Maxime
Liv. VI. Chap.* 11. §. 3. *Vellejus Pateteulus Liv. I.
Chap.* 12.

(*c*) *V. Valere Maxime Liv. VI. Chap.* 11 §. 7.

le second qu'il aimoit les nouveautés; ils ajoutoient encore cette pitoyable réflexion, c'est qu'il étoit indifférent à cet homme qui donna les preuves les plus éclatantes de sa sagesse & de sa bravoure dans la conduite des affaires de la République, qu'elle partie de son corps, il ceignit du bandeau Royal.

Pendant qu'on cabaloit ainsi à la Cour, Artémise Vicaire de Rome, fut élévé à la dignité de Préfet dont il faisoit déjà les fonctions, à la place de Bassus qui étoit mort peu après avoir obtenu cette place. Il y eut des mouvemens séditieux sous son administration qui n'offre d'ailleurs rien d'assez important, pour mériter qu'on en parle.

CHA-

CHAPITRE XII.

Constance force les Sarmates qui autre-
fois avoient été Maîtres dans leur
pays, mais qui alors étoient bannis; &
les Quades qui ravagoient les Panno-
nies & la Méſie, à donner des ôtages
& à rendre nos priſonniers; il établit
un Roi ſur les Sarmates bannis qu'il
remet en liberté & rétablit dans leur
patrie.

———◆———

Sur ces entrefaites Auguſte qui paſſoit
tranquillement l'hyver à Sirmium, reçut
par de fréquens couriers l'important avis
que les Sarmates & les Quades que réuniſ-
ſoient le voiſinage, ainſi que l'affinité des
mœurs & des armes , ravageoient en
petites troupes les deux Pannonies, & la
ſeconde Méſie. Ces peuples plus propres aux brigandages qu'à des combats
réglés , ont de longues piques, leurs cui-
raſſes ſont faites de petites pièces de cor-
ne,

ne, polies & attachés comme des plu-
mes à des pourpoints de toile. La plûpart de leurs chevaux font hongres, &
cela pour que la vue des cavales ne les
rende pas indociles, ou que postés en
embuscade, ils ne trahissent pas leurs cavaliers par un trop fort hennissement.
Soit qu'il s'agisse de poursuivre, soit qu'il
s'agisse de fuir, ils parcourent des espaces immenses fur ces animaux agiles &
souples; ils en menent encore un, quelque fois deux en laisse, afin d'en ménager
les forces, en les montant alternativement,
& en leur laissant le tems de se reposer.

Dès que l'équinoxe du printems fut
passé, l'Empereur ramassa un bon corps
de troupes, & partit plein de l'espoir d'un
heureux succès. Lorsqu'il fut arrivé à un
lieu commode, il construisit un pont de
bateaux, passa le Danube que la fonte
des glaces faisoit déborder, & tomba sur
les terres des barbares pour les ravager;
ceux-ci surpris de la rapidité de cette
marche, à la vue de troupes nombreuses
qu'ils n'avoient pas cru qu'il fut possible
de

de raffembler dans cette faifon, & toutes prêtes à les égorger, n'oferent ni tenir ferme, ni tenter quelqu'entreprife,
& ne penferent qu'à éviter par une promte fuite, une ruine entière.   Un grand
nombre de ceux à qui la crainte avoit ôté
jufqu'à la force de fuir, périt, & ceux
que leur célérité arracha à la mort, cachés dans les fombres détours des montagnes, voyoient de là, détruire par le
feu leur patrie qu'ils auroient pû vanger, s'ils euffent combattu avec autant
de vigueur qu'ils parurent en avoir pour
fe fauver. Ceci fe paffoit dans cette partie
de la Sarmatie qui regarde la feconde Pannonie; un autre corps de troupes tel qu'un
tourbillon, ravagea avec la même fureur
autour de la Valérie, les habitations des
barbares, brûlant & enlevant tout ce
qu'il rencontra. Cette immenfe déroute
affeƈta fi fort les Sarmates, que renonçant
au deffein de fe cacher, ils formerént celui de nous tromper par de feintes propofitions de paix & de profiter de notre
fécurité, pour fondre fur nous avec leur
armée

armée qu'ils avoient partagée en trois
corps.

Ils comptoient nous mettre hors d'é-
tat par là, de faire ufage de nos armes,
d'échapper à leurs traits, & ce qui eft le
comble du malheur dans les affaires dé-
fefpérées, de nous empêcher même de
trouver nôtre falut dans la fuite. Les
Quades qui avoient été fouvent les compagnons de leurs défaftres, fe montre-
rent prêts encore à partager imprudemment avec eux le hazard de cette entreprife : mais ce hardi projet loin de leur
réuffir ne fit que les précipiter dans un
plus grand malheur. On maffacra une
très-grande quantité de leurs gens, &
ce qui refta, n'échappa que par les collines dont ils connoiffoient les chemins :
cet événement ranima le courage ; & l'armée marcha en bataillons ferrés contre
les Quades. Ceux-ci qui prévirent par
ce qui venoit d'arriver, les maux qui les
menaçoient, vinrent avec confiance pour
demander humblement la paix à l'Empereur dont la douceur dans ces occafions
étoit

étoit connuë. Le jour fixé pour convenir des conditions, Zifais jeune homme
d'une belle figure & iffu de fang
royal, rangea comme en bataille les divers ordres des Sarmates, pour qu'ils fif-
fent leurs foumiffions; auffitôt qu'il apperçut l'Empereur, il quitta fes armes, fe
jetta en terre, & au moment où il voulut ouvrir la bouche, la crainte lui ôta
l'ufage de la voix, au point qu'il infpira
la pitié; envain effaya-t-il à diverfes re-
prifes de parler, fes fanglots l'empêche-
rent de s'exprimer. Enfin après qu'on
l'eut encouragé, & qu'on lui eut dit de
fe lever, appuyé fur fes genoux, il demanda avec inftance le pardon & l'oubli
de fes fautes. Le refte de fes gens que
la frayeur rendoit muets, vû l'incertitude
où ils étoient fur le fort qui attendoit leur
chef, ayant été admis à prier, dès qu'ils
le virent debout & qu'il leur eut donné
le figne qu'ils attendoient depuis longtems, ils jetterent loin d'eux leurs javelots & leurs boucliers, éleverent leurs
mains en fupplians & imaginerent encore
plu-

plufieurs autres démonftrations, pour l'emporter en humilité fur leur Prince. Il avoit mené avec lui les Sarmates Rumon, Zinafre & Fragilede Rois Vaffaux, & plufieurs Grands qui devoient folliciter la même faveur. Ils furent fi fatisfaits de ce qu'on la leur accorda, qu'ils offrirent de réparer quoiqu'il pût leur en couter, ce qu'ils avoient détruit comme ennemis, fe foumettant avec joye, eux, leurs biens, leurs femmes, leurs enfans, & toute l'étendue de leurs terres, au pouvoir des Romains; l'équité jointe à la clémence l'emporta cependant; on leur ordonna de rentrer tranquillement dans leurs habitations, & ils rendirent nos prifonniers; ils envoyerent encore les ôtages qu'on avoit demandés & promirent d'obéir aux ordres qu'ils reçevroient.

A cet exemple encourageant de bonté, accoururent avec tous les leurs, Arahaire & Ufafre tous deux Princes du fang royal, c'étoient les plus excellens Généraux de ces nations, l'un commandoit une partie des Transjugitains & des Quades, & l'autre

l'autre quelques Sarmates dont le voifinage & le caractére fauvage cimentoit
l'amitié. L'Empereur qui craignit que
cette multitude, fous prétexte de faire la
paix, ne prit tout à coup les armes, la
fépara & ordonna que ceux qui fe préfentoient pour les Sarmates, s'éloignaffent
un peu, jufqu'à ce qu'on eut terminé
ce qui concernoit Arahare & les Quades.

Ceux-ci parurent à leur maniére, dans
l'attitude la plus humble, & ces mêmes
hommes qu'on n'avoit pu engager jufques-là, à donner des garans de leurs
traités, ne pouvant fe juftifier des actions
atroces qu'ils avoient commifes, accor-
derent pour fe fouftraire au dernier fupplice, les ôtages qu'on exigea.

Cet article réglé avec les Quades, on
admit Ufafre à demander grace, Arahaire foutenoit & prétendoit avec obfti-
nation, que la paix qu'il venoit d'obtenir,
devoit également regarder ce Prince
comme fon compagnon, quoique fon inférieur, auquel il étoit dans l'habitude
de commander. Mais cette queftion
ayant

ayant été difcutée, les Sarmates qui de tout tems avoient été cliens des Romains, reçurent ordre de fecouer le joug d'une puiffance étrangére, & de donner des ôtages; ils faifirent avec joye cette occafion de ferrer des nœuds qui alloient faire leur tranquillité.

Un nombre infini de nations & de Rois, vinrent à la nouvelle qu'Arahaire avoit été renvoyé abfous, demander grace; l'ayant obtenue avec la même facilité, ils firent promtement venir les fils de leurs premières familles, qu'ils donnerent comme cautions; lorfqu'ils rendirent nos prifonniers, ils témoignerent autant de regret de s'en féparer que s'ils euffent été leurs compatriotes. On reprit enfuite en confidération l'état des Sarmates qu'on trouva plus dignes de pitié que de haine; il n'eft pas croyable combien ils retirerent d'avantages de cet incident, & il eft vrai de dire ce que quelques-uns foutiennent, c'eft que le pouvoir du Prince fait, ou fubjugue le deftin. Les naturels de ce pays étoient
autre-

autrefois nobles & puiffans, mais des efclaves formerent une conjuration; & comme
les barbares font confifter le droit dans la
force, ils triompherent, de leurs maîtres
qui les égaloient en valeur, mais qui leur cé-
doient en nombre. Ceux-ci que la crainte
aveugla fur le parti qu'ils devoient prendre, fe retirerent fort loin chez les Victo-
hales, préférant comme un moindre mal,
d'obéir à leurs défenfeurs, plutôt que de
fervir leurs efclaves; lorfque nous les eumes reçus en grace, ils raconterent en
gémiffant les maux qu'ils avoient effuyés,
& demanderent qu'on affurât leur liberté.

L'Empereur fut touché des injuftices
qu'on leur avoit faites, il les affembla en
préfence de l'armée & leur parlant avec
douceur, leur défendit d'obéir déformais
à d'autres qu'à lui, ou à des Généraux
Romains; & pour donner une forte de
dignité à leur réhabilitation, il établit
fur eux Zizais en qualité de Roi; les
preuves de fidélité que ce Prince nous
donna depuis, prouvent qu'il étoit propre à remplir un pofte honorable; après

Tome I. O cette

cette belle action l'Empereur ne permit, ni aux Quades, ni aux Sarmates de fe féparer, avant que nos prifonniers fuffent revenus felon le traité.

Ces accords ainfi páffés avec les barbares, on marcha à Brégétion, pour éteindre dans les larmes ou dans le fang les reftes de la guerre que les Quades faifoient dans ces quartiers. Vitrodore fils du Roi Viduarius, Agilimunde fon Vaffal, & d'autres Grands & Magiftrats des peuples, à la vue de notre armée qui avoit pénétré au fein de leur pays, par tout où nos foldats parurent, fe jetterent à leurs pieds & ayant obtenu grace fe foumirent; ils donnerent leurs enfans comme des gages de leurs difpofitions à obéir, & tirant leurs épées qu'ils regardent comme des divinités, ils jurerent qu'ils feroient fidéles.

CHA-

CHAPITRE XIII.

*Conſtance Auguſte fait un grand carnage
des Limigantes, Sarmates eſclaves
qu'il force à quitter leurs habitations,
& harangue ſon armée.*

Ceci ſe trouvant, comme on vient de le
voir heureuſement terminé, l'utilité publique exigea qu'on marchàt ſans perte de tems,
contre les Limigantes, Sarmates eſclaves
qu'il n'étoit pas permis de laiſſer jouir plus
longtems, de tous les crimes qu'ils avoient
commis. Car, comme s'ils euſſent oublié
le paſſé, (& en cela ſeul d'accord avec
leurs anciens maîtres & leurs ennemis)
ils profiterent de l'inſtant même où ceux-
ci firent une irruption, pour tomber ſur
le territoire Romain.   On réſolut cependant de s'en vanger, avec plus de douceur
que ne l'exigeoit la grandeur de leur at-

O 2   ten-

tentat, & de borner leur chatiment, à les transplanter dans des terres éloignées, d'où ils ne puffent plus inquiéter les nôtres. Le souvenir des crimes qu'ils avoient commis leur fit craindre le danger; c'est pourquoi, se doutant bien que tout le poids de la guerre alloit fondre sur eux, ils préparerent des rufes, des armes, & des prières. Mais au premier aspect de nos troupes, frappés comme de la foudre & redoutant les dernières extrêmités, ils demanderent la vie, promirent un tribut annuel, l'élite de leur jeunesse la plus robuste, & une entiére obéissance; prêts cependant comme l'indiquoient leurs gestes & leur air, à rompre ces engagemens si on leur ordonnoit de se transporter plus loin, tant ils comptoient fur l'affiette des lieux où ils avoient fixé leurs demeures, après avoir chassé leurs maîtres. Ce font ces terres où le fleuve (a) Partisque après divers détours,
se

(a) Préfentement la Teiffe rivière de la haute Hongrie.

se joint au Danube : tant que le premier de ces fleuves coule seul & librement, il parcourt de longs espaces qu'il resserre ensuite, en terminant son cours de maniére que les habitans de ces contrées, à l'abri des attaques des Romains par le lit du Danube, sont garantis par le sien des entreprises des barbares ; le terrein naturellement humide, & les débordemens des fleuves offrent des lieux fangeux, couvers de saules, & impénétrables à quiconque n'est pas bien au fait du chemin ; joignez à cela que la principale rivière du pays embrassant par son cours les deux extrêmités de la presqu'île que forme déjà le Parthisque, acheve de séparer ces contrées du reste des terres.

Le Prince les ayant donc exhortés, ils vinrent avec leur orgueil ordinaire se présenter en deçà du fleuve, non pour obéir comme la suite le fit voir, mais pour paroître ne point craindre nos troupes : leur contenance étoit fière & montroit assez qu'ils ne s'approchoient que

pour

pour refuser de se soumettre. L'Empereur qui prévit ce qui pouvoit arriver,
partagea sans qu'ils s'en apperçussent, son
armée en plusieurs corps, de maniére
que ces barbares qui venoient à toute
bride, se trouverent renfermés. Pour
lui, environné de sa garde, & placé sur
un tertre élevé avec une suite peu nom-
breuse, il lesexhortoit avec douceur à ne
pas prendre le parti de la violence. Incertains d'abord sur ce qu'il feront, ils parois-
sent flotter entre divers partis; joignant
ensuite l'artifice à la fureur, ils tentent en
feignant de demander la paix d'en venir
aux mains; dans cette vue & pour se
ménager les moyens de tomber à l'improviste sur nous, ils jettent fort loin
leurs boucliers, afin que s'avançant insensiblement pour les relever, ils puissent
sans qu'on se doute de leur ruse, gagner
du terrein. Le jour qui commençoit à
baisser, fit sentir qu'il falloit terminer
cette affaire: on donna le signal, & nos
troupes fondirent sur eux avec un courage

rage intrépide; de leur côté ils fe réunirent, ferrerent leurs rangs, porterent
tous leurs efforts vers l'éminence où fe
trouvoit Conftance, & l'infulterent des
yeux & de la voix.

L'armée ne put voir fans indignation
cet excès de fureur; pendant qu'ils s'a-
charnóient à attaquer le Prince, elle fondit fur eux & formant un front qui va
toujours en diminuant, & qu'on appelle
communément en terme militaire, tête
de porc, elle les mit en déroute. A la
droite l'infanterie maffacra leur infanterie, à la gauche nos gens de cheval en-
foncerent leurs efcadrons.

La cohorte Prétorienne qui veilloit à
la garde du Prince, tantôt hachoit en
pièces ceux qui ofoient lui réfifter, tantôt elle prenoit à dos les fuyards.

Ces barbares après une réfiftance incroyable témoignoient encore par d'horribles cris qu'ils avoient moins de cha-
grin de mourir, que d'être témoins de
la joie de nos foldats.

O 4   Sans

Sans parler des morts, plufieurs
étoient étendus par terre avec les jarrets
coupés, & par conféquent hors d'état de
fuir, d'autres fans bras, quelques-uns
que le fer avoit épargnés, mais que le
poids de ceux qui étoient tombés fur eux
meurtriffoit, fupportoient ces tourmens
dans un profond filence. Aucun d'eux
au milieu de tant de fouffrances ne demanda quartier, n'abandonna fon épée,
ou ne pria d'abréger fes jours, mais tenant opiniâtrément leurs armes, quoique vaincus, ils trouvoient moins honteux d'être vaincu par des forces étrangéres que d'avouer leur défaite; on
les entendoit murmurer tout bas, qu'ils
n'avoient pas mérité que la fortune les
traitât fi mal. C'eft ainfi que dans une
demi heure que dura cette action, il
tomba tant de barbares, qu'on ne con-
nut qu'à la victoire que ç'avoit été un
combat.

A peine eut-on dompté ces peuples,
qu'on tira de leur cabanes des troupes de
per-

personnes de tout âge & de tout sexe qui composoient les familles de ces malheureux; renonçant à leur premier orgueil ils s'abaisserent aux plus grandes humiliations: on ne voyoit dans un petit espace, que des tas de morts & des bandes de captifs; l'ardeur de combattre & l'espoir du butin se ranimant, on se prépara à exterminer tous ceux qui avoient fui, & qui se cachoient dans leurs chaumiéres; aussi-tôt que nos soldats altérés du sang de ces barbares les eurent découverts, ils les ensevelirent sous les ruines de ces réduits qu'ils détruisirent, aucune de ces demeures, quelque solide qu'elle fut ne pût garantir de la mort. Tout étant en feu, & aucun d'eux ne pouvant échapper, tant on leur avoit bouché tous les chemins, ou ils périssoient par les flammes, ou s'ils sortoient pour les éviter, ils trouvoient un nouveau supplice dans le fer du vainqueur. Quelques-uns cependant pour se soustraire aux dards & aux flammes, se jetterent dans la rivière

O 5   voisi-

voifine; ils efpéroient à l'aide de leur
adreffe à nager, de gagner l'autre rive;
mais plufieurs fe noyerent, d'autres furent percés à coups de traits, enforte
que ce vafte fleuve fut teint du fang de
ces malheureux Sarmates, que l'un &
l'autre de ces élémens de concert avec la
haine & la valeur du foldat, concoururent
à détruire. Après cette expédition on réfolut de leur ôter tout efpoir de conferver leur vie, c'eft pourquoi lorfqu'on eut
brulé leur habitations & enlevé leurs familles, on ordonna de raffembler des barques pour aller à la pourfuite de ceux qui
occupoient le rivage oppofé : pour ne pas
laiffer refroidir le courage des troupes, on
conduifit par des chemins couverts, des foldats armés à la légére, & on les mit dans des
naffelles afin qu'ils pénétraffent dans les retraites des Sarmates; ceux-ci furent d'a-
bord trompés par les barques & les rames
qui leur étoient connues. Mais l'éclat des
armes leur découvrant l'approche du danger qu'ils redoutoient, ils fe réfugierent
dans

dans les marais, nos gens les y pourfui-
virent avec acharnement, en maffacrerent un grand nombre, & on trouva la
victoire, là même où il fembloit téméraire de s'arrêter & d'entreprendre quelque chofe. Les Amicenfes étant détruits
ou difperfés, on fe tourna fans perte de
tems contre les Picenfes, peuple ainfi
nommé à caufe des frontiéres qu'il ha-
bite; le bruit des maux de leurs alliés
faifoit leur fureté. Comme il eut été
dangereux de les fuivre dans des lieux
dont on ignoroit les chemins, on employa pour les dompter le fecours des
Taïfales, & des Sarmates libres. La
pofition des lieux réglant d'elle-même
la marche des alliés, nos troupes prirent
leur route par les frontiéres de la Méfie,
les Taïfales occuperent les lieux les plus
voifins de leur pays, les Sarmates libres
fe rendirent fur les terres qui étoient vis
à vis des leurs. Les Limigantes effrayés
par l'exemple récent de nations vaincues
& détruites, héfiterent longtems pour favoir

voir s'ils combattroient, ou s'ils deman-
deroient la paix. Des raifons également
fortes les faifoit pencher pour l'un &
l'autre de ces partis. Enfin le confeil
des vieillards l'emporta & décida qu'ils
fe rendroient; la foumiffion de ces peuples qui s'étoient procuré la liberté les
armes à la main, fe joignit aux palmes
de nos victoires, le refte plia fous l'autorité du plus fort, témoignant qu'il
méprifoit les maîtres foibles dont il avoit
ci - devant fecoué le joug.

Ayant donc reçu la foi publique &
quittant leurs montagnes, la plus grande
partie fe rendit au camp Romain, d'où
ils fe repandirent dans les campagnes avec
leurs parens, leurs femmes, leurs enfans & le peu de bien qu'ils avoient pu
emporter à la hâte. Ces mêmes hommes qui fembloient réfohis à perdre la vie
plutôt que de confentir à quitter leur pays,
tant ils eftimoient une liberté infenfée,
obéirent & occuperent d'autres demeures
tranquilles & fures, pour n'être plus in-
quié-

quiétés par des guerres, ni troublés par des féditions.

Mais s'ils parurent d'abord foufcrire avec plaifir à ces conditions, ce ne fut pas pour longtems, leur férocité naturelle fe réveilla bientôt, & les porta à de nouveaux crimes dont nous parlerons dans la fuite.

L'heureux fuccès de cette guerre, affura la tranquillité de l'Illyrie, l'Empereur ayant doublement conduit à fa perfection une auffi grande entreprife: car il fit rentrer dans leurs anciennes demeures, des peuples fufpects à la vérité par leur inconftance, mais dont on pouvoit efpérer qu'ils fe conduiroient mieux; pour comble de grace, il leur donna encore pour Roi, non un homme méprifable, mais un Prince qu'ils avoient auparavant choifi, & qui brilloit autant par les qualités du corps, que par celles de l'efprit.

Conftance enorgueilli de ces avantages & décoré pour la feconde fois par les

trou-

troupes du furnom de Sarmatique à caufe
de ces peuples vaincus, affembla au moment de fon départ les cohortes, les centuries, & tous les manipules; & après
être monté fur fon tribunal qu'environnoient les étendarts & les aigles auffi bien
que la foule des divers ordres, il leur
adreffa d'un air gracieux ce difcours.

„Intrépides foutiens de l'Empire Ro-
„main, le fouvenir de belles actions,
„préférable à tout pour de vaillans hom-
„mes, nous porte à vous entretenir avec mo-
„deftie, des malheurs auxquels les triom-
„phes que le ciel vient de nous accorder,
„nous ont mis en état de rémédier, foit
„avant, foit durant l'ardeur des com-
„bats. Qu'y-à-t-il de plus beau, qu'y-
„à-t-il de plus digne d'être tranfmis à la
„poftérité que la joye de foldats qui ont
„vaillament combattu, que celle d'un
„chef dont les opérations ont été cou-
„ronnées de fuccès! Pendant que nous
„défendions l'Italie & les Gaules, des en-
„nemis furieux parcouroient l'Illyrie, in-
ful-

„ſultoient audacieuſement à nôtre abſen-
„ce, & ravagoient nos frontiéres par de
„fréquentes incurſions. Tantôt ils paſ-
„ſoient les rivières à gué, tantôt dans des
„arbres creuſés, non pour ſe battre en
„règle & courageuſement, mais pour
„commettre à la dérobée les brigandages
„auxquels ils ſont accoutumés & qui les
„ont rendus de tout tems redoutables à
„nos pères: l'éloignement où nous étions,
„nous fit ſupporter ces maux auſſi long-
„tems que nous le pumes, parce que
„nous eſpérions que l'habileté de nos Gé-
„néraux arrêteroit ces pertes légéres.
„Mais cette audace s'étant enfin accrue,
„au point d'expoſer nos provinces à des
„déſaſtres auſſi conſidérables que fréquens:
„après avoir fortifié toutes les avenues de
„la Rhétie, & pourvu au repos des Gaules &
„des lieux que nous laiſſions derrière nous,
„nous ſommes venus dans les Pannonies
„pour rétablir avec le ſecours du ciel ces
„provinces chancellantes; vous ſavez que
„tous nos préparatifs étant fais, nous nous.
„ſom-

„fommes chargés dès le printems de cette
„férieuse entreprise. D'abord nous avons
„garanti la conftruction de nos ponts de
„bateaux, contre la multitude des traits
„ennemis; cet ouvrage une fois ache-
„vé, nous fommes entrés auffitôt fur
„leurs terres & avons détruit, fans
„qu'il nous en ait couté beaucoup de
„monde, ceux des Sarmates qui ont ofé
„nous réfifter; fondant avec le même
„courage fur les Quades qui venoient au
„fecours de leurs voifins & attaquoient en
„furieux nos bataillons, nous les avons
„écrafez. Ces peuples convaincus par
„les pertes confidérables qu'ils ont ef-
„fuyées dans ces actions, de tout ce dont
„notre valeur eft capable, ont laiffé tom-
„ber leurs armes de ces mains qu'ils
„avoient préparées pour le combat, &
„voyant qu'ils ne leur reftoit de falut que
„dans les prières, ils ont imploré en fup-
„plians, la clémence d'un Prince dont ils
„avoient vu fi fouvent, les entreprifes fui-
„vies d'heureux fuccès. Ces ennemis n'ont
„pas

„pas été plutôt domtés, que nous avons
„également vaincu les Limigantes; plusieurs
„ont été tués, le reste pour éviter la mort,
„s'est réfugié dans les marais. Après de si
„grands succès il nous à parù convenable
„d'user de douceur. Faisant donc grace à un
„bon nombre de ces Sarmates esclaves, nous
„les avons relégués dans des lieux trop
„éloignés pour qu'on puisse craindre qu'ils
„entreprennent quelque chose; nous
„avons donné pour Roi aux Sarmates li-
„bres, Zizais qui nous sera désormais dé-
„voué & fidéle; nous aimons mieux éta-
„blir un Roi sur ces barbares que le leur
„ôter; & ce qui relève encore l'eclat de
„cette démarche, c'est qu'eux mêmes
„avoient autrefois choisi ce Prince qui
„leur est cher.   Noùs avons donc ob-
„tenu par cette seule expédition l'avanta-
„ge, d'un côté de vanger la République
„des insultes de vagabonds, de l'autre,
„de vous procurer un nombre suffisant
„d'esclaves, car la valeur doit se conten-
„ter de ce qui est le fruit de ses fati-
„gues

»gues & de ſes exploits. Nos richeſſes &
»nos thréſors ſont aſſez conſidérables puis
»que nous avons conſervé par notre bra-
»voure & par nos travaux, les poſſeſſions, de
»tous nos ſujets ce qui doit être l'unique ob-
»jet des vœux & de l'ambition d'un Prince
»ſage; enfin je remporte pour la ſeconde
»fois du peuple vaincu, le ſurnom de
»Sarmatique que vous n'avez pas héſité
»(j'oſe ledire ſans orgueil) de m'accorder
»avec autant d'unanimité que de juſtice.»
Après ce diſcours la foule tranſportée
d'une joye qu'animoit encore plus l'eſpoir des récompenſes, éclata en éloges
du Prince, prit les Dieux à temoins
que Conſtance étoit invincible, & rentra
gayement dans le camp. L'Empereur
fut ramené au quartier royal, d'où après
s'y être repoſé deux jours, il revint en
triomphe à Sirmium, & les troupes s'en
retournerent à leur diverſes deſtinations.

CHA-

CHAPITRE XIV.

Sapor infifte pour ravoir l'Arménie & la Méfopotamie & les Ambaſſadeurs Romains reviennent ſans ſuccès de la Perſe.

Dans le même tems Proſper, Spectate, & Euſtate envoyés, comme nous l'avons dit, en Perſe, trouverent le Roi qui étoit revenu à Cteſiphonte, ils lui préſenterent des lettres de l'Empereur & les préſens qui les accompagnoient; ils demanderent à pur & plein la paix, refuſerent de ſe relacher ſur quoique ce fut des intérêts & de la Majeſté de la République, & aſſurerent que l'alliance ne ſeroit conclue, qu'autant qu'on conviendroit de n'exciter aucun trouble, ſoit dans l'Arménie, ſoit dans la Méſopotamie. Après un long ſéjour, voyant que ce Prince s'obſtinoit à voûloir qu'on

lui

lui cédât ces provinces, ils s'en revinrent
fans avoir rien conclu. On envoya à
leur place pour faire les mêmes propofitions, le Comte Lucilien & Procope le Sécretaire, ce dernier entraîné par les circonftances donna lieu à de nouveaux
troubles.

AM-

AMMIEN MARCELLIN.
LIVRE XVIII.

CHAPITRE I.

Julien s'occupe de l'avantage des Gaules,
& veille à ce que la justice soit exacte-
ment rendue.

Tels sont les événemens dont les diverses parties de l'Empire Romain
furent le théatre pendant cette année;
les affaires étoient pourtant sur un meilleur pied dans les Gaules sous le Consulat des fréres Eusebe & Hypace. Julien
qui s'étoit illustré par une suite de conquêtes, débarrassé d'occupations guerriè-
res, ne travailla pas avec moins de zèle,
durant ses quartiers d'hyver, au bonheur des provinces. Ils empecha soi-
gneusement qu'on ne surchargeât personne

fonne d'impôts, qu'aucun pouvoir étranger ne prit le deffus : il écarta auffi tous ceux qui profitoient des malheurs publics pour augmenter leurs riches patrimoines, & ne permit pas aux juges de manquer impunément à leur devoir; il corrigea d'autant plus aifément ces abus, que décidant lui - même les procès, lorfque l'importance des objets, ou la qualité des perfonnes l'exigeoit, on le vit diftinguer toujours avec une impartialité incorruptible, les innocens des coupables.

Parmi les exemples fans nombre de ce qu'il fit de louable dans ces occafions, en voici un qui fuffit pour faire juger du refte. Numerius, qui avoit été peu auparavant Recteur de la Narbonnoife, fut accufé de vol, & par une rigueur inouïe, parut publiquement devant le tribunal du Prince; comme il nioit tous les chefs d'accufation intentés contre lui, & qu'on ne pouvoit le convaincre fur aucun; l'Orateur Delphidius qui l'attaquoit avec violence, piqué de n'avoir pas de meilleures preuves à produire. S'écria. *Qui donc,*

donc, illuftre Céfar, *fera coupable s'il fuffit de nier? Et qui*, lui répondit fur le champ fort à propos Julien, *& qui fera innocent s'il fuffit d'accufer?* C'eft ainfi que fe comporta fouvent ce Prince, dans les affaires civiles.

CHAPITRE II.

Julien répare les murailles des forts qu'il avoit pris fur le Rhin, paffe ce fleuve, & après avoir dévafté la partie de l'Allemagne qui étoit en guerre avec nous, force cinq Rois Allemands à demander la paix & à rendre nos prifonniers.

Sur le point de marcher à une expédition preffante contre les Allemands, dont quelques bourgades lui paroiffoient fufpeâes & capables d'aâions atroces, fi on ne les domptoit, comme on avoit dompté les autres; il fut longtems embarraffé fur les moyens de faifir la première

mière occafion de tomber en force &
brufquement fur leurs terres, avant qu'ils
puffent en être avertis: enfin il s'arrêta
à un plan, dont le fuccès prouva qu'il
avoit été fagement conçû.

Sans découvrir fon deffein à perfonne
il envoya, comme Ambaffadeur au Roi
Hortaire qui étoit alors en paix avec nous,
Hariobaude Tribun hors de charge, mais
d'une valeur & d'une fidélité reconnues.
De là cet Officier devoit fe porter fur les
frontiéres des peuples qu'on vouloit attaquer, afin quil pût, à l'aide de leur langue
qu'il entendoit très - bien, découvrir ce
qu'ils méditoient. Hariobaude partit
courageufement pour cette commiffion.

Julien fe préparant enfuite à exécuter
fon projet, affembla fes troupes dans la
faifon convenable, & fe mit en marche:
il régardoit comme effentiel d'occuper &
de réparer de bonne heure, avant que la
fureur des combats fe déployât, les villes détruites; d'y établir des magazins à
la place de ceux qui avoient été brûlés, &
de les pourvoir des vivres que les Bre-
tons

tons ont coutume de porter. L'un &
l'autre fut exécuté avec une célérité incroyable; car d'un côté ces magazins furent promptement conftruits & remplis
au delà de ce qui étoit néceffaire: & de
l'autre il s'empara de fept villes, Erke-
lens, Bimmen, Santen, Nuys, Bonne,
Andernach, & Bingen. Il eut dans cette derniére place, le plaifir de voir paroître fubitement le Préfet Florentius qui
lui amenoit un corps de troupes, & des
vivres pour longtems. Il ne reftoit plus
qu'un objet que les circonftances rendoient abfolument néceffaire; c'étoit de
réparer les murailles de ces villes pendant que perfonne ne s'y oppofoit; car
il eft évident que les barbares étoient
alors retenus dans le devoir par la crainte,
& les Romains par l'affection qu'ils portoient à leur Général.

Les Rois, en vertu de l'accord paffé
l'année précédente, envoyerent fur leurs
propres voitures, les matériaux néceffaires
aux édifices; & les foldats auxiliaires qui
méprifoient toujours ces fortes de corvées,

Tome I. P gagnés

gagnés par les caresses de Julien, s'y prê-
terent sans répugnance & transporterent
même sur leurs têtes, des arbres longs
de cinquante & plus de pieds encore:
Tandis que tout cela s'exécutoit sans
délai, Hariobaude revint & rendit
compte de ce qu'il avoit découvert; auffitôt & sans perdre de tems, on marcha
avec toute l'armée à Mayence. Florentius & Lupicin qui avoit succèdé à Severe,
soutinrent opiniatrément qu'on devoit
profiter du pont qui se trouvoit ici pour
traverser le fleuve: Julien s'y opposa avec
fermeté, & dit qu'il ne falloit pas mettre le
pied sur les terres des peuples avec qui l'on
étoit en paix, de peur que le soldat, comme il arrive souvent, accoutumé à détruire tout ce qu'il rencontre, ne donnât
lieu à rompre brusquement les traités.
Les Allemands contre lesquels nous mar-
chions, pensant au danger qu'ils alloient
courir, exhorterent tous avec ménaces, le
Roi Suomaire qui étoit devenu notre allié
par le dernier traité, à nous empêcher
de passer le Rhin. Les bourgades de ce
Prin-

Prince touchoient aux rives qui étoient
au delà de ce fleuve; mais Suomaire pro-
teſtant qu'il étoit trop foible pour nous
réſiſter ſeul, ils vinrent en force près de
Mayence dans le deſſein d'arrêter de tout
leur pouvoir, le paſſage de notre armée.
Deux raiſons prouverent donc la ſageſſe
de l'avis de Julien; il évita d'un côté le
dégât qu'on auroit fait ſur les terres de
nos alliés; de l'autre, il choiſit un lieu
commode pour y faire un pont qu'on
n'auroit pu conſtruire ſous les yeux d'ennemis belliqueux, ſans ſacrifier bien du
monde.

Les barbares qui découvrirent notre
projet côtoyerent lentement le rivage
oppoſé; & chaque fois qu'il nous virent
de loin dreſſer nos tentes, ils s'arrêterent,
paſſerent la nuit ſous les armes & donnerent tous leurs ſoins à défendre le paſſage. Nos troupes parvenues au lieu
qu'on avoit choiſi, ſe repoſerent après
s'être rétranchées. Julien appella Lupicin dans le Conſeil, & ordonna à quelques
Tribuns qu'il choiſit de tenir prêts avec

des pieux, trois cens foldats armés à la légére, fans dire où, & comment il vouloit
les employer.   Lorfqu'ils furent raffemblés, on les mit vers le milieu de la nuit
fur quarante petits bateaux, les feuls qu'on
put trouver.   Il leur fut encore ordonné,
de parcourir le fleuve dans le plus grand
filence, de ne pas faire même ufage des
rames pour que le bruit des eaux n'attirât
pas l'attention des barbares, & pendant
que les ennemis s'amuferoient à confidérer
les feux que nous avions allumés, de
gagner habilement & avec adreffe
le rivage oppofé.   Durant cette expédition, le Roi Hortaire notre ancien
allié, non qu'il fut dans l'intention de
remuer, mais également ami de fes voifins, avoit invité les Rois, les Princes &
les grands Seigneurs Allemands, à un feftin
qu'on pouffa, fuivant l'ufage des barbares,
jufqu'à la troifième veille de la nuit; nos
troupes qui rencontrerent les convives au
moment où ils fe retiroient, n'en purent ni
tuer, ni prendre un feul; les ténébres &
la légéreté de leurs chevaux concoururent

rent à favorifer leur fuite; mais il n'é-
chappa des goujats ou valets d'armée
qui les fuivoient, que ceux que l'obfcurité déroba à la vue de nos foldats.

La nouvelle du paffage des Romains,
qui comptoient bien d'après les expéditions précédentes, fe dédomager de leurs
travaux dès qu'ils feroient à portée de
l'ennemi, frappa tellement ces Rois &
ces peuples qui avoient parus fi actifs
pour empêcher la conftruction du pont,
que faifis d'effroi, ils prirent la fuite, &
leur fureur indomptable fe ralentiffant
tout d'un coup, ils ne penferent qu'à
transporter plus loin, leurs familles &
leurs biens.

Tout obftacle étant donc levé, on
jeta un pont, & nos foldats trompant
l'attente de ces nations inquiétes, parurent au milieu d'elles, & traverferent
fans les troubler en rien, les états de
Hortaire. Ils n'uferent pas de la même
douceur fur les terres des Rois ennemis
qu'il parcoururent en y mettant tout à
feu & à fang. Après avoir brûlé les clo-

tures

tures qui environnoient leurs foibles cabanes & égorgé un grand nombre d'habitans, après en avoir vu périr plusieurs
& forcé les autres à se rendre, on marcha à un endroit nommé Capellatius ou
Palas (a): les bornes qu'on y trouve distinguent les terres des Bourguignons de
celles des Allemands. Nous y établîmes
le camp pour rassurer & recevoir les deux
Rois Macrien & Hariobaude; ils étoient
fréres & la vue du danger qui les menaçoit, les porta à demander la paix en tremblant.

Le Roi Vadomaire, dont les états
étoient dans le voisinage de Basle, suivit
cet exemple; on le reçut favorablement
sur des lettres de Constance qu'il présenta,
& qui le recommandoient fortement.
L'Empereur l'avoit déjà admis autrefois
au nombre des alliés de Rome. Macrien,
lorsqu'il fut avec son frére au milieu de
nos aigles & de nos enseignes qu'il voyoit

pour

(*) On croit que c'est Capelle petite ville dans le
Duché de Cleves.

pour la première fois, ne pût contenir
l'admiration que lui causoit l'éclat de notre armée & parla en faveur de ses gens.
Vadomaire notre voisin & notre allié
n'exaltoit pas moins le brillant de nos
troupes qu'il se rappelloit pourtant d'a-
voir vuës dans sa jeunesse.   Après de
longues délibérations on s'accorda enfin
à donner la paix à Macrien & à Hariobaude.   Vadomaire qui étoit venu, autant pour assurer sa tranquillité, que sous
prétexte de demander la paix pour les
Rois Urius, Ursicinus & Vestralpe, ne
reçut aucune réponse; l'inconstance naturelle à ces barbares, fit craindre qu'ils
n'oubliassent aussitôt que nous aurions
quitté ces contrées, le traité qu'auroient
moyenné des médiateurs.

Mais leurs moissons & leurs habitations étant brûlées, & plusieurs de leurs
gens, ou massacrés, ou faits prisonniers,
ils envoyerent directement & en leurs
propres noms, des députés qui implorerent notre pitié avec autant de soumission,
que s'ils eussent eux mêmes commis ces

P 4   rava-

ravages contre nous: la paix leur fut accordée aux mêmes conditions qu'aux autres. On n'oublia pas surtout de faire
rendre au plûtôt les prisonniers qu'ils
avoient faits dans leurs diverses courses.

CHAPITRE III.

Supplice du Général d'Infanterie Barba-
tion & de sa femme.

Tandis qu'une direction céleste redres-
soit ainsi nos affaires dans les Gaules, il
s'éleva à la Cour de Constance un nouveau tourbillon de troubles; d'abord légers, mais qui se terminerent enfin par
une catastrophe funeste.

Un essain d'abeilles (*a*) s'établit dans
la maison de Barbation, Général d'In-
fan-

(*a*) ,,En quelque endroit qu'il s'arrête, (le Roi
,,des abeilles) toute l'armée campe. Elles servent
,,alors pour les augures tant publics que particuliers;

fanterie. Les experts qu'on consulta avec
inquiétude fur ce prodige, répondirent
qu'il annonçoit un grand malheur, fon-
dés fur ce qu'on a coutume après que ces
animaux ont bati leurs ruches & dépofé
leur miel, de les chaffer à l'aide de la fumée & au bruit des inftrumens. La
femme de Barbation, nommée Affyria, n'é-
toit ni prudente, ni difcrete: pouffée
par une fotte vanité elle employa le mi-
niftère d'une efclave qu'elle avoit eue
de la fucceffion de Silvain & qui s'entendoit aux chiffres, pour écrire fort mal à
propos fur un ton lamentable à fon mari
qui étoit abfent pour une expédition, &
que tout ce qu'on lui avoit prédit inquiétoit beaucoup; elle le conjuroit dans fa
lettre, lorfqu'il fuccèderoit à Conftance
dont elle croyoit la mort peu éloignée,
de

„favoir lorfqu'elles fe pofent dans les temples, ou
„dans les maifons, & qu'étant accrochées enfemble,
„elles forment comme une grappe de raifins. On a
„fouvent employé les grandes expiations pour détour-
„ner les malheurs qu'on croyoit qu'elles pronofti-
„quoient. „ *V. Pline h. n. Liv. XI. Chap. 17.*

de ne la pas méprifer en lui préférant Eu-
febie qui l'emportoit fur tant de femmes
par fa beauté. Cette lettre fut expé-
diée auffi fecrétement qu'on le pût,
mais la fervante, dès que la campagne
fut finie, en porta une copie à Arbétion
chez lequel elle fe fauva de nuit, & où elle
fut reçue avec empreffement.

Celui-ci muni de cette preuve, & habile, comme il l'étoit, à imputer des crimes,
ne tarda pas à communiquer la lettre à
Conftance : felon l'ufage l'affaire fut traitée fans délai; Barbation ayant avoué
qu'il avoit reçu cette lettre, & fa femme
étant convaincue par cet indice trop évident qu'elle l'avoit écrite, l'un & l'autre
perdirent la tête. Leur mort occafion-
na de longues recherches, & expofa bien
des innocens & des coupables à des tourmens. Au nombre des premiers fe trouva le Tribun Valens qui avoit été Chef des
Gardes; il foutint plufieurs fois auffi bien
que d'autres la torture, quoiqu'il ignorât
parfaitement ce qui s'étoit paffé. Ce
fut pour le dédomager en quelque forte

de

de l'affront & du danger auquel on l'avoit exposé, qu'il fut ensuite nommé Duc de l'Illyrie.

Barbation étoit insolent & grossier, haï de presque tout le monde, parce qu'étant sous Gallus, Commendant des Gardes, il s'étoit montré fourbe & traitre: enflé d'orgueil à la mort de ce Prince, & se voyant élevé à un poste plus honorable encore, il calomnia également Julien & ne se lassa pas, au grand regret des gens de bien, de rabattre les oreilles de Constance toujours avides, de quantité de bruits malins.   Il ignoroit sans doute le beau mot d'Aristote (*a*) qui envoyant son parent & son disciple Callisthène à Alexandre, l'exhortoit à parler peu & à se rendre agréable à un homme qui d'un mot pouvoit décider de la vie ou de la mort des sujets,

Qu'on

(*a*) *Voy. Valere Maxime Liv. VII. Chap.* 11. §. 11.   Callisthene étoit fils de Heron nièce d'Aristote.   C'est lui qui étant à table avec Alexandre, fit successivement l'éloge & la satyre des Macédoniens. *V. Plutarque vie d'Alexandre.*

P 6

Qu'on ne s'étonne pas que les hommes, dont les ames ont de l'affinité avec les intelligences célestes, diftinguent quelquefois ce qui peut leur nuire où leur être profitable, puifque les animaux privés de raifon affurent fouvent leur confervation par le filence, comme le prouve cet exemple fi connu. Les oyes fauvages quittent l'Orient à l'approche des chaleurs pour tirer à l'Occident; parvenues au mont Taurus qui abonde en aigles, pour échapper à ces oifeaux redoutables, & pour ne pas fe trahir par leur cris, elles rempliffent leurs gofiers de petites pierres qu'elles laiffent tomber auffitôt qu'elles ont traverfé ces hauteurs, & continuent enfuite tranquillement leur vol.

CHA-

CHAPITRE IV.

Le Roi des Perſes Sapor, ſe diſpoſe à at-
taquer les Romains avec toutes ſes
forces.

Pendant que ces enquêtes ſe faiſoient
avec grand ſoin à Sirmium, les trompettes guerriéres annoncerent de nouveaux
dangers à l'Orient. Le Roi des Perſes
fortifié du ſecours des nations féroces
qu'il avoit pacifiées & brûlant du deſir
d'étendre ſon Empire, aſſembla beaucoup
de troupes, d'armes & de vivres; il
évoqua auſſi des ombres & conſulta
tous les devins; après ces préparatifs il
réſolut de tout envahir à l'approche du
printems.

Des avis ſûrs confirmerent les premiers
bruits de cette entrepriſe, & la crainte des
maux qui nous ménaçoient, s'empara de
tous les eſprits; la cabale des courtiſans
qui forgeoient nuit & jour des rapports

P 7 au

au gré des eunuques, préfentoit Urficin
à l'Empereur ombrageux & timide, comme la tête de Medufe: ils répétoient
fans ceffe, qu'envoyé depuis la mort de
Silvain dans ces Provinces pour les défendre, comme s'il n'y avoit que lui qui
en fut capable, il s'occupoit fans doute
de projets ambitieux. Plufieurs tàchoient
par cette vile adulation d'obtenir la faveur d'Eufebe alors Grand-Chambellan,
& auquel, pour dire la vérité, c'étoit
Conftance qui fembloit faire la cour.

Deux raifons principales acharnoient
Eufebe à la perte d'Urficin, l'une c'eft
que cet Officier étoit le feul qui n'eut
pas befoin de fa protection, l'autre,
c'eft que jamais il n'avoit voulu avec
quelqu'inftance que le Chambellan l'en
eut prié, lui céder la maifon qu'il poffédoit dans Antioche.

Eufebe, tel qu'une couleuvre qui abonde en venin & qui excite à nuire fes petits qui fe trainent à peine, employoit
les jeunes eunuques de la chambre, à faifir dans le fervice de la vie privée, l'occafion

fion de tromper le crédule Conftance, & de répandre de leur voix douce & flatteufe, le poifon de l'envie fur la conduite de ce refpectable officier; ceux-ci n'obéirent que trop à ces ordres.

En abhorrant cette efpèce d'hommes & leurs femblables, on ne peut que louer l'ancien Domitien (a) qui, malgré l'opprobre qu'il a imprimé à fon nom par fa conduite, bien différente de celle de fon père & de fon frére, fe diftingua pourtant par une loi fage, & qui défendoit fous des peines févéres, de mutiler aucun enfant dans l'enceinte de la jurisdiction Romaine. Qui pourroit fans cette fage ordonnance réfifter à l'effain d'eunuques qu'il y auroit, puifque déjà malgré leur petit nombre, ils font fi fort à charge?

On s'y prit cependant contre Urficin avec précaution, & pour éviter, comme on faifoit femblant de l'appréhender, que fi on le mandoit de nouveau, la crainte ne

(a) V. Suétone, vie de Domitien Ch. 7. Apollon. de Tyane. Liv. VI. Ch. 42.

pe le portât à un parti violent, on attendit du hazard l'occasion de le faire mourir. Tandis qu'on épioit ce moment avec impatience, & que nous nous arrêtions à Samosate (*a*) place autrefois célèbre dans la Comagene, nous reçumes divers avis sûrs d'une révolution dont nous parlerons dans la suite.

CHAPITRE V.

Antonin employé dans la milice passe avec toute sa famille dans le parti de Sapor qu'il détermine à faire la guerre aux Romains.

Un certain Antonin qui de riche négotiant qu'il étoit, prit le parti de s'attacher au Duc de la Mésopotamie pour tenir ses comptes, remplissoit alors une place dans la milice. Cet homme habile & prudent étoit fort connu dans toutes

ces

(*a*) *V. ci-dessus Liv. XIV. Cap. 8.*

ces contrées. L'avidité de quelques personnes l'entraina dans des pertes considérables; voyant ensuite que les plaintes qu'il portoit contre quelques Grands, l'expofoient de plus en plus aux injustices de ceux, qui chargés de l'examen de cette affaire vouloient par là faire leur cour; pour ne pas regimber contre l'aiguillon, il prit le parti d'employer la douceur & les caresses; il avoua donc fes dettes qu'on feignit de céder au fisc; mais réfolu à fe vanger, il s'appliqua fecrétement à connoître toutes les parties de la république; il entendoit les deux langues & étoit chargé des comptes; il connoiffoit le nombre des foldats, le tems de leurs fervices, les lieux où ils étoient en quartier & ceux qu'on pouvoit employer à la guerre; il s'affura encore par des recherches continuelles de l'état des armes, & des vivres, & jufqu'à quel point nous avions tout ce qui eft nécessaire pour une campagne. Lorsqu'il se fut mis ainfi au fait de l'intérieur de l'Orient, voyant que la plus grande

par-

partie de nos troupes & de l'argent deſtiné à les payer étoit en Illyrie où des affaires férieuſes retenoient Conſtance, &
ſe doutant bien qu'à l'échéance du terme
d'acquitter la dette dont on lui avoit arraché l'aveu par crainte & par violence,
il ſe verroit dans le plus grand danger,
puiſque le Grand-Thréſorier ne manqueroit pas pour ſe rendre agréable de le preſ-
ſer extrêmement; il prit les méſures néceſſaires pour ſe ſauver en Perſe avec ſa
femme, ſes enfans & tous ſes parens;
dans la vue donc d'en impoſer aux troupes
qui ont la garde des frontiéres, il acheta
à peu de frais, un petit fond dans l'Hyaſpide
que le Tigre baigne de ſes eaux.

Par cette feinte, perſonne n'oſant lui
demander la raiſon des voyages qu'il faiſoit ſur les frontiéres, où d'autres avoient
également des terres, il put à l'aide de do-
meſtiques ſûrs & qui ſavoient nager, s'ar-
ranger ſecrétement avec Tamſapor Gouverneur de ces contrées & qui le connoiſſoit déjà. Celui-ci lui envoya une
troupe de ſoldats agiles, au moment,
où

en profitant de la nuit, il s'embarqua avec tout ce qui lui appartenoit & passa en Perse; semblable en cela, quoiqu'il fit précisément le contraire, à Zopyre qui livra Babylone (*a*).

Les choses en étoient là dans la Mésopotamie, lorsque la cohorte des courtisans qui machinoient selon leur coutume, soutenue de la bande des Eunuques trouva enfin le moyen de nuire à un très-vaillant homme. Ces misérables toujours âpres & cruels, & qui ne tenoient à rien, n'aimoient à la passion que les richesses. Ils résolurent de confier le gouvernement des parties orientales à Sabinien vieillard fort riche, mais foible & indolent, & que la bassesse de son état devoit bien éloigner de toute prétension à une pareille dignité. Pour Ursicin qu'on nomma successeur de Barbation & Général de l'Infanterie, il fut rappellé à la cour, où on comptoit, comme on s'en vantoit hautement, de susciter des ennemis

puis-

(*a*) *V. Justin Liv. L. Ch. 10.*

puiffans & redoutables à cet homme
qu'on difoit être remuant & avide de
nouveautés.

Pendant que ces arrangemens se faifoient dans le camp de Conftance, comme on arrange des roles de Comédie; &
que des émiffaires parcouroient les principales maifons pour acheter à prix d'argent des suffrages; Antonin, conduit
dans les quartiers d'hyver du Roi des
Perfes y fut reçu avec joye: décoré de la
tiare, (diftinction qui admet à la table du Roi & fournit chez ce peuple l'occafion de faire part de ce que l'on penfe
& de propofer des avis) il parla fans détour & fans déguifement contre la république: à l'exemple de Maharbal (a) qui
reprochoit à Annibal fa lenteur, il animoit Sapor, & ne ceffoit de lui dire que
la victoire étoit entre fes mains, s'il favoit

_____

(a) „Les Dieux n'accordent pas tout au même
„homme, vous favez vaincre Annibal, mais vous ne
„favez pas profiter de la victoire." Tite - Live
Liv. XXII. Ch. 51. Flor. Liv. XI. Ch. 4.

voit en profiter. Ce transfuge élevé au
milieu de nous & parfaitement inſtruit,
voyant qu'il trouvoit des auditeurs attentifs, qui l'écoutoient dans le ſilence
& avec autant d'admiration que les Phéa-
ques dont parle Homere (a), rappella le
ſouvenir de ce qui s'étoit paſſé depuis
quarante ans. Il dit qu'après tant de
combats, & ſurtout après celui d'Hileie
& de Singare, où on ſe battit pendant
toute la nuit, & où nos gens eſſuyerent
un carnage affreux; comme ſi un Hé-
rault d'armes eut terminé l'affaire, les
Perſes n'avoient pris ni Édeſſe, ni les
ponts de l'Euphrate, tandis que leurs
forces & leurs brillans ſuccès, demandoient qu'ils étendiſſent leurs conquêtes,
ſurtout dans un tems où le ſang le plus
pur de la République ſe répandoit dans
des guerres civiles. Ce fut par de ſemblables diſcours que cet homme attentif
à éviter les excès du vin, profitoit des
feſtins, où il eſt d'uſage chez les Perſes,
com-

(a) Odyſſé Liv. XIII.

comme il l'étoit anciennement chez les
Grecs, de parler de guerres & d'affaires
férieufes, pour échauffer le Roi & l'en-
courager vû fa grande puiffance, à prendre les armes auffitôt que l'hyver feroit
paffé; de fon côté il lui donna les plus
fortes affurances qu'il l'affifteroit de tout
fon pouvoir.

CHAPITRE VI.

*Le Général Urficin mandé de l'Orient,
eft envoyé de la Thrace en Méfopotamie, où il fait obferver par Marcellin
l'arrivée de Sapor.*

Dans le même tems Sabinien bouffi du
pouvoir inattendu qu'on lui avoit con-
feré, vint en Cilicie & remit à celui
qu'il devoit relever, des lettres de Conftance qui l'exhortoit à fe rendre en
diligence à la cour, pour y jouir de plus
grandes diftinctions. La fituation des
affai-

affaires étoit telle pourtant qu'au lieu de
rappeller Urficin, il auroit fallu le faire
venir même de Thules (a) s'il y eut été,
comme le feul homme qui fut au fait de
l'ancienne difcipline, & capable de conduire une guerre contre les Perfes.

Cette nouvelle affligea les provinces
& fit crier tous les ordres de l'état qui
voulurent à toute force retenir leur défenfeur. Ils fe rappelloient que chargé de
les protéger, il n'avoit effuyé pendant
dix ans aucun échec, quoiqu'il n'eut
qu'un petit nombre de mauvais foldats;
& leur crainte étoit d'autant plus grande
que c'étoit dans un tems de crife qu'on
leur ôtoit cet excellent officier, pour lui
fubftituer un homme très-inhabile.

Nous croyons & non fans fondement,
que la renommée qui fend les airs avec
tant de rapidité, ayant porté la nouvelle
de

(a) On croit que ce font aujourd'hui les îles de
Shet-land qui dans l'antiquité étoient réputées les
plus éloignées des terres dans l'Océan voifin du
Septentrion.

de ce qui se passoit, donna lieu à de
graves conseils chez les Perses. Après
bien des délibérations, il résolurent à
l'instigation d'Antonin, vû qu'Ursicin
étoit rappellé, & que celui qui lui succé-
doit ne méritoit que du mépris, que sans
s'arrêter à des sièges dangereux, ils pas-
seroient l'Euphrate pour se porter en
avant & s'emparer à l'improviste des
provinces qui depuis Gallien, n'avoient
souffert d'aucune des guerres précédentes, & qui s'étoient enrichies par une
longue paix; Antonin promit sous l'assistance du ciel de conduire heureusement cette entreprise.

Ce parti généralement pris & ap-
prouvé, les Perses ne s'occuperent plus
pendant l'hyver que de rassembler au plus
vite, tout ce qu'il falloit pour la campagne prochaine, c'est à dire des vivres,
des soldats, des armes & des machines
de guerre.

Pour nous, après nous être un peu arrêtés en deçà du Taurus, nous gagnames
en diligence & selon l'ordre de l'Empereur

teur, l'Italie; arrivés près de l'Ébre (a)
qui fort des montagnes Odryfenes, on
nous remit des lettres de Conftance: il
nous enjoignoit de retourner inceffamment & fans aucune marque de pouvoir,
en Méfopotamie, où nous ne ferions
chargés d'aucune expédition dangereufe,
l'autorité étant remife à un autre; les
pernicieux directeurs du Prince fe propo-
foient par là, fi les Perfes échouoient
dans leurs entreprifes, d'attribuer ce fuccès au nouveau Général; & dans le cas
contraire, de tomber fur Urficin & de
l'accufer d'avoir trahi la république. Ba-
lotés ainfi fans raifon, après bien des retardemens, nous trouvames à notre retour le méprifable Sabinien; c'étoit
un homme d'une médiocre figure & pu-
fillanime: incapable de foutenir fans
une crainte honteufe le bruit d'un léger
feftin,

(a). Aujourd'hui le *Mariça* qui prend fa fource
dans le mont Hæmus, traverfe la Romanie & va fe
perdre dans la mer Égée.

Tome I.   Q

festin, bien moins encore le tumulte d'un combat.

Cependant tous les avis de nos espions s'accordoient avec les rapports des déserteurs, à dire que les ennemis faisoient sans interruption des préparatifs; & ce petit homme ne sachant quel parti prendre, nous nous rendimes en diligence à Nisibe pour nous occuper d'arrangemens propres à empêcher que les Perses, qui feignoient de n'en vouloir pas à cette place, ne la prissent au dépourvu. Pendant qu'on hâtoit les travaux dans la ville: la fumée & les feux qu'on vit continuellement & plus que de coutume, en déça du Tigre dans le camp des Maures, à Sisara, & même à une assez grande proximité de la place, indiquerent que les troupes ennemies avoient passé le fleuve. C'est pourquoi nous sortimes au plus vite, pour les empêcher de s'emparer des chemins. Après avoir marché deux milles, nous trouvames sur une chaussée un enfant de bonne mine, qui pleuroit. Il étoit, à ce qui nous parut, âgé de huit ans,

ans, & avoit un collier autour du cou.
Il nous dit que fa mere qui avoit pris en
tremblant la fuite à l'approche de l'ennemi, l'avoit abandonné.

. Je ramenois donc en ville par ordre du Général que la pitié avoit touché, cet enfant que j'avois pris fur
mon cheval, lorfque j'apperçus des partis ennemis qui voltigeoient autour
de l'enceinte des murs. Tout effrayé
des dangers qui accompagnent un fiége,
je pofai ce garçon entre une porte à demi ouverte, & rejoignis nos gens à toute
bride & à perte d'haleine; peu s'en
fallut que je ne fuffes fait prifonnier; car
le valet d'un certain Abdigidus, Tribun
qui fuyoit & qui fe déroba à la pourfuite
d'un corps de cavaliers ennemis, fut faifi
au moment où je paffois comme un trait;
les Perfes lui demanderent qui étoit ce
magiftrat qui fortoit de la ville: ayant
répondu que c'étoit Urficin qui arrivé
depuis peu, fe rendoit au mont Izale,
ils maffacrerent ce domeftique, & fe
réunirent enfuite pour fe mettre à nos

Q 2 trouf-

trouffes. La vîteffe de mon cheval me
les fit paffer: je trouvai près d'Amudis,
place foible, le détachement de nos troupes que je venois de quitter, qui fe re-
pofoient & faifoient paitre leurs chevaux.
J'élevai le bras, & retrouffant le bord de
mon manteau pour leur faire comprendre
felon l'ufage, que l'ennemi étoit là, je
les joignis auffitôt, & partis avec eux malgré l'épuifement de mon cheval.

Nous redoutions le clair de lune, auffi
bien que la plaine qui dans un cas malheureux ne nous offroit aucune retraite,
puifqu'au lieu d'arbres ou de buiffons,
elle n'étoit couverte que d'herbes fort
courtes. On imagina donc d'attacher
une lanterne allumée, à un cheval qu'on
laifferoit aller tout feul à gauche, tandis
que nous tirerions du côté des gorges
des montagnes qui étoient à droite, afin
que les Perfes, dans l'idée que le Général
étoit précédé d'un flambeau, le fuiviffent;
fans cette précaution, enveloppés & faifis, nous tombions entre leurs mains.

Après

Après être échappés à ce danger, nous
arrivames à un petit bois rempli de
vignes & d'arbres fruitiers; les fources
froides qui y font, lui ont fait donner le
nom de Méjacarire: tous les habitans
s'étoient fauvés, nous n'y trouvames
qu'un feul foldat caché dans un lieu
écarté; on le conduifit au Général, les
divers difcours que la crainte lui fit tenir, le rendirent fufpect; effrayé enfin
par les menaces, il avoua tout; il dit
que né à Paris dans les Gaules, il avoit
fervi dans la cavalerie, & qu'apprçhen-
dant un chatiment qu'il avoit mérité, il
s'étoit fauvé chez les Perfes; qu'il y avoit
époufé une honnête femme dont il avoit
des enfans; qu'envoyé plus d'une fois
dans notre pays comme efpion, il en
avoit fouvent rapporté des avis fûrs; &
qu'au moment où nous l'avions faifi, il
s'en retournoit pour faire part de ce qu'il
avoit découvert, aux Généraux Thamfa-
pore & Nohodares qui conduifoient des
partis détachés: lorfqu'on eut tiré de lui.

des

des éclairciſſemens ſur l'état des ennemis, on le mit à mort.

Nos inquiétudes ne faiſant que croître, nous nous rendimes auſſi vite que nous le pûmes, à Amide villę célébre par les défaites qui ſuivirent. Là, nos eſpions étant arrivés, nous trouvames dans une gaine, un parchemin ſur lequel étoient des caractères que nous adreſſoit Procope qu'on avoit envoyé ci - devant, comme nous l'avons dit, en Perſe avec le Comte Lucilien. Le ſens de cette lettre étoit obſcur & cela pour prévenir quelque entrepriſe funeſte, ſi l'on venoit à le pénétrer; voici ce qu'elle contenoit; „Après „avoir renvoyé les Ambaſſadeurs Grecs, „qu'il eut été peut-être plus prudent de „faire mourir, le vieux Roi non content „de l'Helleſpont, joindra par des ponts, „le Granique & le Rindace, pour enva- „hir l'Aſie avec de nombreuſes armées. „Naturellement dur & colère, il eſt en- „core incité à cette entrepriſe par le ſuc- „ceſſeur d'Adrien autrefois Prince Ro- „main;

„ main; c'en eſt fait de la Grèce ſi elle
„ ne ſe tient ſur ſes gardes.«

Ces paroles ſignifioient que le Roi des
Perſes ſollicité par Antonin, tâcheroit
de s'emparer de tout l'Orient après avoir
paſſé l'Anzabe & le Tigre. Lorſqu'on
eut, non ſans peine, percé l'obſcurité de
cet avis, on prit ce ſage parti.

Il y avoit dans ce tems un Satrape de
la Cordouene ſoumiſe à la puiſſance des
Perſes; c'étoit Jovien, qui avoit paſſé
ſa jeuneſſe dans un pays de la domiha-
tion Romaine. Il s'entendoit ſecrétement avec nous, par la raiſon qu'ayant
été en ôtage en Syrie, & entrainé par
la douceur des lettres, il ſouhaitoit paſ-
ſionnément de revenir au milieu de nous.

Je lui fus député avec un Centurion
de confiance, pour découvrir plus exactement encore ce qui ſe paſſoit. Nous ne
parvinmes juſqu'à lui qu'après avoir franchi d'étroits défilés & de fort hautes
montagnes. Dès qu'il m'eut reconnu &
reçu avec politeſſe, je m'ouvris à lui ſans temoins ſur le motif de mon voyage, il me

don-

donna un guide fidéle & qui connoissoit ces lieux, pour me conduire à de hauts rochers éloignés de là, & d'où, si la vue l'avoit permis, on auroit pu découvrir à cinquante milles, les plus petits objets.

Nous y passames deux jours entiers, & le troisième nous vimes dès que le soleil parut, toutes les terres des environs, couvertes de bataillons innombrables, & le Roi qui précédoit l'armée, révêtu de vêtemens éclatans. A sa gauche marchoit Grumbates Roi des Chionites: quoique de moyen âge, il étoit couvert de rides: c'étoit un Prince plein de courage, & qui s'étoit illustré par plusieurs victoires; à sa droite étoit le Roi des Albains, non moins célébre & non moins honoré; après eux venoient des Généraux recommandables par leurs caractères & leur autorité; suivoit ensuite une multitude composée de divers corps, tirés de ce qu'il y avoit de mieux parmi les nations voisines, & de plus endurci aux fatigues & aux hazards de la guerre.

Jul-

Jufques à quand la Grèce fabuleufe
nous parlera-t-elle de Dorifque ville de
la Thrace, & des armées paffées en re-
vue en champ clos par Xerxès? Tandis
que pleins de précaution, ou plutôt de
timidité, nous ne parlons que de ce qu'ap-
puyent des preuves & des monumens
fans replique.

CHAPITRE VII.

*Sapor entre en Méfopotamie avec les Rois
des Chionites & des Albains. Les
Romains mettent le feu à leurs propres
campagnes, ils en font entrer les habitans dans les villes, & garniffent la
rive citérieure de l'Euphrate de forts
& de chateaux.*

Les Rois traverferent Ninive (*a*) grande
ville de l'Adiabene, & après avoir ou-
vert

(*a*) L'emplacement de cette ville paroit être dans
la Turquie Afiatique, dans un lieu fitué dans le Gou-

vert & confulté fur le pont d'Anzabe les victimes qu'ils trouverent favorables, ils continuerent gayement leur marche. Comme il nous parut qu'il faudroit au moins trois jours au refte de l'armée pour défiler, nous retournames au plus vite chez le Satrape, nous repofer & nous refaire de nos fatigues. De là nous revinmes plutôt encore qu'on ne pouvoit l'efpérer, par des lieux deferts & n'ayant pour guide que la néceffité, fixer les inquiétudes de nos gens, en leur apprenant que les Rois, fans faire de détour, avoient paffé un des pont de bateaux.

On détacha donc auffitôt des cavaliers à Caffianus, Duc de la Méfopotamie, & à Euphronius alors Gouverneur de la province, pour preffer les villageois de fe mettre en fureté avec leurs familles & leur betail, ainfi que pour faire vuider promtement la ville de Carra qui manquoit de bonnes murailles. A cela on joignit

vernement de Moful, vis à vis de Moful même. On le nomme *Kelle-Nunia*, c'eft à dire Fort de Ninive.

joignit la précaution de brûler les campagnes, pour ôter à l'ennemi les moyens
de subsister.   Ces ordres furent si ponc-
tuellement exécutés que la fureur des flammes détruisit tous les grains dont les épis
commençoient à jaunir & consuma tellement les herbes, qu'on ne voyoit pas la
moindre verdure, depuis les bords du
Tigre jusqu'à l'Euphrate.   Plusieurs bêtes féroces périrent par la violence du
feu, surtout les lions qui dans ces contrées sont furieux.   Voici ce qui d'ordinaire les détruits ou les aveugle; ces animaux se trouvent en grand nombre parmi les roseaux & dans les bois de la Mésopotamie.   Ils ne font point de mal
pendant l'hyver qui est fort doux, mais
lorsque la chaleur se fait sentir dans ces
régions ardentes, les vapeurs de la cani-
cule, jointes aux grosses mouches dont
ces contrées abondent, les mettent en fureur; ces insectes s'attachent à leurs yeux
comme à la partie la plus humide & la
plus brillante de leurs corps, & se pla-
çant sur l'extrêmité de leurs paupières,

Q 6   les

les déchirent, ce qui fait que tourmentés par de longues douleurs, ces lions se précipitent dans les eaux où ils croyent trouver du remède, ou que perdant tout à fait l'ufage de leurs yeux qu'ils crevent avec leurs ongles, ils deviennent pour ainfi dire enragés; fans cela l'Orient feroit infefté de cette forte d'animaux.

Pendant qu'on bruloit les campagnes, les Tribuns envoyés avec des foldats, affuroient par toute forte d'ouvrages les rives citérieures de l'Euphrate; foit en faifant des retranchemens, foit en fichant en terre des pieux fort aigus; foit en établiffant des machines dans les endroits du fleuve qui n'avoient pas trop de profondeur.

Au milieu de ces préparatifs, Sabinien ce chef fi bien choifi pour conduire une guerre fanglante, au lieu de profiter de momens prétieux, comme s'il eut fait la paix avec des morts, paffoit tranquillement fon tems près des tombeaux d'Edeffe, & faute d'amufemens de théatre, s'occupoit à voir des danfes pyrrhiques.

La

La fingularité de ce goût & du lieu où
il étoit, pouvoit paffer pour une forte de
préfage de ce qui l'attendoit; le récit de
démarches auffi déplorables fervira fans
doute de leçon à tout homme fage, & l'en-
gagera à les éviter. Cependant les Rois
qui avoient paffé Nifibe comme peu digne de les arrêter, cottoyoient le pied
des montagnes, & marchoient par des
vallées encore vertes, pour éviter la difette de fourage qu'occafionnoit le ravage
des flammes qui alloit toujours en croiffant. Lorfqu'ils furent arrivés à un lieu
nomme Bebafe, éloigné de cent lieues de
Conftantine (a) où il regne une feche-
reffe univerfelle, fi l'on excepte quelque
peu d'eau qu'on y trouve dans des puits,
ils héfiterent longtems fur le parti qu'ils
prendroient; enfin comptant fur la vigueur de leur monde, ils fe difpofoient
à continuer leur marche, mais un efpion
fidele leur rapporta que l'Euphrate enflé
par la fonte des neiges, étoit tellement dé-
bordé

a) On croit que c'eft Tela dans le Diar-beckr.

Q 7

bordé qu'il ne leur feroit pas poffible de
le paffer à gué. L'efpoir qu'ils avoient
conçu s'évanouiffant par là, ils réfolurent d'attendre du hazard l'occafion. La
fituation critique des affaires fit tenir
un confeil, on ordonna à Antonin de
parler; celui - ci perfuada de faire un long
detour en prenant à droite, pour arriver
à deux forts, Barzala & Laudias; il s'offrit de conduire, les troupes par un pays
abondant & fertile que l'ennemi n'avoit pas
encore ruiné; qu'on y trouveroit une petite
rivière d'autant plus aifée à paffer, qu'elle n'étoit, ni fort éloignée de fa fource,
ni groffie d'eaux étrangères; on applau-
dit à cet avis, & Antonin fut chargé de
diriger la marche de l'armée qui changea
de route & le fuivit.

CHA-

CHAPITRE VIII.

Sept-cens cavaliers Illyriens sont brus-
quement assaillis & mis en fuite par les
Perses. Ursicin se sauve d'un côté &
Marcellin de l'autre.

Sur les avis positifs que nous reçumes de ce
projet de l'ennemi, nous nous disposames
à arriver promtement à Samosate pour y
passer le fleuve, & après avoir rompu les
ponts qui sont près de Zeugma (*a*) & de
Caperfane, pour tâcher de repousser, si la
fortune nous favorisoit, les efforts des Perses. Mais il arriva une chose honteuse &
qui devroit être ensevelie dans le silence.
On avoit nouvellement envoyé d'Illyrie au
secours de la Mésopotamie, deux de nos
escadrons, forts d'environ sept-cens
hommes, mais foibles & timides; chargés

(*a*) Aujourd'hui *Zima*, ou selon d'autres *Bir* dans
e Gouvernement d'Alep dans la Turquie Afiatique.

gés de garder ces avenues & craignant les embuches nocturnes, dès que le jour baissoit, ils s'écartoient du poste qu'on leur avoit assigné sur le grand chemin, pendant qu'il auroit fallu veiller, même sur chaque sentier. Les Perses qui firent cette découverte, saisirent le moment où ces cavaliers accablés de vin dormoient, & vinrent au nombre de vint mille sous la conduite de Tamsapor & de Nohodares, se glisser sans qu'on s'en apperçut derriére les hauteurs qui avoisinent Amide. (*a*). Peu après étant en marche à la foible lueur des premiers rayons du jour pour nous rendre à Samosate (*b*), nous fumes frappés de l'éclat des armes que nous découvrimes du haut de l'endroit où étoit le fanal; aux premiers cris qui annoncerent qu'on voyoit l'ennemi, on donna le signal pour avertir de se préparer au combat, & nous fimes halte en nous resserrant.

(*a*) Présentement *Diarbek* dans le Gouvernement de *Diar - beckr.*

(*b*) V. ci - dessus Livr. XIV. Chap. 8.

rant. Il n'étoit, ni sur de fuir, les Perses étant à portée de nous poursuivre, ni possible d'en venir aux mains sans s'exposer à une mort inévitable, à cause de la supériorité qu'ils avoient sur nous & en nombre & surtout en cavalerie. Tout en délibérant sur ce qu'il convenoit de faire vû l'impossibilité de décliner le combat, quelques uns de nos gens qui s'étoient imprudemment avancés, furent tués.

Au moment où les deux partis s'approchoient, Ursicin reconnut Antonin qui marchoit fièrement à la tête des escadrons ennemis, & l'accablant de reproches, il l'appella traitre & scélérat; celui-ci ôta la tiare qu'il avoit sur la tête & qui étoit une marque de sa dignité, descendit de cheval, se courba au point de toucher presque la terre, & salua Ursicin qu'il nomma son patron & son maître; puis joignant ses mains sur le dos, ce qui chez les Perses, est une contenance de suppliant, il lui parla ainsi; „Pardonnez moi, illustre Comte, une „faute

„faute que la néceffité feule m'a fait com-
„mettre : vous n'ignorez pas que c'eft l'a-
„charnement de mes Créanciers qui m'a
„chaffé ; & que vôtre crédit même, lorfque
„vous vous êtes intéreffé à mon malheur,
„n'a pu me défendre de leur infatiable avi-
„dité ; " après ces mots il fe retira, mais
fans tourner le dos, & en regardant
toujours d'un air refpectueux de notre
côté.

Ceci fe paffa dans l'efpace d'une demi
heure ; tout à coup nos foldats des derniers rangs, s'écrient qu'ils découvrent
derrière eux une multitude de Cavaliers
armés de toutes pièces, qui avançent
au galop. Incertains à la vue de ce
nombre énorme d'ennemis qui nous pref-
foient, de quel côté nous devions nous
porter, nous nous difperfames felon que
chacun le jugea convenable ; mais en tâ-
chant d'éviter le péril, nous nous trouvames confondus avec les Perfes qui
accouroient de tous côtés. Méprifant
donc la vie, nous combattimes avec
courage, & fumes pouffés, jufqu'aux
rives

rives du Tigre qui font fort efcarpées. Quelques - uns qui en font précipités entrelaffent leurs bras, & réuffiffent
à s'arrêter à l'endroit où ce fleuve eft
gueable, ceux - ci engloutis par la rapidité & la profondeur des eaux, y périf-
fent, ceux là réfiftent à l'ennemi avec
des fuccès différens; d'autres enfin, effrayés de l'épaiffeur de fes efcadrons, fe
jettent dans les gorges les plus voifines
du mont Taurus. Parmi ces derniers fe
trouva notre Général qui fut reconnu &
enveloppé, mais la célérité de fon cheval
le fauva avec le Tribun Adjadalthe &
un valet.

Séparé de mes camarades, je m'occu-
pois du parti qui me reftoit à prendre,
lorfque je rencontrai Verennianus, Officier des Gardes, qui avoit la cuiffe per-
cée d'une flèche: j'effàyai, à fa prière
de l'arracher, mais me voyant de toutes
parts environné de Perfes, je tachai de
fortir de la route par laquelle nous étions
pourfuivis & courus à toute bride pour
gagner la ville: elle eft fur une hauteur à

la

la quelle on ne parvient que par un chemin
étroit, taillé dans le roc, & refferré encore
par des moulins qu'on y a batis dans cette
vue; ici mêlés avec les ennemis qui couroient également pour atteindre cette hauteur, nous reftames immobiles jufqu'au lendemain matin : nous étions fi fort ferrés,
que les cadavres foutenus par la multitude
de ceux qui rempliffoient ce chemin, n'a-
voient pas de place pour tomber, & qu'un
foldat dont la tête avoit été fendue d'un
énorme coup d'épée, refta debout devant
moi, comme un pieu. La grande proximité de la ville nous mit à couvert de la
grêle de traits, que fes machines envoyoient du haut des murs: enfin après
y être entré par une fauffe porte, je la
trouvai remplie d'une infinité d'hommes
& de femmes du voifinage; car une foire
qui fe tenoit précifément alors dans les
fauxbourgs, y avoit attiré une grande af-
fluence de villageois. Divers cris augmentoient encore le trouble; les uns
pleuroient ceux qu'ils avoient perdus;
d'autres étoient bleffés à mort; plufieurs
enfin

enfin appelloient leurs amis que ce défordre ne leur permettoit pas de voir.

CHAPITRE IX.

*Description d'Amide ; combien il s'y trou-
voit de légions & d'escadrons.*

Constance lorsqu'il étoit César, & dans
le tems où il construisit Antoninopolis,
environna cette ville autrefois très-pe-
tite, de grosses tours & de murailles, ce
qui en fit une excellente retraite pour les
habitans ; il y mit aussi pour la rendre
redoutable à l'ennemi, un magazin de
machines de guerre, & voulut qu'elle
portât son nom. Elle est arrosée au midi
par un coude du Tigre dont la source
n'est pas éloignée ; elle a à l'Orient les
plaines de la Mésopotamie ; au septentrion, outre la rivière de Nymphée, elle
est encore couverte par les montagnes du
Taurus qui sépare les peuples Transtigri-
tains

tains, de l'Arménie; du côté du couchant elle touche à la Comagene, pays
abondant & fertile, où se trouve un village nommé Abarne qui est connu par la
bonté de ses sources chaudes. Il y a au
milieu d'Amide même, au dessous de la
forteresse, une grande fontaine dont l'eau
est beuvable, mais quelquefois aussi dans les
chaleurs de l'été, d'un odeur desagrèable.

La cinquième légion Parthique étoit
toujours destinée à la garde de cette place, avec une troupe de naturels du pays
qui n'étoient pas à mépriser. Mais alors
le danger dont menaçoit cette multitude
de Perses, y fit accourir pour en défendre
les murailles, six légions dont deux portoient les noms de *Magnence*, & de *Décence*: Constance qui s'en défioit les fit venir après les troubles civils, en Orient où
on ne craignoit que des guerres avec des
étrangers; les quatre autres étoient la
Trentième, la *Dixième* (a) & celles qu'on
nom-

(a) Ammien donne aux soldats de cette légion l'é-
pithète de *Fortenses*, soit à cause des preuves de va-

nommoit les *Superventeurs*, & les *Pré-
venteurs* (*b*); Ælien qui étoit déjà Comte
les commandoit; ces dernières nouvellement levées, & pour ainsi dire à leur ap-
prentissage, encouragées & conduites par
l'Officier que nous venons de nommer,
firent une sortie de Singare, surprirent,
comme nous l'avons rapporté, les Perses
endormis, & en massacrerent un grand
nombre.   Il y avoit encore beaucoup
d'archers Comtes; on donne ce nom à
des escadrons de Cavalerie, où l'on admet tous les barbares de condition libre,
qui se distinguent par leur force & par leur
adresse à manier les armes.

leur que cette troupe avoit données, & dont César
fait déja l'eloge (*Guerre des Gaules Liv. I.*) soit parce
qu'on tiroit peut-être les soldats qui la composoient
de Fortia, ville de la Sarmatie Asiatique. *Voy. la
Notice de l'Empire.*

 (*b*) L'objet   de ces corps étoit de prévenir l'ennemi, ou en l'attaquant, ou en se saisissant avant lui
de postes avantageux, & celui de l'autre, d'agir lorsque le combat étoit engagé. (*Ibid.*)

﹏ ❧ ﹏

CHAPITRE X.

Deux forts Romains se rendent à Sapor.

Durant le premier effort de ce tourbillon qui se déploya avec une violence inattendue; Sapor accompagné des siens & des peuples qui le suivoient, prit à droite en quittant Bébase, selon le conseil d'Antonin, & passant par Horre, Mejacarire, & Charcha, comme s'il n'avoit aucun projet sur Amide, vint aux forts Romains appellés l'un Rema, & l'autre Buse: là il apprit par des transfuges que plusieurs personnes y avoient fait transporter leurs richesses comme dans des lieux extrémement surs: on ajouta, qu'outre des effets prétieux, on y trouveroit une jeune fille avec une très belle femme épouse d'un certain Craugase habitant de Nisibe, & distingué par son rang & par son crédit.

L'ap-

L'appât du butin anima Sapor; il courut donc avec affurance à ces forts: les défenfeurs que la vue de tant d'ennemis glaça d'effroy, fe rendirent auffitôt avec tous ceux qui s'étoient réfugiés dans ces places, & au premier ordre qu'ils reçurent de les vuider, ils en remirent les clefs. Toutes les avenues furent ouvertes pour en tirer ce qui y étoit renfermé; on vit paroître des femmes tremblantes de crainte, des enfans attachés au fein de leurs meres, & qui faifoient dans un âge bien tendre l'apprentiffage du malheur. Sapor ayant appris de l'époufe de Craugafes qui elle étoit, lui permit d'approcher avec confiance, & la voyant couverte jufqu'aux levres d'un voile noir, il lui promit avec bonté, qu'elle reverroit fon époux & qu'on refpecteroit fon honneur. Comme il favoit que Craugafe adoroit fa femme, il efpéra d'engager par là cet homme, à lui livrer Nifibe. Ce Prince ordonna encore qu'on laiffât intactes d'autres filles chrétiennes confacrées au fervice des autels, & voulut qu'elles vaquaffent fans

Tome I.   **R**   être

être interrompues, aux devoirs de leur culte.

C'est ainsi que Sapor affecta pour quelque tems d'être clément, afin que ceux que sa cruauté & sa barbarie avoient autrefois effrayés, vinssent d'eux-mêmes sans crainte, & qu'ils apprissent par ces derniers exemples, qu'il tempéreroit la grandeur de sa fortune, par la douceur, & par l'humanité.

AM-

AMMIEN MARCELLIN.

LIVRE XIX.

CHAPITRE. I.

*Les habitans d'Amide tirent des flèches &
des traits contre Sapor qui les exhorte
à se rendre. Le Roi Grumbates es-
saye aussi de les y engager; son fils
est tué.*

La déplorable captivité de nos gens
remplit de joye Sapor; plein de
l'espoir de pareils succès il quitta ces
lieux, & marchant à petites journées, il
vint le troisième jour à Amide. Aux
premiers rayons de l'aurore, tous les environs, quelque loin qu'on portàt la vue,

R 2   res-

refplendirent de l'éclat des armes, & la
cavalerie caparaçonée de fer, couvrit les
campagnes & les collines. Le Roi précédoit à cheval l'armée & fe faifoit diftinguer, par la hauteur de fa taille : il
portoit au lieu de diadéme, un ornement d'or de la forme d'une tête de be-
lier, parfemée de pierreries ; ce Prince
brilloit encore par le nombreux cortège
des grands Seigneurs, & des diverfes nations qui l'accompagnoient. On favoit
d'avance, que hors de propofer à la ville
de fe rendre, il ne tenteroit rien contre
elle, parce que felon le confeil d'Antonin, il fe hâtoit de marcher ailleurs. La
Providence permit cependant, pour ren-
fermer dans une feule Province les malheurs de la République, que ce Prince
s'enorgueillit démefurément, & s'imagi-
nât qu'auffi tôt qu'il paroîtroit, les affiégés
confternés, viendroient en tremblant implorer fa pitié. Il fe promena donc à
cheval autour des portes, fuivi des principaux de fon armée ; mais s'étant appro-
ché avec trop d'affurance, & fi prés qu'on
pou-

pouvoit le reconnoître; les marques de
dignité qui éclatoient sur ses vêtemens,
firent qu'on décocha contre lui toutes
sortes de traits, sous lesquels il auroit
succombé, si à l'aide de la poussière qui
le déroboit à la vue des assiégeans, &
après qu'un dard eut déchiré une partie
de sa robe, il ne se fût pas arraché au
danger, pour causer dans la suite des
maux sans nombre.

A compter de ce moment, il fit d'aussi
grands efforts pour détruire cette ville,
que s'il eut eu des sacriléges à punir; il
disoit tout haut; qu'on avoit outragé en sa
personne, le maître de tant de Rois & de
tant de nations. Les chefs de son armée le conjurerent cependant, de se tenir
en garde contre la colère qui pourroit l'é-
carter de ses glorieuses entreprises; il se
calma à leur prière, & résolut de sommer
le lendemain la place. Aussitôt donc
que le jour parut, Grumbates, Roi des
Chionites, qui devoit s'aquitter de cette
commission, accompagné d'une troupe
de cavaliers légérement montés, avança

har—

hardiment jufqu'aux murailles. Dès qu'il
fut à la portée du trait, une de nos habiles fentinelles qui l'apperçut, fit jouer
fa balifte avec tant d'adreffe, que le fils de
ce Prince fut atteint d'un dard qui perça
fa cuiraffe, & l'étendit fur le carreau; c'é-
toît un jeune homme qui l'emportoit fur
tous fes égaux, par la hauteur & la beauté de fa taille.

Sa mort difperfa tous ceux qui étoient
autour de lui; mais ils revinrent peu
après, & de peur qu'on n'enlevât cette
proye, ils exciterent à grands cris, ces
diverfes nations au combat; leur concours fit voler une grêle de traits & engagea une affaire fanglante. Après plufieurs actions meurtriéres, qui durerent
pendant toute la journée, les Perfes profiterent de la nuit qui approchoit, pour
tirer du milieu des morts, & des torrens
de fang qui couloient, ce cadavre pour
lequel on s'étoit battu avec tant d'acharnement: c'eft ainfi qu'on vit autrefois les
Grecs & les Troyens, fe difputer en dé-
fefpérés fous les murs de Troye, le corps
de

de Patrocle (*a*). Cette mort plongea dans le deuil, la Cour, les Grands, & le père de cet illuftre jeune homme; on fufpendit les opérations militaires, pour le pleurer conformément à l'ufage de la nation. Il fut donc porté avec fes armes, & mis fur une efpèce de tribune vafte & élevée; on plaça tout autour dix lits fur lefquels étoient des figures de morts fi bien imitées, qu'elles reffembloient parfaitement à des corps enfevelis: tous les hommes felon leur chambrées & leurs compagnies, pafferent fept jours dans des feftins, danfant & chantant des airs triftes pour exprimer les regrets qu'ils donnoient à la perte de ce jeune Seigneur. Les femmes d'un ton lugubre, & par des gémiffemens ufités en pareilles occafions, déploroient le malheur de la nation qui perdoit en lui dans un âge fi tendre, fa plus chére efpérance: on voit de même les Prétreffes de Vénus, pleurer pendant la fête

d'Ado-

(*a*) *Iliad. Liv. XVII.*

d'Adonis qui felon les myftères, eft le symbole de l'approche de la moiffon.

CHAPITRE II.

Amide eft affiégée, & dans l'intervalle de deux jours, deux fois affaillie par les Perfes.

Le Père avoit réfolu, dès qu'on auroit brûlé le corps de fon fils & mis fes os dans une urne d'argent, de l'envoyer dans fa patrie pour l'y faire inhumer. Le réfultat des confeils qu'on tint enfuite, fut de vanger les manes de ce jeune Prince par l'entiére deftruction de la ville. Grumbates ne voulut pas abandonner la place, avant de lui avoir fait expier la mort du feul fils qu'il avoit. Lorf-qu'on fe fut donc repofé deux jours, & qu'on eut envoyé des détachemens pour ruiner les vaftes campagnes que la paix avoit rendues fertiles, on enveloppa la ville

ville de cinq rangs de boucliers; à la
pointe du troisième jour, les brillans escadrons des ennemis se répandirent sur tout
l'espace que la vue permettoit de découvrir, & chaque troupe marcha tranquillement au lieu que le sort lui avoit assigné.

Les Perses occupoient tout le tour
des murailles; à la partie orientale
étoient les Chionites; c'étoit là précisément où le jeune Prince avoit, malheureusement pour nous, perdu la vie.
Les Vertes furent employés au midi, &
les Albains au septentrion. Les Segestains, de tous les guerriers les plus vaillans, furent opposés à la porte du couchant: avec eux étoit le train des éléphans dont les corps couverts d'horribles
plis, s'élevoient comme des côteaux, &
avançoient lentement avec les gens armés qu'ils portoient. On ne sauroit exprimer comme nous l'avons déjà dit,
combien ce spectacle étoit propre à inspirer la terreur. A la vue de cette multitude immense rassemblée pour la ruine de
l'Empire Romain, & dans ce moment

R 5   pour

pour la nôtre, nous perdimes tout espoir d'échapper, & ne pensames qu'à terminer glorieusement une vie dont chacun de nous desiroit la fin.

Depuis le lever du soleil jusqu'au soir, les troupes ennemies resterent immobiles & dans un si grand silence, qu'on n'entendit pas même hennir les chevaux; s'en retournant ensuite dans le même ordre dans lequel elles étoient venues, après avoir pris quelque nourriture & du repos, peu avant la pointe du jour, elles investirent au bruit des clairons & avec un appareil terrible, la ville qu'elles se promettoient de prendre bientôt.

. A peine Grumbatès eut il jetté, selon leur usage & à la maniére de nos heraults, un javelot teint de sang, que toute l'armée fit entendre le bruit de ses armes & courut contre les murailles. Aussitôt la déplorable fureur des combats s'augmentant, on vit tous les Perses s'empresser à en venir aux mains, & nos gens voler au devant de leurs attaques. Les pierres qui partirent de nos scorpions, briserent

ferent les têtes d'un nombre confidérable
d'ennemis; les uns furent percés de flèches: d'autres abbatus à coups de javelots, embarraffoient de leurs corps le
chemin: les bleffés tâchoient en fuyant
de rejoindre leurs camarades.

Une nuée de traits & de gros dards
qu'envoyerent les machines dont les Perfes s'étoient emparés à Singare, & qui at-
teignirent plufieurs perfonnes, n'occafion-
na pas moins de deuil & de défolation
dans la ville; car les affiégés qui fe
battoient fur les murs, ramaffant toutes leurs forces fe relevoient tour à
tour, & dans l'ardeur avec laquelle ils
fe défendoient, les bleffés faifoient des
chûtes dangereufes: ceux-ci criblés de
coups, renverfoient leurs voifins en
tombant; ceux-là enfin qui pouvoient
encore fe remuer, cherchoient quelqu'un qui fût arracher les dards de leurs
playes. L'acharnement étant égal, l'approche de la nuit n'affoiblit pas même ce
carnage réciproque. Les Gardes la pafferent fous les armes. On entendoit les

collines retentir de leurs cris. Nos gens élevoient jusqu'au ciel, les vertus de Constance qu'ils appelloient le maître de l'Univers; les Perses exaltoient Sapor, & le nommoient tantôt Pyrose, tantôt Saansaa, ce qui signifie dans leur langue, le Roi des Rois & le vainqueur par excellence.

Avant que le jour parut, les trompettes donnerent le signal, & des troupes innombrables & telles que des oiseaux de proye, se répandirent de tous côtés; les campagnes & les vallons brillerent au loin, de l'éclat des armes de ces nations féroces. On poussa ensuite de grands cris, & une grêle de traits fut décochée des murailles contre les efforts des assaillans; on étoit sûr qu'aucun de ces coups ne seroit perdu, vû qu'ils tomboient sur un monde d'ennemis. Pour nous au milieu de tant de dangers, loin de penser qu'il fut possible d'échapper; nous ne souhaitions que de mourir avec honneur. On se battit jusqu'au soir avec plus d'acharnement que de prudence, &

sans

fans que la victoire penchât plus d'un
côté que de l'autre. Le bruit que faifoient les combattans alluma tellement de
part & d'autre l'ardeur, qu'il n'échappa
prefque perfonne aux bleffures. Enfin la
nuit termina le carnage, & l'excès des
pertes porta les deux partis à fufpendre
pendant quelque tems les attaques; mais
cet intervalle que nous aurions du donner au repos, nous fumes obligés de le
confacrer à un travail continuel, qui
acheva d'épuifer le peu de forces qui nous
reftoient; la confternation augmentoit
encore à la vue du fang & de la paleur
des mourans auxquels, faute d'efpace,
nous ne pouvions pas même accorder les
honneurs de la fépulture: car cette ville
qui étoit d'une médiocre grandeur, outre fept légions, renfermoit encore vint
mille hommes compofés d'habitans des
deux fexes, d'étrangers de divers pays,
& d'un petit nombre d'autres foldats.

Chacun penfoit donc fes playes comme il le pouvoit, & à proportion du fecours qu'on avoit; ceux-ci mouroient
du

du fang qu'ils perdoient, ceux - là des coups dont ils étoient percés. Les Chirurgiens pour ne pas augmenter inutilement les fouffrances, défendoient de travailler fur ceux dont les membres étoient entiérement fracaffés; d'autres enfin à qui l'on retiroit les flèches qui les avoient atteints, fouffroient mille morts par cette opération douteufe.

CHAPITRE III.

Le Général Sabinien s'oppofe au projet que forme Urficin de furprendre de nuit les Perfes.

Pendant qu'avec un courage égal on fe battoit ainfi à Amide, Urficin qui gémiffoit de la dépendance où il étoit, ne ceffoit d'exhorter Sabinien, dont le pouvoir étoit fupérieur au fien, à quitter ces tombeaux auxquels il fembloit côlé, & à marcher inceffamment au fecours de la
ville

ville avec tous les Vélites, en fuivant fecrétement le pied des montagnes; il lui
repréfentoit, qu'il trouveroit, peut-être,
une occafion favorable d'enlever avec ces
troupes armées à la légére quelque pofte
ennemi, & de tomber fur les gardes qui
en formant l'inveftiffement de la ville, occupoient autour de fes murs une grande
étendue de terrain; ou du moins qu'il
pourroit par de fréquentes attaques ral-
lentir l'acharnement avec lequel les Perfes pouffoient le fiége.

Mais celui-ci rejetta ces confeils comme s'ils euffent été dangereux, & produifit des lettres de l'Empereur qui ordonnoient pofitivement, d'exécuter tout
ce qui feroit poffible, fans expofer cependant le falut de l'armée. Sabinien fe
gardoit bien de dire qu'on lui avoit fouvent recommandé à la cour, d'ôter à fon
prédéceffeur toutes les occafions d'acquérir de la gloire, duffent ces occafions
être favorables aux intérêts de la République. C'eft ainfi qu'on laiffoit s'avancer la ruine des provinces, plutôt que
de

de fournir à un vaillant homme les
moyens de faire une action d'éclat, ou
d'y avoir part. Consterné donc de tous
ces maux, Ursicin, quoiqu'il ne fut rien
moins que facile d'arriver jusqu'à nous,
tant nous étions resserrés ! nous envoyoit
souvent des espions, & formoit d'excellens projets; mais ne pouvant les exécuter, il ressembloit à un lion terrible &
furieux, qui ne sauroit se jetter sur les
filets qui retiennent ses petits, faute de
pouvoir faire usage de ses griffes & de
ses dents.

CHAPITRE IV.

La peste règne pendant dix jours dans
Amide, une petite pluye la dissipe;
des causes de cette maladie & de ses
différentes espèces.

La multitude des corps morts répandus
dans les rues, & qu'il n'étoit pas possible
d'en-

d'enterrer, ajouta la peste à tous les
maux que la ville reſſentoit déjà; la cor-
ruption des cadavres que les vers ron-
geoient, jointe aux exhalaiſons d'un air
échauffé, & les diverſes maladies du peuple, produiſirent ce fléau dont je vais
expoſer en peu de mots l'origine. Les
Philoſophes & de grands médecins ont
prétendu, que l'excès de chaleur ou de froid,
d'humidité ou de ſéchereſſe, eſt la cauſe
des maladies contagieuſes. De là vient
que ceux qui habitent des lieux humides
& marécageux, ſont ſujets aux toux, aux
maux des yeux, & à d'autres infirmités ſemblables; ceux au contraire qui ſont dans
des pays chauds, deſſéchent par l'ardeur
des fièvres. Mais autant le feu eſt plus actif
que les autres élémens, autant auſſi la ſéchereſſe hâte-t-elle la mort plus que l'humidité.

De là ce qu'on raconte de cette guerre
de dix ans, où la Grèce s'épuiſa pour ne
pas laiſſer impuni un étranger qui avoit
rompu un mariage Royal, c'eſt que pluſieurs y périrent par les flèches d'Apollon
qu'on tient être le Soleil; & ſelon Thu-
cydide,

cydide, le ravage que fit au commencement de la guerre du Péloponese parmi
les Athéniens, une maladie cruelle, venant d'abord de la brulante Éthiopie &
se communiquant de proche en proche,
se répandit par toute l'Attique. D'autres pensent que les vents & les eaux
corrompues par l'infection des cadavres
ou telles autres matières, donnent des atteintes funestes à la santé, & que la preuve en est, qu'un changement trop subit
dans l'air, produit souvent de légéres in-
commodités.

Quelques-uns affirment, que l'air trop
épaissi par des vapeurs qui sortent de
terre, empêche la transpiration, & suf-
fit pour donner la mort: de-là vient
aussi selon la remarque d'Homere (a),
appuyée de plusieurs autres observations,
que tous les animaux qui, excepté
l'homme, sont courbés vers la terre, pé-
rissent les premiers, comme on le voit,
dès que cette contagion paroit.

La

_____

(a). *Iliad. Liv. I. v. 50.*

La première efpèce de ce mal fe nomme Pandemus, elle expofe à de fréquentes ardeurs ceux qui habitent des contrées arides. La feconde porte le nom
d'Épideme, elle fe manifefte en certain
tems, affoiblit la vue & produit des hu-
meurs dangereufes. La troifième fe nomme Lœmodes, elle eft également paffagère,
mais tue comme un trait.

L'idée de cette foule de perfonnes dont
la ville étoit remplie, augmentoit encore
les frayeurs de ceux que ce funefte mal
attaqua. Il n'en périt pourtant qu'un petit nombre. Enfin la nuit qui fuivit le
dixième jour, de petites pluyes, purgerent
& raréfierent l'air & ramenerent la fanté

CHA-

CHAPITRE V.

Les attaques d'Amide se font en partie contre les murailles, & en partie par des souterrains que découvrit un transfuge.

Cependant, les Perses actifs environnerent la place de mantelets d'osier, & éléverent des terrasses; ils construisirent aussi de hautes tours dont les faces opposées à la ville étoient garnies de fer; ils établirent au sommet de chacune de ces tours, une baliste destinée à écarter ceux qui défendoient la plate forme des murs: en attendant les frondeurs & les archers ne discontinuerent pas un instant d'envoyer des traits & des pierres. Nous avions avec nous deux légions nouvellement arrivées des Gaules; elles avoient servi sous Magnence, & étoient composées d'hommes robustes, agiles & propres aux combats de plaine: non seulement
ils

ils n'entendoient rien à la façon dont on nous attaquoit, mais' ils étoient encore trop turbulens; comme ils ne nous étoient d'aucun fecours pour fervir nos machines, ou pour conftruire des ouvrages; ils faifoient témérairement des forties, combattoient vaillamment, & revenoient toujours avec quelque perte; les services qu'ils nous rendoient par là, fe réduifoient précifément à celui que rend un homme qui dans un grand incendie, porte de l'eau dans le creux de fa main. On ferma à la fin les portes & ceux-ci ne pouvant plus fortir quoique leurs Tribuns le demandaffent, ils fe mirent à rugir comme des bêtes féroces. Cependant peu de jours après, leur utilité fe fit fentir, comme nous le dirons bientôt.

Dans la partie écartée des murs qui font au midi & qui donnent fur le Tigre, il y avoit une haute tour, fous laquelle s'ouvroient deux rochers fi efcarpés qu'on ne pouvoit en laiffer tomber la vue, fans éprouver une forte d'effroy; de là par des fouterrains pratiqués dans le le pied de la montagne, (ce qu'on a la coutume de faire dans toutes ces contrées, aux retranchemens qui sont près des fleuves) des degrés artistement taillés, conduisoient jusqu'à la rivière pour y puiser clandestinement de l'eau.

Soixante & dix Archers Perses de la garde Royale, qui étoient d'une adresse & d'une fidélité reconnue, passerent sous la conduite d'un bourgeois qui s'étoit rangé du côté de l'ennemi, par ces sombres routes auxquelles on faisoit péu d'attention à cause des précipices; favorisés par le silence qui regnoit dans ces lieux écartés, ils gagnerent promtement la tour vers le milieu de la nuit, & monterent un à un jusqu'à son troisième étage. Ils s'y tinrent cachés, & au matin ayant élevé une casaque rouge pour avertir qu'il falloit commencer l'attaque, dès qu'ils virent que leurs troupes ceignoient de tous côtés la ville, vuidant & mettant à leurs pieds leurs carquois, ils s'animerent par d'effroyables cris & tirerent avec beaucoup d'adresse. Bientôt les épais bataillons

lons des Perses fondirent sur la place
avec plus de vigueur qu'auparavant.
Dans l'incertitude du parti que nous
avions à prendre, soit d'attaquer ces
Archers qui nous dominoient, soit de
faire face à cette foule d'ennemis qui déjà
du haut des échelles s'attachoient aux
crénaux des murailles, on partagea l'ouvrage: cinq légéres balistes furent dreffées contre la tour; les traits qui en partoient, atteignoient quelquefois deux de
ces Archers d'un seul coup; les uns extrêmement blessés périssoient, les autres
effrayés par l'horrible fracas que faisoient
ces machines se précipitoient d'eux-mêmes & se brisoient tout le corps. Après
nous être promtement délivrés de
ce danger, les balistes furent remises à
leur place & toutes nos forces se porterent avec moins de risque à la défense
des murailles. L'action atroce du transfuge augmenta l'activité de nos soldats; on les vit courir comme sur un
terrain uni & lancer avec tant de vigueur
toute sorte de traits, que les Vertes qui
étoient

étoient au midi, repouffés par les bleffures qu'ils reçurent, retournerent tout
effrayés au camp, après avoit perdu un
grand nombre de leurs camarades.

CHAPITRE VI.

*Les légions Gauloifes font une fortie qui
incommode beaucoup les Perfes.*

Ce jour s'étant terminé par la déroute
des ennemis, & fans beaucoup de perte
pour nous, la fortune fembla nous donner quelque efpèrance. La nuit fut em-
ployée à nous refaire des fatigues de la
journée. Le lendemain nous vimes dès
la pointe du jour, qu'on conduifoit à
l'ennemi tout le peuple pris dans Ziata:
une foule de gens s'y étoient réfugiés,
comme dans une place forte & propre à
contenir beaucoup de monde, puifqu'elle
a dix ftades de circuit. D'autres forts
furent également enlévés & réduits en
cen-

cendres; on en tira plufieurs milliers
d'hommes pour en faire des efclaves;
parmi eux fe voyoient des vieillards in-
firmes, & des femmes agées; ces malheureux que tant de maux avoient épui-
fés, ne pouvant foutenir la longueur de
la marche, & dégoutés de la vie, étoient
abandonnés fur le chemin, avec les jarrets, ou les jointures des genoux coupées.

Les foldats Gaulois à la vue de ces
troupes d'infortunés, demanderent par
un motif louable il eft vrai, mais que les
circonftances condamnoient, la permiffion
de combattre, & menacerent de la mort les
Tribuns & leurs principaux Officiers, s'ils
perfiftoient à s'y oppofer. Tels que des bêtes féroces que la puanteur de leur loges ne
rend que plus farouches, & qui pour s'é-
chapper tâchent d'en rompre les barrières,
ils frappoient de leurs épées les portes qu'on
avoit barricadées; ce qu'ils craignoient
furtout, c'eft que la ville ne fut détruite
& eux avec elle, avant qu'ils fe fuffent
illuftrés par quelque action; ou fi on la
délivroit, qu'on ne parlàt pas d'eux com-

me le méritoit la bravoure Gauloife,
quoiqu'ils euffent tenté plus d'une fois
pourtant, des forties où ils étoient tombés fur les travailleurs ennemis, & en
avoit tué quelques-uns. Incertains fur
le parti que nous devions prendre pour
nous oppofer à ces furieux, nous réfolu-
mes, puifqu'il n'étoit pas poffible de les
fupporter plus longtems, de leur permettre après un court délai auquel ils ne
confentirent qu'à regret, d'attaquer les
gardes avancées des ennemis, qui n'é-
toient pas fort éloignées de la portée du
trait, afin qu'après les avoir renverfées,
ils puffent pouffer leur pointe. Nous
avions lieu de croire qu'ils feroient un
prodigieux carnage s'ils réuffifoient.

Pendant ces arrangemens, on défendoit vaillamment nuit & jour les murailles, par toutes fortes de voyes, & par
des machines établies pour envoyer partout des pierres & des traits.

L'infanterie Perfe fit de fon côté
deux terraffes & prépara lentement tout
ce qui étoit néceffaire pour s'emparer
de

de la place. Nous leur appofames avec
plus de foin encore, de grands échaffau-
dages que nous élevames fur nos murs à
la hauteur de leurs terraffes; ils étoient
affez folides pour pouvoir porter un très-
grand nombre de combattans. Sur ces
entrefaites, les Gaulois qu'il n'étoit pas
poffible de contenir plus longtems, armés de haches & d'épées profiterent d'u-
ne nuit épaiffe & fortirent par une fauffe
porte, après avoir imploré le fecours du
ciel fur leur entreprife; retenant leur haleine lorfqu'ils furent à une certaine diftance, ils fe ferrerent, puis doublerent le
pas, & après avoir tué quelques fentinelles
& maffacré la garde qui étoit devant le
camp & qui fommeilloit ne s'attendant
pas à une pareille attaque, ils penfoient
déjà, pour peu que la fortune les eut favo-
rifés, à pénétrer jufqu'au quartier du Roi.
Mais le bruit de leur marche tout foible
qu'il étoit, & les plaintes des bleffés, re-
veillerent plufieurs Perfes qui crierent
auffitôt aux armes; nos gens n'oferent
avancer: il eut été imprudent, les en-

nemis

nemis étant une fois réveillés, & leurs
troupes venant de tous côtés avec grand
bruit, de se précipiter dans un péril évident. Cependant les Gaulois inébranlables par leur valeur & par la force de
leurs corps, perçoient à coups d'épées tout
ce qui s'opposoit à eux: mais une bonne
partie de leurs camarades étant tombée,
ou blessée par les flèches sans nombre
qu'on leur décochoit, & les bataillons
ennemis qui accouroient, allant réunir
contre eux l'effort du combat, ils se hâterent de se battre en rétraite. Sans cependant qu'un seul d'entre eux tournât le
dos, ils marcherent en arriére, & pour ainsi
dire en cadence; poussés enfin hors du camp
par plusieurs corps de troupes dont ils ne
purent soutenir les éfforts réunis, &
étourdis par le bruit des trompettes, ils
revinrent sur leurs pas. Les instrumens
de la ville se firent entendre aussitôt, &
on ouvrit les portes pour les y recevoir,
s'ils pouvoient arriver jusques là; en attendant pour mieux seconder leur retraite, on fit grand bruit avec les machines,

nes, mais sans en tirer de traits, & seulement dans la vue d'écarter du chemin qu'ils devoient prendre, les Officiers des gardes avancées des Perses qui ignoroient le massacre de leurs camarades.

Par cette ruse ces braves Gaulois rentrerent à la pointe du jour, les uns légérement, les autres considérablement bleſsés, & avec perte de quatre cens hommes. Ils euſſent tué, non Rheſus (a), ou les Thraces aſſoupis aux pieds des murs de Troye, mais le Roi des Perſes dans ſa tente & environné de cent mille hommes, ſi un deſtin plus puiſſant ne s'y fut pas oppoſé.

L'Empereur après la priſe de la ville, fit dreſſer dans un lieu célébre près d'Edeſſe, des ſtatues militaires, aux Officiers de cette troupe qui ſe diſtinguant par leur bravoure, avoient donné ce bel exemple; on les y conſerve encore aujour-

(a) Iliad. Liv. X.

S 3

jourd'hui intactes. Dès que le jour éclai-
ra les pertes de la nuit, les Perses trouverent parmi leurs morts des grands
Seigneurs & des Satrapes; divers cris
joints aux larmes indiquerent l'échec qu'ils
avoient souffert; de toutes parts on entendoit les gémissemens & l'indignation
des grands: ils croyoient que les Romains s'étoient fait jour à travers les corps
de garde qu'ils avoient établis contre la
ville. On convint de part & d'autre
d'une trève de trois jours, & nous ob-
tinmes par là un peu de repos.

CHAPITRE VII.

Les Romains mettent le feu aux tours &
aux autres machines que les Perses dres-
sent contre les murs de la ville.

Ces peuples féroces, frappés de la har-
diesse de la dernière entreprise & voyant
que la force étoit inutile, prirent le parti
de

de faire ufage des travaux; pleins d'une fureur guerrière, ils réfolurent de mourir glorieufement ou d'immoler la ville aux manes de leurs camarades. Tous les préparatifs étant faits, ils approcherent vers le matin diverfes efpèces de machines avec des tours garnies de fer: au plus haut de ces tours étoient adaptées des baliftes qui dominoient la place & écartoient les affiégés: dès que le jour commença à paroitre, on ne vit partout que des ennemis couverts de fer; leur bataillons ferrés marchoient, non en défordre comme auparavant, mais au fon lent des trompèttes; perfonne ne fortoit des rangs & tous avancoient fous la protection des machines & des clayes d'ofier. Lorfqu'ils furent à la portée du trait, l'infanterie des Perfes fe couvrit de fes boucliers, & élargit fes rangs pour éviter les flèches qui partoient avec roideur de deffus nos murailles, & dont aucune ne fe perdoit: le courage de nos gens fe ranima en voyant le mal qu'effuyeoient même les pefamment armés

S 4   més

més de l'ennemi qui furent obligés de plier.

Cependant les baliftes des Perfes placées au haut des tours ferrées, avoient en jouant de haut en bas, l'avantage fur nous & nous incommodoient beaucoup; la fin du jour fufpendit de part & d'autre le combat: nous employames la plus grande partie de la nuit à imaginer quelque moyen de rendre inutiles ces machines meurtrières. Enfin après bien des réflexions, nous nous arrêtames à un plan dont la célérité avec laquelle nous l'exécutames, affura le fuccès. Ce fut d'oppofer à ces baliftes, quatre fcorpions; pendant qu'on les tranfportoit & qu'on les dreffoit vis à vis des tours des ennemis avec toute la précaution néceffaire, ce qui eft d'une extrême difficulté, le jour qui parut, nous offrit des objets éffrayans; c'étoient les redoutables manipules des Perfes, foutenus d'un grand train d'éléphans dont les cris & les énormes figures préfentoient le fpectacle le plus terrible.

Nous

Nous voyant donc ferrés de tous côtés par les armes, les travaux, & les
maffes hideufes de ces animaux, nous
fimes partir coup fur coup, des facs ferrés des fcorpions qui étoient fur nos
murs, de grandes pierres rondes qui rompirent les joints des tours, en précipite-
rent les baliftes & ceux qui les fervoient,
de manière que les uns périrent fans même
être atteints de nos traits, & les autres furent écrafés du poids de ces machines. Les
éléphans repouffés avec violence & envi-
ronnés des flammes que nous jettions &
qui déjà gagnoient leurs corps, n'obéirent
plus à la voix de leurs conducteurs & ré-
brouſſerent chemin. On ne continua pas
moins cependant à fe battre après l'incendie des ouvrages; car le Roi des Perfes qui jamais n'eft obligé de prendre part
aux combats, confterné de ce déluge de
maux, fe jetta, ce qu'on n'avoit pas vu
jufques là, comme un fimple foldat au
milieu de la mêlée; le nombre de ceux
qui l'environnoient nous découvrant où
il étoit, nous y envoyames une grêle de

S 5   traits

traits qui tuerent plufieurs de fes gens &
l'obligerent à fe retirer, & à faire avancer
de nouveaux bataillons. Enfin après
avoir combattu jufqu'à la fin du jour,
fans s'effrayer du nombre des morts, ni
de celui des bleffés, il permit à fon armée de fe repofer quelque tems.

CHAPITRE VIII.

Les Perfes profitent des hautes terraffes,
qu'ils avoient élevées, pour attaquer
Amide & s'en emparer. Marcellin
voyant la ville prife fe fauve de nuit &
fe réfugie à Antioche.

Sapor plein de rage & de douleur, réfolut de ne rien ménager: après un court
fommeil & dès que le jour reparut, il ranima les troupes au combat que la nuit
avoit terminé. Leurs ouvrages étant
confumés par les flammes, les Perfes ten-
terent l'attaque par les terraffes qu'ils
avoient

avoient près des murs; nos gens de leur côté firent tout ce qu'ils purent pour ré-sister de dessus les levées de terres qu'ils avoient faites derrière les murailles, & éle-vées à la hauteur de ces terrasses de l'en-nemi. Cette sanglante action dura long-tems; chacun brava la mort plutôt que d'abandonner son poste: les choses en étoient au point, qu'on ne savoit de quel côté se rangeroit la victoire, lorsque tout à coup notre échaffaudage ébranlé & fa-tigué déjà depuis longtems, s'affaisa com-me par un tremblement de terre: l'in-tervalle qui étoit entre la muraille & les ouvrages de l'ennemi se trouvant égalisé par les décombres, comme si on y eut jetté un pont, ou fait une chauffée, ou-vrit sans obstacle un passage aux Perses; la plus grande partie de nos troupes ren-versées ou accablées par cet éboulement, fut mise hors d'état d'agir. On accourut cependant de tous côtés pour repousser ce danger imprévu; la confusion qui sur-vint, augmenta l'audace de l'ennemi. Toutes ses troupes prirent part à l'action

par

par l'ordre du Roi, & l'on en vint à
se battre de près; des ruisseaux de sang
coulerent des deux côtés, les fossés furent comblés des cadavres qui y tomberent, & l'espace s'élargit si fort, que la
ville se trouva tout à coup remplie de
Perses; tout espoir d'échapper ou de se
défendre fut enlevé; on égorgeoit comme des troupeaux de bêtes, tous ceux
qu'on rencontroit, sans distinction d'âge
ou de sexe.

La nuit étant survenue pendant que
nos gens combattoient encore quoique
sans succès, je profitai des ténébres pour
me cacher avec deux de mes camarades
dans un endroit écarté; je sortis ensuite
de la ville par une fausse porte qui n'é-
toit pas gardée; à l'aide de la connoissance que j'avois de ces lieux, & de la
vitesse de mes compagnons, je courus
neuf milles. Après nous être un peu ra-
fraichis nous continuames notre route:
peu accoutumé à des fatigues faites pour
des gens du commun, je commençois à
être épuisé de la marche, lorsque je ren-
con-

contrai un objet effrayant, mais qui devint d'un grand secours pour moi vû la lassitude dont j'étois accablé; c'étoit un goujat qui montant à crud un cheval fougeux & sans mors, en avoit noué pour ne pas tomber, la bride à sa main gauche; peu après ayant été renversé & ne pouvant délier le nœud, il fut trainé çà & là & mis en pièces: l'animal épuisé par le poids du mort s'arrêta; j'en profitai, & me rendis, non sans peine, avec mes compagnons à des sources sulfureuses naturellement chaudes; une soif extrême qu'irritoit encore la chaleur du jour nous fit longtems chercher de l'eau, nous trouvames enfin un puits, mais si profond, que nous fumes réduits à la nécessité de couper de longues bandes de nos vétemens de toile, pour en faire une espèce de corde, au bout de laquelle nous attachames une calote qu'un de nous portoit sous son casque; nous tirames ensuite comme avec un éponge, dequoi étancher l'ardeur qui nous déssechoit.

S 7 De-

Delà nous nous rendîmes en diligence au bord de l'Euphrate, dans l'intention de le traverſer ſur un bateau qu'on y à établi depuis longtems, pour paſſer les hommes & le bétail. Tout à coup nous apperçumes de loin une troupe de cavalerie Romaine avec ſes enſeignes diſperſés & pourſuivis par des Perſes qui, je ne ſais comment, les avoient pris en queue; cette rencontre me fit comprendre que les terrigénes ne ſont pas ſortis des entrailles de la terre, mais qu'ils ont paru d'une façon ſingulièrement promte, ce qui a porté l'antiquité en les voyant inopinément dans divers endroits, à leur donner le nom de Spartes (a) & à ſuppoſer fabuleuſement comme elle a fait de bien

(a) Ce mot vient du Grec & ſignifie Semé ou venu de Semence. Ammien fait alluſion ici à ce qui eſt raconté de Cadmus, c'eſt qu'après avoir tué le dragon, Pallas lui ordonna d'en ſemer les dents; peu après il en naquit des hommes armés qu'on nomma Spartes ſelon Apollod. Bib. Liv. III. Voy. Ovid. Métam. Liv. III.

bien d'autres choses, que la terre les à produits.

Frappés de cette apparition, & n'ayant de salut à espérer que dans la fuite, nous nous glissames par des buissons & des forets pour attraper le sommet des montagnes; delà nous nous rendimes à Mélitine (a) ville de la petite Arménie: nous y trouvames notre Chef qui étoit sur le point de partir & revinmes avec lui à Antioche.

CHAPITRE IX.

Des Officiers Romains pris à Amide, les uns sont mis à mort, les autres enchainés.

C ependant Sapor & les Perses qui n'osoient s'avancer d'avantage dans le pays,

par-

(a) Présentement *Malatia* ville de la Turquie Asiatique dans le Gouvernement de Merasch.

parce que l'hyver approchoit, penfoient
à retourner chez eux avec les captifs &
le butin qu'ils avoient fait. Au milieu des
funérailles & des ravages dont cette ville
détruite fut le théatre, on fit pendre le
Comte Ælien & les Tribuns qui en défendant la place fi vaillament, avoient
multiplié les pertes des ennemis. Ja-
ques & Cæfius, thréforiers du Général
de la cavalerie, ainfi que d'autres Officiers de la garde furent conduits les
mains liées fur le dos; on maffacra fans
la moindre diftinction d'état, tous ceux
qui habitoient au delà du Tigre & qu'on
chercha avec grand foin.

En attendant la femme de Craugafe
dont on avoit refpecté l'honneur, étoit
vénérée comme une perfonne de qualité;
mais malgré les égards qu'on lui témoignoit & qui lui promettoient une fortune
plus brillante, elle s'affligeoit de ce qu'elle alloit habiter un autre Univers fans fon
époux. Réflechiffant fur fa fituation & prévoyant ce qui arriveroit, elle étoit doublement tourmentée, & détestoit autant fon
veu-

veuvage, que l'idée de contraĉter de nouveaux engagemens. Elle envoya donc
un domeſtique de confiance & qui connoiſſoit la Méſopotamie, pour qu'en paſſant le mont Izale entre les forts Maride
& Lorne, il ſe gliſſàt dans Niſibe avec des
lettres qui inſtruiſoient ſon mari des ſitua-
tions par leſquelles elle avoit paſſé, & l'ex-
hortoient à ſe rendre auprès d'elle pour y
vivre dans le repos. Ce garçon chargé de
ces inſtruĉtions part auſſitôt, marche par
des ſentiers détournés & par des buiſſons,
& arrive en hâte à Niſibe; il dit qu'il
n'avoit pas pu parvenir à voir ſa maitreſſe qui probablement étoit morte, &
ajoûta que peu obſervé comme domeſtique, il lui avoit été facile de ſe ſauver
du camp ennemi.

Il avertit enſuite ſecrétement ſon maître de ce qui ſe paſſoit, & après en avoir
reçu l'aſſurance qu'il rejoindroit ſa femme
auſſitôt qu'il le pourroit ſans danger, il
retourna porter cette agréable nouvelle
à ſa maitreſſe; ſur cet avis, elle ſupplia
le Roi, par l'entremiſe de Tampſapor,

d'ord'ordonner s'il étoit possible avant qu'il quittât les terres des Romains, que son mari lui fut rendu.

Le départ inattendu de cet esclave qui après être rentré dans sa patrie, avoit disparu de nouveau sans que personne sût ce qu'il étoit devenu, donna des soupçons au Duc Cassien & au reste des principaux de la ville; ils firent les plus grandes menaces à Craugase, & dirent qu'il n'étoit pas possible que ce garçon fut venu & s'en fut retourné sans son aveu. Craugase craignant donc qu'on ne l'accusât de trahison & fort inquiet qu'on n'apprit par quelque transfuge que sa femme vivoit & étoit traitée avec distinction, feignit de rechercher en mariage une personne de bonne maison. Sous prétexte de préparer tout pour le festin, il se rendit à un bien de campagne éloigné de huit milles de la ville; courant ensuite à toute bride à un gros de Perses qu'il savoit devoir arriver là pour fourager, dès qu'il se fut connoître, il en fut reçu avec empressement; cinq

jours

jours après il arriva chez Tamfapor qui le
préfenta au Roi dont il reçut tout fon
bien avec fa famille & fon époufe qu'il perdit peu de mois après : il occupoit la feconde place après Antonin, ou comme
le dit un Poëte célébre, il étoit le premier après lui, quoiqu'il ne le fuivit que
de loin; car Antonin qui avoit du génie
& une longue expérience venoit à bout
par la fermeté de fes réfolutions de tout
ce qu'il entreprenoit; Çraugafe au contraire étoit d'un caractère plus fimple,
quoi qu'il ne manquât pas de réputation.

Tout ceci fe paffa peu après la prife
d'Amide. Sapor, bien qu'il parut tranquille & plein de joye de la deftruction
de la ville, n'en étoit pas moins intérieurement fort agité, lorfqu'il penfoit qu'il
avoit fait bien des pertes déplorables
pendant le fiége, & qu'il avoit plus
facrifié de gens, qu'il n'avoit fait de
prifonniers fur nous, ou qu'il ne nous
avoit tué de monde; qu'ainfi qu'il lui
étoit autrefois arrivé à Nifibe & à Singare, de même pendant le fiége d'Amide
qui

qui avoit duré feptante trois jours, il
avoit perdu trente mille combattans; ce
que Difcene Tribun & Sécretaire vérifia
peu après, avec d'autant plus de facilité,
que nos cadavres au bout de quatre jours
s'ouvrent, & coulent au point qu'ils ne
confervent aucun de leurs traits, tandis
que ceux des Perfes fe deffechent comme
du bois, fans que leurs membres fe fondent ou foient couverts de la moindre
humidité; cela vient fans doute d'un
côté de leur fobriété, de l'autre du climat brulant fous lequel ils naiffent.

CHAPITRE X.

*La crainte de manquer de bled porte le
peuple de Rome à une fédition.*

P endant que les deftinées caufoient ces
révolutions aux extrêmités de l'Orient,
on appréhendoit à Rome la difette des
bleds, & la populace qui redoutoit la famine

mine comme le plus grand des maux,
tourmentoit le Préfet Tertulle & cela
fans raifon; car il n'avoit pas dépen-
du de lui qu'on ne fit venir, des
vivres par bateau, lorfqu'il en étoit
tems: mais la mer plus agitée que de
coutume, & les tempêtes qui avoient
jetté les batimens dans le voifinage,
ne permettoient pas, fans courir le
plus grand danger, d'entrer dans le port
d'Augufte.   Le Préfet qui avoit été fouvent inquiété par des féditions, n'ayant
donc plus, à ce qu'il croyoit, aucun efpoir
d'echapper à l'extrême fureur de cette populace qui craignoit une deftruction prochaine, préfenta prudemment au peuple
agité, mais fur lequel des objets inattendus
font d'ordinaire impreffion, fes jeunes fils,
& lui dit les larmes aux yeux, „voici vos con-
„citoyens; obligés (& veuillent les Dieux
„détourner ce malheur) à fouffrir avec
„vous, fi la fortune continue à nous punir,
„je vous les abandonne, immolez les, fi
„vous croyez détourner par là nos mal-
„heurs.‟ Le peuple naturellement porté à
la

la pitié, se calma & attendit patiemment
ce que le sort lui destinoit. Peu à près,
par la providence de l'être suprême qui a
élevé Rome dès son berceau & garanti sa
durée; pendant que Tertulle sacrifioit
près d'Ostie dans le Temple de Castor,
la mer se calma, le vent devint favorable, & les vaisseaux entrant à pleines voiles dans le port, ramenerent l'abondance
dans la ville.

CHAPITRE XI.

On fait un grand carnage des Limigan-
tes, peuplade Sarmate qui sous prétexte
de demander la paix attaque Constance.

Au milieu de ces embarras Constance
qui passoit tranquillement l'hyver à Sirmium fut allarmé par de facheux avis; il
apprit que les Sarmates Limigantes qui
avoient, ainsi que nous l'avons vu plus
haut, chassé leurs anciens maîtres de
leurs

leurs foyers, après avoir peu à peu abandonné les lieux qu'on leur avoit prudemment affignés un an auparavant, pour
les empêcher à caufe de leur caractère in-
conftant de former des entreprifes dangereufes, s'étoient portés fur les frontiéres, d'où ils faifoient plus que de coutume des courfes, & qu'il étoit à craindre
qu'ils ne troublaffent tout, fi on ne fe
hâtoit de les chaffer.

L'Empereur craignant donc d'augmenter l'audace de ces rebelles s'il différoit
plus longtems de les punir, raffembla de
tous côtés les meilleurs foldats, & fe mit
en campagne avant le printems. Deux
raifons le porterent à ce parti. La première c'eft que fon armée enrichie du butin qu'elle avoit fait l'année précédente,
ne feroit que plus avide de l'augmenter
encore, la feconde c'eft qu'Anatolius
étant pour lors Préfet de l'Illyrie, fes
troupes auroient en abondance tout ce
qui leur feroit néceffaire; car il eft de
fait, que jamais fous d'autres Préfets les
provinces feptentrionales n'ont joui d'auffi
grands

grands avantages que fous celui-ci : il corrigea habilement & avec douceur les abus ;
modèra les frais immenfes & ruineux des
voitures publiques, & diminua les tailles
tant réelles que perfonnelles ; auffi les habitans de ces contrées, n'ayant plus aucun fujet de fe plaindre, euffent ils continué à vivre tranquillement & fans caufer de dom-
mages, fi dans la fuite, d'impitoyables exac-
teurs n'étoient pas venus fous le prétexte de
déteftables droits, les perfécuter avec tant
de rigueur, que ces malheureux, réduits au
défefpoir, fe virent forcés, les uns à s'ex-
patrier, les autres à fe donner la mort.

Conftance voulant donc rémèdier au
mal qui le ménaçoit, partit avec un
grand appareil & vint dans cette partie
de la Pannonie qu'on nomme la Valérie
à l'honneur de la fille de Dioclétien :
après avoir mis fur les bords du Danube
fon armée fous les tentes, il obferva les
barbares qui avoient compté qu'à la faveur de leur qualité d'alliés, ils pourroient avant l'arrivée du Prince, entrer
dans les deux Pannonies & les faccager
durant

durant la rigueur de l'hyver, dont les glaces qui ne font pas même fondues au printems, facilitent le paffage des rivières, & où le froid ne permet gueres à nos troupes de tenir la campagne.

Il envoya auffitôt aux Limigantes deux Tribuns & deux interprêtes leur demander avec douceur, pourquoi abandonnant leurs foyers après la paix & l'alliance qu'on avoit accordée à leurs prières, ils couroient ainfi & attaquoient les frontières contre la défenfe qu'on leur en avoit faite.

Ceux-ci forcés par la crainte à recourir au menfonge, alléguerent de vaines & de frivoles raifons; puis demandant grace au Prince, ils le conjurerent de ne garder aucun reffentiment, & que s'il leur permettoit de paffer le fleuve, ils lui feroient le détail des maux qu'ils avoient à fouffrir; qu'ils étoient prêts en confentant à porter les charges & le nom de tributaires, à aller habiter les contrées les plus reculées de l'Empire, pour y vivre

Tome I. T dans

dans le repos & y cultiver la paix comme
une Déesse bien faisante. Sur ce rapport
des Tribuns, l'Empereur ravi de ce que
cette entreprise, qui d'abord lui avoit
causé tant d'embarras, pouvoit se terminer sans peine, & enflammé de la cupi-
dité d'acquérir toujours plus, les admit
tous.

La cohorte des flatteurs animoit encore le Prince & crioit sans fin, qu'a-
près avoir éteint les guerres exter-
nes & affermi de tous côtés la paix,
il alloit gagner beaucoup de sujets & un
nombre considérable de recrues; qu'il
soulageroit encore par là les provinces
qui aiment mieux donner de l'or que
fournir des hommes; ressource qui a
pourtant été plus d'une fois funeste à la
République.

S'étant donc campé près d'Amin-
cum (a), Constance y fit élever une ter-
rasse

_____

(a) Ou croit que c'est *Salankemen* dans l'Esclavonie à peu de distance de Peterwardin.

raffe en façon de tribunal, & fuivant le
conſeil de l'ingénieur Innocentius, il fit
mettre dans des bâteaux quelques légio-
naires légérement armés, & leur ordonna
de s'y tenir cachés avec cet Officier, tout
près du rivage, pour prendre ces barbares
à dos s'ils s'aviſoient d'agir hoſtilement.
Les Limigantes qui s'apperçurent bien de
ces diſpoſitions, n'en prirent pas moins une
contenance de ſupplians, quoi qu'au fond
de leur cœnr, ils roulaſſent des projets
bien différens de ceux que leur air indiquoit. Auſſitôt qu'ils virent l'Empereur
prêt à leur adreſſer du haut de ſon tribunal un diſcours plein de bonté & à leur
parler comme à des gens qui alloient
obéir, l'un d'eux tranſporté de fureur,
jetta ſa chauſſure contre le tribunal, &
cria à haute voix *Marha, Marha,* ce
qui chez eux eſt un cri de guerre. La multitude le ſuivit auſſitôt pêle mêle, éleva ſes
enſeignes, & hurlant comme des animaux
féroces, ils s'élancerent ſur le Prince;
l'Empereur qui de l'endroit où il étoit,

vit la campagne couverte de ces troupes
dont les piques & les épées nues le ménaçoient d'une mort prochaine, se mêla
sans qu'on put remarquer s'il étoit chef
ou soldat dans la foule; & comme il
n'étoit pas de la prudence de différer, il
sauta promtement à cheval, & se sauva
à toute bride. Le petit nombre de ceux
qui composoient sa garde, & qui tâcherent de tenir tête à ces barbares, qui se
répandoient comme des flammes, pe-
rirent, blessés ou écrasés sous le poids de
la multitude. Le trône du Prince & le
riche coussin dont il étoit couvert, furent
mis en pièces sans que personne s'y opposât.
Bientôt le bruit se répandit que l'Empereur venoit de courir le plus grand danger, & qu'il étoit encore en péril; l'armée
ne connoissant pas de devoir plus sacré
que celui de voler à la défense de son
chef qu'elle croyoit exposé, & animée
de la gloire de le secourir, quoiqu'à demi armée, car elle ne s'étoit pas atten-
due à cette attaque, poussa des cris de
rage

rage & d'indignation, & se jetta au milieu des bataillons de ces barbares qui se
battoient en désespérés. Le desir de vanger sur ces traitres l'affront fait à l'Empereur anima le courage de nos gens, ils
massacrerent sans donner quartier & fou-
lerent également aux pieds tant ceux qui
vivoient encore, que les morts & les blessés.
Il ne fallut pas moins que des monceaux de
cadavres pour assouvir la rage nos troupes.
Les rebelles serrés de toutes parts furent ou
dispersés ou tués: envain demanderent-
ils grace, ils tomberent percés de coups,
& l'on ne sonna la retraite qu'après leur
entière destruction. Il n'y eut de notre
côté qu'un petit nombre de morts, victimes du premier choc & qui ne périrent
que pour s'être d'abord opposés à demi
armés à la fureur de l'ennemi. On re-
greta Cella Tribun des Scutaires qui se
jetta dès le commencement de l'affaire au
milieu des Sarmates.

Constance ayant ainsi tiré vengeance
d'un ennemi perfide & pourvu à la sureté

T 3   de

de ſes frontières, retourna à Sirmium. Il
y fit ſans délai les préparatifs que demandoit la ſituation critique des affaires, &
en partit enſuite pour ſe rendre à Conſtantinople: plus près de l'Orient, il ſe
mettoit en état de remédier à l'échec
qu'il venoit d'eſſuyer à Amide, & après
avoir recruté ſon armée, il pouvoit marcher avec des forces égales contre le Roi
des Perſes, dont on ſavoit (ſi le ciel ne
lui ſuſcitoit pas des occupations plus ſé-
rieuſes) qu'il laiſſeroit le Méſopotamie
derriére lui, pour ſe porter & ſe répandre en avant.

CHA-

CHAPITRE XII.

On traine en cause & on condamne plu-
fieurs perfonnes accufées du crime de
Léze-Majefté.

Au milieu de ces troublés, comme par
un ufage établi depuis longtems, des accufations fuppofées du crime de Léze-
Majefté, donnerent le fignal de guerres
civiles. Paul le Sécretaire dont nous
avons fi fouvent à parler, en étoit l'artifan
& l'auteur. Cet homme habile dans l'art de
nuire, tel qu'un maître gladiateur qui ne
fubfifte que par les funérailles & les jeux
meurtriers, tiroit avantage des tortures & des bourreaux. Comme il avoit le
deffein fixe & invariable de faire du mal,
il ne s'abftint ni de vol, ni d'entreprifes
funeftes contre des innocens, toutes les
fois qu'il fut chargé de commiffions qui
les expofoient.

T 4 Une

Une occafion légére & de peu d'importance donna lieu à une infinité d'in-
quifitions. Il y a une ville nommée Aby-
de; (a) fituée à l'extrêmité de la Thébaide, on y vénéroit avec des cérémonies
ufitées depuis longtems, l'oracle d'un Dieu
nommé Befa. Les uns interrogeoient
directement, d'autres envoyoient fimplement leurs demandes fur des bandes de
parchemin, qui reftoient fouvent dans
le temple après qu'on avoit reçu les ré-
ponfes. Quelques uns de ces billets furent malicieufement envoyés à l'Empereur;
ce Prince dont l'efprit foible donnoit peu
d'attention aux affaires les plus graves,
mais qui étoit minutieux, ombrageux &
fenfible à l'excès dès qu'il étoit queftion
de pareils rapports, entra dans une grande colère & ordonna à Paul comme à un
Officier d'une expérience confommée, de
fe

(a) Cette ville fut la réfidence de Memnon, elle
eft enfevelie fous des ruines, comme l'exprime le nom
actuel de *Madfuné*.

se rendre au plutôt en Orient, pour faire entendre les accusés. On lui associa Modeste alors Comte de l'Orient & fort propre à des commissions de cet ordre. On méprisoit trop la douceur d'Hermogene du Pont, qui étoit dans ce tems là Préfet du Prétoire. Paul partit donc ne respirant que fureur & destruction. La bride fut lachée à la calomnie; on traina du fond de l'empire des personnes de tout état, dont les unes étoient meurtries par leurs chaines & les autres périssoient dans les prisons.

On choisit pour être le théatre de ces supplices Scythopolis (a) ville de la Palestine, tant parce qu'elle étoit plus écartée, que parce que se trouvant située entre Antioche & Alexandrie on y trainoit ordinairement les accusés de ces deux villes. Le premier de ces malheureux fut Simplicius, fils de Philippe, qui avoit

été

_____

(a) Aujourd'hui *Baisan*, on la trouve aussi sous le nom de *Bethsan*.

été Préfet & Conful; il fut accufé d'avoir confulté l'oracle pour favoir s'il obtiendroit l'empire. Condamné à la torture par la fentence du Prince qui dans ces occafions ne faifoit jamais grace pas même pour de petites fautes, il eut le bonheur d'échapper à la mort & ne fut que relégué.

Parnafius parut enfuite: il avoit été Préfet de l'Égypte; c'étoit un homme de mœurs honnêtes; après s'être vu fur le point de perdre la tête, il fut pareillement exilé. On lui avoit fouvent ouï dire qu'à la veille de rechercher un emploi, & de quitter la maifon qu'il habitoit dans Patras, ville de l'Achaïe, il s'étoit vu en dormant, conduit par plufieurs figures qui étoient en mafques tragiques.

Andronicus qui s'illuftra dans la fuite par les belles lettres qu'il cultiva, & par la beauté de fes vers fut auffi trainé en caufe, mais il fut abfous parce qu'il ne fe trouva aucun foupçon contre lui & qu'il fe juftifia furtout, avec force.

Démé-

Démétrius Chytras furnommé le Philofophe, homme agé & qui dans un corps robufte avoit une ame forte, accufé d'avoir facrifié quelquefois ne le nia pas; il affura qu'il l'avoit fait dès fa plus tendre jeuneffe pour fe rendre la divinité favorable & non dans aucune vue d'ambition, qu'il ne connoiffoit même perfonne qui l'eut fait dans cette intention. Il refta longtems avec courage fur le chevalet, & comme il ne varia jamais & tint toujours les mêmes propos; il obtint avec la vie la permiffion de retourner à Alexandrie d'où il étoit originaire. Ceux-ci donc & un petit nombre d'autres par un fort heureux & favorable au vrai, furent arrachés au péril.

Des trames infinies multiplioient cependant les accufations: les uns étoient déchirés par les tortures, d'autres condamnés aux derniers fupplices avec perte de leurs biens. Paul étoit l'artifan des fauffétes les plus cruelles & tiroit comme d'un magazin d'impoftures des moyens

fans

fans nombre de nuire. Le falut de tous
ceux qu'il mettoit en juftice, dépendoit
de fa feule volonté, car il fuffifoit qu'on
fut accufé par des gens mal intentionnés,
de porter au cou quelque préfervatif contre la fièvre ou tel autre mal, ou d'avoir
paffé le foir près d'un fepulchre, pour
être condamné à perdre la tête comme
un empoifonneur accoutumé à chercher
le commerce des ames qui rodent autour
des tombeaux. On agiffoit avec autant
d'acharnement que s'il eut été prouvé
que plufieurs perfonnes euffent pour perdre l'Empereur cherché à mettre dans
leur intérêts Apollon de Claros, les chef-
nes de Dodone, & les oracles de Del-
phes. La cohorte du palais arrangeant
avec adreffe les louanges les plus revol-
tantes, affuroit Conftance qu'il feroit à
l'abri des maux ordinaires, & ne ceffoit
de dire fort haut, que fon génie toujours puiffant ne l'abandonnoit jamais,
& repouffoit toujours avec éclat les accidens qui lui étoient contraires.

Qu'on

Qu'on ait fait de sérieuses recherches
à ce sujet, c'est ce que personne ne sauroit raisonnablement condamner; car
nous convenons qu'on doit veiller avec
des éfforts réunis à la conservation d'un
Prince légitime, qui se montre le défen-
seur & le protecteur des gens de bien; &
dont la sureté fait celle du reste des sujets; Dès qu'il s'agit de vanger la Majesté outragée, il n'est point de loi Corne-
lienne qui dispense, même les personnes
les plus distinguées des recherches les
plus sévéres.

Mais il ne convient pas dans ces tris-
tes occasions, d'étaler une joye qui sem-
bleroit indiquer que les sujets sont plus
gouvernés par la licence que par l'autorité. Il faut imiter Tullius, qui cherchoit comme il l'affirme les occasions de
pardonner, plutôt que celles de punir,
lorsqu'il avoit le pouvoir de perdre ou
de faire grace; ce qui est le caractère d'un
juge prudent & circonspect.

Il naquît alors à Daphné (a) magnifi-
que & agréable campagne aux environs
d'Antioche, un monftre horrible; c'étoit
un enfant qui avoit deux bouches, deux
dents & une barbe, quatre yeux & deux
oreilles très courtes: cette production
informe préfageoit que la République alloit être bouleverfée. Il nait fouvent de
pareils prodiges qui annoncent des révolutions prochaines, mais fouvent on
n'en parle pas, parce qu'on néglige de
les expier, comme il étoit d'ufage autrefois de le faire.

(a) Aujourd'hui Beit - el - ma dans la Turquie Afiatique dans le Gouvernement d'Alep.

CHA-

CHAPITRE XIII.

Le Comte Lauricius réprime les brigan-
dages des Isaures.

Les Isaures qui depuis leurs courses & leur entreprise sur Seleucie dont nous avons parlé avoient été longtems tranquilles, comme nous l'avons dit, tels que des serpens qui à l'approche du printems sortent de leurs retraites, se réveillerent pour quitter leurs collines escarpées & impraticables ; réunis en épais pelotons ils incommodoient les frontiéres, par leurs vols & leurs brigandages ; tomboient à l'improviste du haut de leurs montagnes, sur nos postes avancés, & regagnoient ensuite avec leur agilité ordinaire les rochers & les buissons. Lauricius fut envoyé avec le caractère de Comte, pour les soumettre par la force ou par la raison. C'étoit un homme qui s'entendoit aux af-

fai-

faires civiles, qui gouvernoit plus par
des menaces que par des chatimens, de
forte que pendant tout le tems qu'il fut
chargé du foin de cette Province, il
ne fe fit rien qui méritât d'être remarqué.

Fin du Tome I.

Errata du Tome I.

Page 48. lig. 11. *lui donnoient* lis. *leur donnoient.*

— 88. — 5. *de la Norique* lis. *du Norique.*

— — — 7. *Barbetion* lis. *Barbation,*

— 99 — 15. *mondes infinies* lis. *mondes infinis.*

— 107. — 5. de la note *Rietiarii* lis. *Retiarii.*

— 109. — 8. *Africanus* lis. *Africain.*

— 133. — 1. de la note *de Gaule* lis. *de la Gaule.*

— 206. — — Note *Charbon* ajoutez *ardent.*

— 214. — 12. *diverses* lis. *divers.*

— 221. — 14. *d'envoyer* lis. *d'en envoyer.*

— 233. — 17. *serroient* lis. *serroit.*

— 256. — 20. *ou s'échapper* lis. *pour s'échapper.*

— 272. — — Note (*b*) *Vigenere traduit,* ajoutez *dans* *ses notes sur Tite - Live.*

— 322. — 3. *les faisoit* lis. *les faisoient.*

— 347. — 12. *rabattre* lis. *rebattre.*

— 437. — 10. *rage nos* lis. *rage de nos.*

CPSIA information can be obtained
at www.ICGtesting.com
Printed in the USA
BVHW040807210822
645007BV00026B/90